Joseph Berlinger (Hrsg.) Grenzgänge

Grenzgänge

Streifzüge durch den Bayerischen Wald

Herausgegeben von Joseph Berlinger

Andreas-Haller-Verlag

Sonderausgabe 1994

(Karl Stutz) 94032 Passau
Satz: L. A. Höcht, Regensburg
Druck: Rückert, Vilshofen
Printed in Germany
ISBN 3-88849-027-8

Inhalt

Vorwort

Jahrhundertelang war der Bayerische Wald hintendran. Jetzt ist er zum erstenmal vorndran, nämlich beim Waldsterben.

Die Industrialisierung mit ihren Vorteilen, den Arbeitsplätzen und den besseren Verdienstchancen auch für die kleinen Leute, sie ist an dieser Region ziemlich vorbeigegangen, aber die Nachteile, den Dreck hat sie darauf abgeladen. Der Name, den man dem Bayerischen bzw. Böhmerwald vor rund hundert Jahren gegeben hat, „Bayrisch Sibirien", er könnte bald Wirklichkeit werden: eine kahle Landschaft mit kahlen Baumstämmen.

Damals war dieses Wort freilich anders gemeint. Es war hochnäsig, von oben herab gesprochen, man wollte sich über die Rückständigkeit, das Hinterwäldlerische lustig machen.

Die Einheimischen haben sich darüber geärgert, dabei hätten sie ebensogut stolz darauf sein können: auf ihr Anderssein, ihre Eigenständigkeit, ihr Nicht-mit-dem-Strom-Schwimmen.

Dieses Anderssein war aber nun auch eine Voraussetzung für den Beginn des Fremdenverkehrs. Die Stadtmenschen, deren Lebensraum zunehmend auf die Bedürfnisse der Industrie, Technik und Wirtschaft hin-gerichtet wurde, reisten in Reservate mit weitgehend intakter Natur und traditioneller Kultur.

Für den Bayerischen Wald, als eines dieser Ziele, bedeutet(e) das einerseits Arbeitsmöglichkeiten und Einnahmequellen, andererseits Verluste: das Besondere, das Eigen(willig)e wird im Verkehr mit den Touristen entweder abgeschliffen oder auf dem folkloristischen Markt verkauft.

Mehr noch als der Austausch mit Fremden hat die Bekanntschaft mit Fremdem durch die neuen Massenmedien die einheimische Kultur verändert und angepaßt. Was Pasolini für Italien diagnostiziert hat, trifft genauso für uns zu: während es die Faschisten nicht hundertprozentig geschafft haben, die Bürger gleichzuschalten, ist das dreißig, vierzig Jahre später gelungen — die Herrschaft des Fernsehens ist total. Auch der abgelegenste Einödhof im hintersten Bayerischen Wald hat ihn heute: den Anschluß ans Reich — der Konsumindustrie, des Werbefernsehens, der international-amerikanischen Serienwelt und der offiziellen deutschen Meinungen. Über kurz oder lang färbt das auch auf den hartnäckigsten Waldler ab, sein Denken, Empfinden und Handeln orientieren sich mehr und mehr an den Sprechblasen und Bildern aus dem „Fernseh", wie man bei uns sagt. Die Anstöße zum Um-und Weiterdenken, die die neuen Massenmedien natürlich auch bieten, gehen unter in der Flut von Mittelmaß und Blendwerk. Als ich neulich in einem Dorfwirtshaus gesessen bin, haben sich drei einheimische Arbeiter über die beste Show im deutschen Fernsehen gestritten.

Die Kultur des Bayerischen Waldes in diesem Spannungsfeld zu zeigen, ist eines der Anliegen dieses Buches. Die Beiträge schildern Grenz-Gänge: Menschen, Landschaft und Lebensweise an der Grenze zwischen Tradition und Fortschritt, zwischen Bodenständigkeit und Mobilität, zwischen Dableibenwollen und Weggehenmüssen, zwischen Stolz und Anbiederung, zwischen Glaubwürdigkeit und Selbstaufgabe. Grenz-Gänge auch in dem Sinne, daß das Besondere, Außergewöhnliche, Extreme dieser Region zur Sprache kommt. Und Grenz-Gänge natürlich auch, was das Geographische und Politische betrifft: porträtiert wird ein Landstrich, wird ein Menschenschlag an der Grenze — der harmlosen zu Südbayern, Nordbayern und zu Österreich, der schwierigen zur Tschechoslowakei, zum Warschauer Pakt.

Streifzüge durch den Bayerischen Wald sind angekündigt:
durch Geschichte und Gegenwart, Politik und Wirtschaft, Arbeit und Geselligkeit, Kunst und Kultur. Keine systematische Gesamtschau sollte und konnte es werden, sondern ein Mosaik aus ausgewählten Aspekten. Aspekte, die in den gängigen folkloristischen Büchern über den Bayerischen Wald zu kurz kommen. Mögen die Klischees über das Leben und die Menschen dieser Landschaft weniger werden.

Der Herausgeber

Jo Baier

Der Stammtisch

Alles, was in W. keinen Rang und Namen hat, trifft sich in der Wirtschaft vom Alois. Die sogenannten kleinen Leute also. Die interessanten Leute. Die Leute, die keine Macht haben, keinen Einfluß, weder berühmt noch geachtet sind. Die sich ihre Wut nur von der Seele reden können, von ihrem Unglück nur erzählen können, von den Fußangeln ihres täglichen Lebens: ein Auto-Unfall hier, eine fristlose Kündigung da, Streitigkeiten mit den Nachbarn, Tage im Krankenhaus, im Gefängnis mitunter. Ich mag sie, diese Leute, mag mir ihre Geschichten anhören, ihre „Philosophien", auch wenn ich nicht immer zustimmen kann. Vielleicht fällt es mir auch deshalb leicht, sie zu mögen, weil ich nicht von hier bin, nicht hierher gehöre. Nur alle paar Monate komme ich einmal nach W.

W. ist ein kleiner Ort im Bayerischen Wald, mit vielen neuen Häusern, vielen neuen Autos, mit neuen Straßen, dreimal so breit wie die alten, mit neuen Errungenschaften wie Diskotheken und Kaufhäusern. Gottseidank sind die Leute noch nicht so neu, noch nicht protzig und ausladend wie die Häuser, mit denen sie sich umgeben. Ihre Dörfer freilich haben sie abgerissen, alles, was sie an eine Zeit der Bescheidenheit erinnern könnte. Nur die Geschichten sind noch geblieben, Erinnerungen, aus denen ihr Leben besteht. Immer noch. Und die Bescheidenheit ist geblieben.

Der Stammtisch beim Alois ist eine tägliche Einrichtung, ja beinahe eine stündliche, denn von morgens bis abends sitzen sie hier beieinander, nicht ununterbrochen natürlich, aber wann immer es ihre Zeit erlaubt. Einmal die Woche, einmal im Monat oder einmal jeden Tag, es gibt keine Regeln. Wer kommt, klopft kurz auf den Tisch, eine lächerliche Tischglocke wie anderswo kennt man hier nicht. Daß der Stammtisch praktisch nie leer ist, das liegt sicherlich am Wirt selbst, am Alois. Seine Großzügigkeit, sein Charme, seine ehrliche, heitere, spitzbübische Art machen ihn zum idealen Wirt. Er ist gelernter Metzger, hat noch eine Metzgerei dabei, lebt aber hauptsächlich von der automatischen Kegelbahn. Manchmal steht der riesige geteerte Parkplatz vor der Wirtschaft voll Autos, man könnte denken, die Wirtsstube sei brechend voll. Dabei ist nur wieder ein Kegelklub im Nebenzimmer — und da kommt natürlich jeder mit dem eigenen Auto. Man will ja schließlich herzeigen, was man sich leisten kann. Lauter Opel und Ford fahren sie hier, Mittelklasse und gehobene Mittelklasse. Auch der Alois hat einen Opel. Dem mag er schon hineinsteigen, sagt er und schwärmt von den PS. Nichts von wegen Umweltschutz und Waldsterben. Wer im Wirtshaus sitzt, braucht keinen Wald. Weit fährt man hier sowieso nicht, ein paar hundert Meter, höchstens wenige Kilometer. Nur der Georg, der auch zum Stammtisch gehört, macht eine Ausnahme: er besitzt bloß ein altes Mofa. Für ihn als Junggeselle reicht es. Dafür hört es auf den zärtlichen Namen „Moferl" — so kann man keinen Opel und keinen Ford nennen.

Der Alois behauptet, wenn auch dauernd die Elektronik versage, die automatische Kegelbahn sei schon praktischer als die alten Bahnen von früher und eine Goldgrube sei sie außerdem. Ich hoffe im stillen immer, daß er noch recht lange etwas hat von seiner „Goldgrube" und sie nicht gegen eine schlichte irdene tauschen muß, denn der Alois lebt alles andere als gesund. Mindestens fünfundzwanzig Tassen Kaffee trinkt er jeden Tag und raucht hundert Zigaretten dazu. Obwohl er es schon auf dem Herz hat und alle ihn warnen, er ruiniere sich

damit. Aber er wäre eben nicht der Alois, wenn er sich um seine Gesundheit oder um sonst etwas Sorgen machen würde. Außer um den Russen vielleicht. „Den Russen" (für mich ein singularis majestatis) scheuen sie hier übrigens alle. Kunststück, wo sie ihn quasi vor der Haustür haben. Und wo es drüben keinen Kaffee gibt und keine gescheiten Zigaretten.
Einmal hat mir der Alois besonders imponiert. Da drehte sich das Stammtischgespräch um einen Brandstifter, der in den Nachbargemeinden einige Höfe in Schutt und Asche gelegt hatte. Die wüstesten Theorien wurden aufgestellt, was man nach Ergreifen des Täters mit diesem anstellen wollte. Schließlich meinte einer: man sollte ihn mit dem Schwanz ans Stadeltor nageln und dann den Stadel anzünden, dann würde es diesem Burschen schon warm werden. Irgendwie wurde ich dabei an die jüngere Vergangenheit erinnert. Der Alois aber hat sich an diesem Gespräch nicht beteiligt. Später meinte er dann eher beiläufig, so könne man mit einem Menschen nicht umgehen. Mit keinem Menschen.
Der Alois ist ein Menschenfreund. Dem weiblichen Geschlecht ist er schon garnicht abgeneigt. Er ist ein „Weiberer", wie sie hier sagen. Und er langt schon auch gerne einmal hin, wenn ihm eine gefällt (was mit seinen fünfzig oder sechzig Jahren relativ oft vorkommt) und die sich nicht lange ziert. Ganz in der Nähe, in einer alten abgelegenen Mühle hat ein Nachtklub aufgemacht. Der Alois mußte natürlich auch hin, schon weil die Stripteasetänzerin bei ihm gewohnt hat. (Der Alois hat nämlich auch Fremdenzimmer, ganz modern eingerichtet, mit Duschkabine, Teppichboden, indirektem Neonlicht und so, wie es die norddeutschen Gäste halt gerne mögen, ganz urbayerisch gemütlich.) Jedenfalls war der Alois ganz begeistert von dem Nachtklub und dem Mädchen. Regelrecht geschwärmt hat er, was für eine Zuckerfigur sie habe und die Muschi wie ein Herzerl rasiert. Die Frau vom Alois hat bloß immer den Kopf nachsichtig geschüttelt, als wollte sie sagen: geh, was willst du denn noch mit so einem jungen Flitscherl. Allerdings hat sie mit erhobenen Augenbrauen die Zahlungsmoral und Zahlungskräftigkeit der einschlägigen Dame gelobt. Noch lang hat der Alois von dem Mädchen geredet und immer die Augen genüßlich verdreht dabei. Ich habe sie übrigens einmal in der Wirtsstube gesehen. Die Bluse hat sie bis zum Nabel aufgehabt, ein ganz zerbrechliches Geschöpf, mit einem weißen durchsichtigen Körper. Und einem ganz kleinen Busen. Eine schwarze Glanzlederhose hat sie angehabt, das kleine blasse Gesicht hinter einer großen Sonnenbrille verborgen. Ihr Manager war auch dabei, so einer mit Amischlitten. Das Hemd auch offen bis zum Schmerbauch. Der ganze Stammtisch war des Lobes voll, wie seriös die sich benehmen würden, kein lautes Wort, kein ordinäres. Viel hatten die beiden einander nicht zu sagen. Aber sie haben den Dialekt der Einheimischen gesprochen.
Neben den „Weibern" hat der Alois noch eine andere Leidenschaft: das Fischen. Überall an den Wänden hängen oder stehen ausgestopfte, präparierte Fische und Fischköpfe, Hechte, Huchen, Äschen. Einer der Huchen ist dem Alois ein Dorn im Auge, weil er so präpariert ist, daß man darüber nur lachen kann. Ganz künstlich, mit aufgestelltem Schwanz, wie ein Fisch normalerweise nie aussehen könnte. Vielleicht, daß der Präparator dem Alois einen Streich hat spielen wollen.
Eigentlich hat der Alois nur Stammgäste — die Fremden im Sommer ausgenommen. Nicht alle sitzen natürlich am Stammtisch, manche suchen sich ein eher stilles Plätzchen — sofern das in dem großen neonlichtdurchfluteten, resopaltischbestandenen, gefliesten Raum möglich ist. Zu diesen Stillen, die ich auch nur ganz selten sehe und von denen ich fast nichts weiß, gehört auch das „ewige Liebespaar". Er ist ein ganz schmächtiges Männchen, vielleicht Ende Vierzig, sie etwa gleichaltrig. Auch mit zunehmendem Alkoholpegel sitzt sie immer noch ganz aufrecht und scheinbar aufmerksam da, während er immer mehr zusammenschrumpft, bis sie wie immer aneinandergelehnt einschlafen hinterm Wirtshaustisch. Fast jeden Abend sieht man sie hier. Ich weiß nicht, ob sie es daheim nicht aushalten können oder warum sie immer hierherkommen. Sie rauchen ein paar Schachteln Zigaretten miteinander, fast synchron, trinken einige Bier miteinander und sagen kein

Wort. Nicht eine Silbe. Als wären sie sosehr aufeinander eingespielt, daß es keines Wortes mehr bedürfe, um sich zu verständigen. Ich habe sie noch nie anders als händchenhaltend gesehen. Stumm und händchenhaltend. Nur wenn einer von ihnen aufs Klo muß, ist der andere für ein paar Augenblicke ohne Berührung. Meist suchen sie die dunkelste Ecke des Raumes, um sich zu betrinken. Kommt irgendetwas Interessantes im Fernsehen — der Apparat thront über allen Köpfen inmitten der Stube — dann schielen sie von fern und nur mit halber Aufmerksamkeit zum Fernsehgerät hin, ihren Platz verlassen sie deshalb aber nicht.
Zu den „klassischen" Stammtischbrüdern gehört zum Beispiel der Gang. Gang ist die hier allgemein übliche Abkürzung für Wolfgang. Da ein zweisilbiger Vorname den meisten aber zu lang ist, sagt man halt bloß Gang zum Wolfgang. Der Gang also sitzt immer am Stammtisch. Und mit ihm der Gustl und der Max. Der Gustl als geradezu höriges Faktotum und der Max als Sohn. „Vierundfünfzig Halbe hab ich früher an einem Tag trinken können", sagt der Gang stolz und kichert dazu. Der rote breite Kopf rührt sich kaum. Genauso stolz zeigt er jedem, der es sehen will oder nicht, die Narbe von seiner Nierenoperation. Die hätte ihn beinahe ins Grab gebracht. Apropos Grab: das ist die Lieblingsgeschichte vom Gang, wie sie das Grab für die verstorbene Mutter vom Gustl gesprengt haben, er und der Gustl. Das hätte damals natürlich keiner wissen dürfen. Aber sie mußte ja auch ausgerechnet in der kältesten Jahreszeit sterben, die Mutter vom Gustl, mit Fleiß. Schon zu Lebzeiten hat sie den Gang immer drangsaliert, mit allerhand Prozessen und so. Ausgerechnet sie muß im Dezember sterben. Sie lag schon steif vor dem offenen Fenster, als der Gustl in der Früh auf den elterlichen Hof getorkelt (als Betrunkener) und gehumpelt (als Krüppel) kommt. Sie war schon kalt und steif, die Frau, die nach ihrem Gustl ausgeschaut hat und aus dem Fenster gefallen sein muß. Und der Totengraber bittet den Gang, heimlich im Friedhof das Grab zu sprengen, weil er das doch könne, ein Loch in die gefrorene Erde, in die kein Spatenstich zu tun sei. Und in der Nacht noch sprengen sie ein Loch in die geweihte Erde, daß den anderen Toten die Gebeine wackeln, wie der Gang verschmitzt sagt. Und dann fügt er noch mit geheimnisvoller Stimme hinzu: daß es etwas gebe und man glaube nicht daran, bis man es selbst erlebt habe. Als er dem Gustl nämlich hilft, der Toten das Leichenhemd anzuziehen und das schöne Gewand, da will der steife Arm nicht in den Ärmel und der Gang flucht: „Du Matz, du verreckte, hast mich noch nicht genug geärgert, mußt mich im Tod noch schikanieren", da rutscht der Arm, der steife, plötzlich von selbst in den Ärmel als hätte sie es gehört. Und der Gang mit seinen roten breiten Backen, der stämmige Gang, dem das erste Glied des Zeigefingers der rechten Hand fehlt, der verschmitzte Gang mit den lebhaften Äuglein, in denen sich Schalk und Grobheit paaren, wird ganz ernst und sagt: „Es gi't ebbse und ma glaabts erst, wenn ma's säiwa dalebt." Der Gustl, der Sohn der Verstorbenen, sitzt gegenüber am Tisch und lacht und sagt: „So a Matz war mäi Muada und so a Mistviech und hod need e de Truah einig'mecht." Aber der Gang habe es ihr gezeigt. Der Gang ist wie ein Vater für ihn. Und als wollte der Gustl ihn kopieren, hat auch er, der Krüppel, ein breites Gesicht, aufgeschwemmt und aufgedunsen vom Alkohol, der Speichel läuft ihm beim Reden übers Kinn, und der Gang sagt immer wieder — und muß es sagen — „geh, wisch di ab!" Zwei dicke aufgedunsene Hände, die der Gustl wie ein Spastiker hält — wenn er nicht gerade eine Flasche in der Hand hat — fahren dann übers Kinn. Aber den sichelförmigen Schnurrbart, den Eindruck von der Geißenmaß, der von den Mundwinkeln nach oben führt, daß es ausschaut, als grinse der Gustl immerzu, den kann er nicht entfernen. Ein riesiger fröhlicher Halbmond. Beim Gehen schleift der Gustl den linken verkrüppelten Fuß nach, der dranhängt wie die Geißel Gottes. Bei allen ungesetzlichen Unternehmungen ist der Gustl der Aufpasser, davonlaufen würde er nicht können. Der Gang sagt: „Frisier di, wia schaust'n wieda aus!" Und der Gustl gehorcht sofort. Beim Reden vermischen sich seine Worte mit Speichel, und manchmal bleibt dann nur noch ein Gurgeln über. Der wirkliche, der leibliche Sohn vom Gang ist der Max. Er trägt immer einen Hut, hat nach einer Halben müde pendelnde Augenlider und ein ganz

weiches Gesicht. Er hat ein Gefängnis schon von innen gesehen. Wenn sein Vater dabei ist, kommt er nur selten zum Reden. Wenn, dann erzählt er vom Wildern, und die Narbe auf der Nasenwurzel läuft dabei rot an. Dem Gang folgt er wie der Gustl aufs Wort. Bei ihm habe ich immer das Gefühl, als würde er bald in Fäulnis übergehen. Man kann ihm alles und nichts zutrauen, und ich rechne jeden Augenblick damit, daß er vom Stuhl fällt oder stirbt oder mir auf die Schulter klopft. Den Gustl mag der Gang lieber als den eigenen Sohn, weiß der Himmel warum. Wie Verschwörer sitzen die drei meistens da. Wenn der Gang nicht redet, sagen auch die beiden nichts, dann bewegen sich nur die blitzschnellen Augen vom Gang am Biertisch.

Dann ergreift höchstens der Georg das Wort. Er stellt sich gern als Jorge vor (spricht es „Horhe"), weil ihn die Eingeborenen von Santo Domingo so genannt haben. Der Georg alias Jorge war nämlich lange Jahre im Ausland, vor allem in Mittel- und Südamerika. Und wenn es ihm gerade einfällt, dann redet er auf einmal spanisch. Er hat als Maschinenbauer beim Aufbau von Fabriken mitgeholfen, mußte dort tagelang rund um die Uhr arbeiten. Die Arbeit hat ihre Spuren hinterlassen, aber auch viel Geld gebracht. Obwohl ihm Geld nichts bedeutet. Heimweh hat er gehabt, der Jorge, ein sakrisches Heimweh nach dem Bayerischen Wald. Vielleicht, wenn einer als Waisenkind aufwächst wie der Georg, vielleicht daß einer dann noch mehr Heimweh hat. Jedenfalls hat er, der arme Schlucker, sich von dem Ersparten ein kleines Haus bauen können in W. Und da lebt er jetzt allein, und keiner kann ihm was dreinreden, keiner kann ihm mehr anschaffen. Und das schätzt er am meisten. Ganz normal, meint er, für einen, der im Heim großgeworden sei. Über das Heim redet er nicht, auch wenn er es nicht vergessen kann. Lieber erzählt er von Santo Domingo. Da war auch noch keiner, vom ganzen Stammtisch kein einziger. Und damit kann der Jorge angeben. Und deshalb kann er es sich auch erlauben, denen, die zu ihm „du greisliger Uhu" sagen, weil er das Gesicht voll Falten hat, auf spanisch zu antworten. Oder er hört überhaupt nicht hin. Das hat er wohl lernen müssen, das Weghören. Oder er erzählt von Santo Domingo. Negerfrauen hat er eingekleidet, der Jorge, der Arme die Ärmsten beschenkt. Stöckelschuhe hat er ihnen gekauft und ganz weiße Kleider, weil es so ein schöner Kontrast war zu der braunen Haut. Spendabel war er schon immer, der Georg, und sie müssen ihn geliebt haben, dort in Santo Domingo. Auch zum Essen hat er sie eingeladen, die Schwarzen, zum Hendlessen und Sekttrinken. Die Stöckelschuhe waren ein Reinfall, weil eine der Frauen sich den Fuß damit verknackst hat und ihn zum Teufel wünschte dafür. Nur eine von den vielen allerdings. „Produtto alemán", das sei was gewesen, ein Begriff. Die hätten nur so gestaunt, die Schwarzen. Und sie seien alle seine Freunde gewesen. Auch nach dem Putsch, nachdem sie den Trujillo in die Hölle geschickt hätten, nachdem man die Hauptstadt plötzlich von Ciudad Trujillo in Santo Domingo umbenannt hätte, seien sie Freunde geblieben. Von Santo Domingo hat der Jorge immer Fotos dabei, schwarzweiß. Ein ganz junges Gesicht hat er darauf. Jung und gutmütig. Ein glattes Gesicht, hübsch und gutmütig, mit einem offenen Lächeln. Das Lächeln versteht er heute noch, aber das Gesicht ist abgearbeitet und das Lächeln geht in den Falten unter. Bloß die Augen können noch leuchten. Merkt der Georg einmal — trotz seiner Selbstvergessenheit —, daß ihm niemand mehr zuhört, dann sagt er einfach: „Salute, Salute, zwei Weiber, vier Dutte", und schon lachen sie wieder am Tisch. Ein paar wenigstens. Obwohl der Georg diesen Spruch vierzig mal am Tag auch sagen kann. Der Spruch zieht immer. Noch etwas kann er: Singen und Schifferklavierspielen. Da ist er dann wieder der alte Jorge, dem die Frauen zu Füßen liegen, mit ihren weißen Kleidern und den Stöckelschuhen. Und erst wenn er das Lied von der Heimat singt, mit geschlossenen Augen und fast brechender Stimme, wenn er singt: „Dort bei de fremden Leut', Ruah hast da koane, viel schöne Platzerl gibt's, Hoamat grad oane", dann wird es manchmal auch vor Ergriffenheit still am Stammtisch und der Alois stellt dem Georg eine Halbe umsonst hin. Der Georg aber mag nicht, wenn es traurig wird, und schnell sagt er dann den Spruch von den vier Dutte wieder.

Der, zu dem sie „Tarzan" sagen — was ihn längst nicht mehr ärgert — oder bloß Wastl (obwohl er Andreas heißt) oder bloß „du dummer Hund", je nachdem, ob sie ihn mögen oder verachten, ist krumm gewachsen. Klein und schief. Alles andere als ein Tarzan, den macht bloß der Spott aus ihm. Ein kleiner Kopf mit schielenden braunen Augen, an den Tischen vorbeibalancierend mit fuchtelnden Händen, die er wohl gern ablegen möchte, aber nicht loswird. Zum Pissoir und wieder zurück geht er öfter als die anderen. Mit lauter Stimme läßt er die Anwesenden sein Dasein merken und ist ebenso schnell bereit, zu verstummen, abzuwinken und kehrt zu machen. Über ihn gibt es nicht viel zu berichten, er wird von niemandem ins Gespräch gebracht. Eine kleine Begebenheit weiß man aus seinem Leben. Der ganze Vorfall ist leider mit ein paar Sätzen erzählt. Für ihn, für den Tarzan ist es freilich *die* Begebenheit überhaupt in seinem Leben. Als kleiner Bub, uneheliches Kind von Magd und Knecht oder Magd und Bauer, lebt er auf einem Hof. Wahrscheinlich auf dem Hof des Bauern, der ihn auch unabsichtlich gezeugt hat. Genau weiß man es heute nicht mehr. Mit diesem Bauern ist er allein auf dem Acker, beim Kartoffelsetzen. Der Vierjährige fällt beim Zurücksetzen vom Traktor; der Bauer sieht es nicht oder will es nicht sehen, jedenfalls fährt er weiter zurück und überrollt den Buben. Aber der überlebt, das schlechte Gewissen, zäh wie eine Katze, bleibt am Leben. Der Bauer, als er sein Mißgeschick sieht, den Buben, in die weiche Erde gedrückt als gehöre er da hinein, dennoch nicht leblos wie offenbar erwartet, sagt bei dem ersten Lebenszeichen des Kindes: „Bist doch nicht verreckt, du Hund." Bist doch nicht verreckt, das ist die ganze wichtige Begebenheit aus dem Leben des Pflegekindes Tarzan. Die einzige bekannte jedenfalls. Sie ist leider schnell erzählt. Verreckt ist er noch immer nicht, vierzig oder fünfzig Jahre lang schon nicht, aber klein geblieben und krumm gewachsen. Man sagt ihm auch einen Dachschaden nach, aber es kann sich niemand davon überzeugen, weil er selten etwas sagt. Er ist einer, der sein Bier still trinkt. Nur wenn er Musik spielen hört, wenn sie ihm eine Mark in die Hand drücken für die Musikbox und er sein Lieblingslied hört, „Abschied ist ein bißchen wie Sterben" heißt es, dann läßt er beim Mitsummen seine rauhe Stimme hören, bis man es ihm verbietet, weil er seine eigene Melodie erfindet. Aber er lächelt dann ganz glücklich, selig fast, aber nur für einen Moment, als hätte er bloß ausprobieren wollen, ob es noch gelingt. Eigentlich sieht es eher wie eine Grimasse aus. Ich könnte ihm stundenlang beim Musikhören zusehen. Niemand sonst, glaube ich, kann so schön und selig musikhören wie er. Einer, den die lebenslangen Fußtritte zwar schief und klein und krumm gemacht haben, aber sie haben ihn nicht umgebracht. Untauglich haben sie ihn gemacht, für die anderen. Zu einem ganz weichen Menschen haben sie ihn gemacht, mit einem Herzen, so groß, daß der Verstand in diesem kleinen Körper keinen Platz mehr findet. Ein Verstand, der ihm wohl auch nicht viel geholfen hätte. Vielleicht hätte er sonst bloß den Bauern erschlagen oder er würde ein Messer dabeihaben, um es den Spöttern zu zeigen. So aber geht er nur fuchtelnd zum Pissoir und wieder zurück. Öfter als die anderen.

Es sitzen noch ein paar mehr am Stammtisch, Leute, die sich für die schämen, die ich beschrieben habe.

Es sitzen auch Leute da, die mit ihrem Geldbeutel prahlen oder mit ihren Häusern, mit ihrer Sparsamkeit und ihrem politischen Weitblick oder ihrer politischen Vergangenheit vor fünfzig Jahren. Sie gehören halt auch dazu zu einem Ort wie W. Vielleicht bilden sie sogar die Mehrzahl, interessant sind sie für mich deshalb noch nicht. Man muß sie halt nehmen wie der Alois: die einen mag er, die anderen läßt er gelten, wieder andere überhört er. Hinausgeworfen hat er nur wenige.

LANDES-
GRENZE

Sepp Paukner

Die Waldler

Wenn Herr K. einen Menschen liebte

„Was tun sie", wurde Herr K. gefragt, „wenn Sie einen Menschen lieben?" „Ich mache einen Entwurf von ihm", sagte Herr K., „und sorge, daß er ihm ähnlich wird". „Wer? Der Entwurf?" „Nein", sagte Herr K., „der Mensch".

(Bert Brecht)

Die Besiedelung der Wildnis

Jahrhundertelang mieden die Menschen den „Wald". Sie siedelten dort, wo der Boden mehr Ertrag brachte und wo das Klima milder war — in den Flußtälern und im Hügelland. Nur vereinzelt drangen Jäger und Fischer in den Urwald und in die Sümpfe des „Waldes" ein.
Erst als andere Gebiete bereits weitgehend gerodet waren, kamen Menschen in den Bayerischen Wald. Oft erhielten sie Steuerfreiheiten und Begünstigungen, wenn sie bereit waren, in den „Wald" zu ziehen. Von einzelnen Orten im „Wald" lesen wir in alten Urkunden, „Verbrecher" (was auch immer die Herrschaften darunter verstanden) seien gezwungen worden, hier zu wohnen. Immer dann, wenn sich die Bevölkerung vermehrte, suchten „nachgeborene" Bauernsöhne und Bauerntöchter Land, das sie urbar machen konnten, und sie zogen in den „Wald".
Allmählich wurden diese Menschen „Waldler". Aufgrund von Gemeinsamkeiten der Lebensbedingungen entwickelten sich eigene Lebensweisen, eine eigene Kultur der Menschen im „Wald", die sich in vielem von der Lebensweise und Kultur des reichen Donautals und in manchem von der Lebensweise und Kultur benachbarter Landschaften Böhmens, Österreichs und der Oberpfalz abhoben.
Die Menschen wurden mit ihrer Heimat vertraut. Sie lernten auf den steinigen Böden Getreide anzubauen, sie prägten sich ein, wann in ihrem Dorf der warme und wann der kalte Wind aufkam, und sie sahen, wann es Zeit war, den Hafer anzubauen. Sie lernten einander kennen und flochten ihr „soziales Netz" aus Verwandtschaften, Nachbarschaften und Abhängigkeitsverhältnissen. Diese Vertrautheit mit der Landschaft und mit den Nachbarn war eine Grundvoraussetzung des Überlebens.
Aber auch als der „Wald" besiedelt war, ging lange noch keiner ganz freiwillig dahin. Josef Blau verwies auf die Klage eines Adeligen aus dem 16. Jahrhundert, daß mancher Hof im Flachland größeren Ertrag erbringen würde als die sieben Dörfer der Herrschaft Zwiesel. Im gleichen Jahrhundert erklärte der Abt von Niederalteich den Zwieslern, die um die Neubesetzung einer Pfarrstelle gebeten hatten: „Was soll ein Pfarrer bei Euch Zwieselern thuen? Er muß nur Tannenzapfen essen".
Zwar entwickelten sich im Bayerischen Wald die Leinwandweberei und die Stierzucht zu überregionaler Bedeutung, und Handelswege nach Böhmen führten durch den „Wald", insgesamt aber galt er als ein ärmliches Gebiet, unwegsam und ohne „Kultur".

Als die Bürger reisen lernten

Als das Bürgertum der Städte begann, die Welt zu entdecken und sich durch Reisen zu bilden, galt der „Wald" als einer Reise unwürdig.
Wir kennen aus dem späten 18. und frühen 19. Jahrhundert bereits eine ganze Reihe von Reisebeschreibungen. Die altehrwürdigen Reichsstädte Bayerns, darunter auch Regensburg, gehörten mit zum Standardprogramm von Bildungsreisenden. Der Bayerische Wald gehörte in dieser Zeit nicht dazu.
Goethe, der sich auf der Durchreise auch in Regensburg kurz aufhielt und sich über Regensburg einen vielzitierten Satz notierte, reiste nicht in den Bayerischen Wald. Ernst Moritz Arndt, der 1801 auf der Donau von Regensburg nach Passau reiste, bewunderte die Vorberge des Bayerischen Waldes, ging aber nicht in ihn hinein. Die einzige Reisebeschreibung dieser Zeit, in der etwas mehr über den Bayerischen Wald zu lesen steht, stammt von Karl Julius Weber. Über seine Fahrt auf der Donau von Regensburg nach Passau notierte er 1828: „Im Norden nähern sich die Waldgebirge Böhmens, deren Bewohner im Landgericht Grafenau so wild sein sollen wie ihre Wälder, wild wie Kalabresen, Sardinier und Korsen; neben Viehzucht, Flachs- und Kartoffelbau fertigen sie Holzwaren, womit sie überall hausieren, wie mit Schwämmen und Ameiseneiern. Bei Wolfstein ist der hohe Dreisessel die Grenze zwischen Böhmen, Österreich und Bayern, und auf der neu angelegten Straße von Deggendorf nach Regen über den Berg Rusel genießt man im Gasthof eines der schönsten Panoramen Bayerns."
Das Bild, das sich die Menschen, die nicht im „Wald" oder in seiner Nachbarschaft lebten, vom Bayerischen Wald und vom Böhmerwald gemacht haben, dürfte in dieser Zeit allerdings weniger von Reisebeschreibungen geprägt gewesen sein, sondern vor allem von Friedrich Schiller, der den Böhmerwald als Schauplatz seines Dramas „Die Räuber" wählte. Finsterer, unwegsamer Wald mit wilden Räubern — das dürfte wohl das gängige Bild des Bayerischen Waldes in dieser Zeit gewesen sein.

Erste zuverlässige Berichte aus dem Bayerischen Wald

Wenn wir zuverlässigere Berichte über den Bayerischen Wald aus dieser Zeit suchen, dann müssen wir uns anderen Autoren zuwenden. Die ersten ausführlicheren und exakteren Nachrichten finden wir bei einem bayerischen Statistiker, bei Joseph Hazzi.
Hazzi, in der Holledau geboren und aufgewachsen, ein aufklärerischer Beamter und Publizist, veröffentlichte 1801 bis 1805 die „Statistischen Aufschlüsse über das Herzogthum Baiern". Sein Anliegen war es, durch die Vermittlung genauer Kenntnisse der Zustände im Land Grundlagen für Reformen zu schaffen. Hazzi beschrieb nicht im Vorüberreisen — er studierte die Geschichte und die seinerzeitige Situation Bayerns und er konnte sich im Rahmen zahlreicher Dienstreisen an Ort und Stelle ein Bild von den bayerischen Landschaften machen. Die Darstellungen der einzelnen Teile des Bayerischen Waldes bei Hazzi ähneln sich in vielem. Es ist daher gerechtfertigt, einige typische Schilderungen zu zitieren.
Seine Beschreibung des Landgerichts Zwiesel beginnt mit den Sätzen: „Blickt man in dieser Gegend um sich, so glaubt man so ganz in eine sibirische Wüstenei sich versetzt. Der immerwährende Wald und die hohen schwarzen Gebirgsaufthürmungen scheinen hier die Erde zu begrenzen, so wie die kleinen hölzernen Hütten eher einen Aufenthalt wilder Thiere als gesitteter Menschen vermuthen lassen: Angst und Beklemmung überfällt den Wanderer, er glaubt in das traurige Reich des Pluto sich verirrt zu haben".
Ähnlich heißt es in seiner Beschreibung des Landgerichts Kötzting: „Die kleinen Dörfer mit ihren kleinen hölzernen Häusern, die ganz mit Holz umringt und mit schweren Schindeldächern belegt sind, bieten einen widerlichen Anblick dar. (...) Alles ist mit Rindsblut kohlschwarz angestrichen, ohne Meubeln, voll Schmuz. Und dann erst der Stall! Man weiß nicht, wer schlechter wohnt, das Vieh oder die Menschen!!"
Über den physischen Zustand der Menschen vermerkt er etwa in der Beschreibung des Landgerichts

Bärnstein: „Die Körper der Meisten leiden an Beschädigungen, woran allzufrühe und übermäßig strenge Arbeit und der Mangel an Chirurgen schuld ist."

Zur Mentalität schreibt er: „Der Charakter der Menschen bleibt sich hier immer gleich; Hartnäckigkeit, Prozeßsucht, Bigotterie, Aberglaube, besonders der Glaube an Hexereien, sind dessen Hauptzüge; so wie er das Gepräg eines sklavischen Sinnes trägt, indem wohl öftere Diebstähle und kleinere Raufereien, aber keine große kühne Handlungen sich ereignen. Doch zwingt die karge Natur den Bewohner zur Thätigkeit und hält ihn zur strengen Arbeit an".

Der „Waldler" als „echter" Mensch bei Grueber und Müller

In dem halben Jahrhundert zwischen dem Erscheinen von Hazzis „Statistischen Aufschlüssen" und der Veröffentlichung des Buches „Der Bayerische Wald (Böhmerwald)" durch Bernhard Grueber und Adelbert von Müller ist kaum etwas über den Bayerischen Wald der breiten Öffentlichkeit bekanntgeworden, sieht man einmal ab von der genannten Stelle aus Webers Reisebeschreibung und den kurzen Aufzeichnungen des Francois-Rene Vicomte de Chateaubriand, der sich 1833 ein paar Tage zwangsläufig in Waldmünchen aufhielt, weil ihm

die Einreise nach Böhmen zeitweilig verweigert wurde.
Bernhard Grueber war Professor der Baukunst an der Akademie in Prag. Adelbert von Müller war ein niederbayerischer Adeliger, geboren im Schloß Furth im Wald. Er hatte Jura studiert und verwaltete den Familienbesitz, den er zum größten Teil später durch Betrug verlor. Seit 1830 lebte er in Regensburg, arbeitete für die Regensburger Zeitung und veröffentlichte Gedichte, Volks- und Landesbeschreibungen. Er besorgte die Neuauflage des genannten Buches. Will man den weltanschaulichen Standpunkt Gruebers und Müllers umschreiben, so eignet sich hierfür am besten der Begriff des romantischen Antikapitalismus.
In ihrem Buch „Der Bayerische Wald (Böhmerwald)“ berufen sie sich, wenn sie die guten Seiten der Waldler gegen Vorwürfe verteidigen wollen, mehrfach auf den damaligen Vorstand der Regierung von Niederbayern, von Rudhart, und fügen an einer Stelle ein längeres Zitat von Rudharts ein:
„Die Art der Vertheilung der Bevölkerung, welche nicht in Städten zusammengedrängt, sondern zumeist auf dem Lande, und zwar weniger in großen geschlossenen Dörfern, als in Weilern und Einzelhöfen von ihrem Grundbesitze umgeben wohnt, und die ziemlich gleichmäßige Vertheilung des Eigenthumes, bei der nicht Tausende unangesessener und armer Menschen einigen wenigen Großbegüterten gegenüberstehen, sind die Grundverhältnisse, welche das Volk auf die Landwirthschaft als seine Hauptbeschäftigung hinweisen. Der *Bauer* — dieser Name gilt als ein Ehrentitel — hängt mit Liebe an seinem Besitzthume“.
Unter diesem Blickwinkel stellen sie den Bayerischen Wald dar. Vergleicht man dies mit den Schilderungen Hazzis, so möchte man glauben, es wäre von verschiedenen Erdteilen die Rede.
So heißt es etwa über den Gesundheitszustand der Waldler: „Das nicht verweichlichende Klima, die hohe freie Lage, der stäte Wechsel der Luftschichten, die häufige Bewegung im Freien, das frische reine Quellwasser, die einfache Lebensweise erhalten die Waldbewohner bei guter Gesundheit, und viele von ihnen erreichen ein hohes Alter.“
Über den Wohlstand der Waldler schreiben sie: „Dieser Fleiß, verbunden mit musterhafter Häuslichkeit und Genügsamkeit, verschafft dem Wäldler einen gesicherten Nahrungsstand, und man findet in seiner Sparbüchse häufiger einen Nothpfennig, als draußen in den stolzen Bauernhöfen des Donaugaues. Das tiefe Elend, unter welchem in manchen anderen Gebirgsgegenden Deutschlands oft ein beträchtlicher Theil der Bevölkerung schmachtet, findet man im Walde nicht.“
Und zum Bildungsstand der Waldler erklären sie: „Mit intellektuellen Anlagen hat die Natur den Wäldler durchaus nicht stiefmütterlich bedacht. Auffassungsvermögen, gesundes Urtheil und natürlichen Takt besitzt er in nicht geringem Grade. Die Überzeugung, wie nothwendig der Unterricht der Jugend sei, ist bereits in die entlegensten Winkel des Gebirges gedrungen, und das Gedeihen der Schulen geht hier schneller vorwärts, als im Flachlande.“
Im Anschluß daran betonen sie die Aufgeschlossenheit der Waldler gegenüber Neuerungen. Sie vermerken, daß viele Gelehrte und Schriftsteller aus dem Bayerischen Wald kamen und daß dem Waldler auch die Bildende Kunst zu liegen scheint. Und sie sehen auch den Aberglauben im Verschwinden:
„Von dem alten Aberglauben der Vorfahren haben sich wohl noch einige Samenkörner auf die jetzige Generation vererbt, sie finden aber in den durch Schulunterricht heller gewordenen Köpfen kein rechtes Gedeihen mehr.“
Sie nennen auch „Schlagschatten gegenüber den Lichtseiten des Gemäldes“: Rauflust, Spiellust, Schroffheit, Derbheit, eine „gewisse Scheu vor dem Fremden“, Schmutz und Unreinlichkeit sowie Arglist und Heimtücke, die von einigen Beamten bemängelt wurden. Sie widersprechen dabei mitunter dem, was sie vorher zu den guten Seiten des Waldlers ausgeführt haben. Sie bemühen sich aber auch stets, die „Schlagschatten“ entschuldigend zu erklären.
Man kann nicht davon ausgehen, daß sich in der Zeit zwischen dem Erscheinen von Hazzis „Aufschlüssen“ und Grueber und Müllers Buch der Bayerische Wald so grundlegend gewandelt hat. Wenn man den Eindruck gewinnt, Hazzi und

Grueber/Müller hätten eine jeweils andere Welt beschrieben, so ist dies insofern richtig, als Grueber und Müller tatsächlich eine „andere Welt", einen „anderen Bayerischen Wald" schildern, und zwar in dem Sinne, daß der „Wald" hier als Anti-Welt zur bürgerlichen Welt in der Mitte des 19. Jahrhunderts dargestellt wird. In diesem Sinne antworten Grueber und Müller auf die selbstgestellte Frage, was den Reisenden im Bayerischen Wald erwarte: „Und wie das Land wird ihn auch das Volk ansprechen, durch seine einfache ungekünstelte Lebensweise und die von der städtischen Modernisirung so sehr abstechende Urälterlichkeit." Und an anderer Stelle heißt es: „Im Gegentheile ist, was den Volksverhältnissen ihren vorzüglichen Reiz verleiht, der Umstand, daß im Ganzen hier noch viel Natürlichkeit herrscht, nicht sehr beeinträchtiget durch Kunst, Politik und Ueberbildung, daß mithin ein großer Theil der Menschen sich gibt, wie er ist, und da offenbart sich vielfach ein gar tüchtiger, kraft- und lebensvoller Kern."

In derartigen Sätzen liegt unüberhörbare Kritik an der eigenen Kultur, an der Modernisierung, an der Politik, Wissenschaft und Bildung der Zeit. In der eigenen Kultur kann der Mensch eben nicht „sein, wie er ist". Und nur aus dieser Kritik an der eigenen Kultur kann die Verherrlichung der fremden Kultur des Bayerischen Waldes entstehen. Die Suche nach einer Gegenkultur verstellt den Blick auf die wirkliche Lebensweise der Menschen im Bayerischen Wald.

Adalbert Stifters Bayerischer Wald

Wie wenig letztlich das Buch von Grueber/Müller in Fachkreisen seiner Zeit gelesen wurde, zeigt der folgende, 1855 in der Augsburger Allgemeinen Zeitung erschienene Bericht:
„In der jüngsten Sitzung der geologischen Reichsanstalt hielt Dr. Hochstetter einen Vortrag über einen Gegenstand, der bis zum heutigen Tage mehr

dem dämmerhaften Reich der Sage, als dem lichten Gebiet exakter Forschung anzugehören schien. Oder wer von uns weiß etwas Näheres vom Böhmerwald, als was er aus Schillers Räuber erfahren? Wenn er noch besonders glücklich war, so hat er auf einer Donaufahrt nach Wien diesen mächtigen Gebirgszug in der Ferne liegen sehen, wie ein Urweltstier, dessen granitner Grat von dunklen Wäldern starrt."

Genauere Vorstellungen vom „Wald" hat eine größere Zahl von Menschen außerhalb des Bayerischen Waldes erst durch Adalbert Stifter erhalten.

Adalbert Stifter wurde 1805 als Sohn eines Leinwebers und Flachshändlers in dem böhmischen Dorf Oberplan im Dreisessel-Gebiet geboren. Er besuchte das Stiftsgymnasium Kremsmünster und studierte dann in Wien. Er belegte das Studium der Rechte, später der Mathematik und Naturwissenschaften, neigte allerdings dazu, nur Lehrveranstaltungen zu besuchen, die ihn interessierten. Er verdiente seinen Lebensunterhalt als Hauslehrer, malte und engagierte sich in revolutionären Bewegungen. Schließlich brach er sein Studium ab und lebte als Hauslehrer. Er heiratete und veröffentlichte 1840 seine erste Erzählung. Er wandte sich gegen die Revolution von 1848, in der er das aufbrechende Chaos sah. 1850 wurde er Schulrat in Linz und Inspektor für die Schulen Oberösterreichs, später wirkte er auch als Landesdenkmalkonservator. An Leberkrebs erkrankt beging er 1868 Selbstmord.

Stifters Beziehung zum „Wald" ist zuerst Erinnerung an Kindheit und Jugend, an die liebevolle Beziehung zu den Eltern und Großeltern; der „Wald" ist — wie Martini es formuliert hat — sein „Kinderland". In seinen späteren Jahren, vor allem in der Zeit seiner Erkrankung, fuhr er öfter in den Bayerischen Wald zur Genesung — Genesung dabei in einem physischen wie psychischen Sinne.

Wenn wir Stifters Äußerungen über den Bayerischen Wald lesen, stoßen wir stets auf Begriffe und Sätze wie: „ungeheures Labsal in den weiten breiten Wäldern", „Zuflucht", „großartige(n) und erhabene(n) Einsamkeit", „über alle Maßen herrlich" und „Die Tage, die ich hier in der für mich entzückenden Gegend zubrachte, gehören zu der glücklichsten Zeit meines Lebens."

Der Zusammenhang zwischen körperlicher und seelischer Erholung wird deutlich in Sätzen wie: „Meine ganze Seele hängt an der Gegend. Wenn ich irgendwo völlig genese, so ist es dort ..."
oder:
„... ich entfloh einem so heftigen Ausbruche" (der Krankheit — d. A.) „wie 1854 nur dadurch, daß ich in den Wald ging, sechs Wochen am Fuße des Dreisesselberges lebte, und Waldluft, Waldwasser und Einsamkeit genoß."

Demgegenüber kann das Leben in Linz nur trist und unmenschlich erscheinen. Nach dem Waldaufenthalt wieder in der Stadt, schreibt er 1864:
„Linz war mir auf das prächtige Waldland hinauf wie ein Kerker; aber es gewöhnt sich selbst der Vogel an den Käfig, und so bin ich im Käfig."

Als er 1865 aus dem Bayerischen Wald nach Linz zurückkehrt, fühlt er sich dort so unwohl, daß er nach drei Tagen auf einen Berg bei Linz reist.

Mehrfach wünscht er sich, im Bayerischen Wald leben zu können. So heißt es etwa in einem Brief an seinen Verleger, in dem er diesen bittet, ihm das Geld für den folgenden Monat bereits jetzt auszuzahlen:
„Ach Gott, könnte das so fortdauern!! Welche Werke dürften da entstehen?! Hätte ich hier ein Häuschen, meine Blumen, meine Zeichnungen bei mir, jährlich ein paar Monate bei Freunden in Wien — was wäre das für ein Himmel!!!"
„Könnte ich ohne Amt nur meinen Dichtungen etc. leben, hier in der Waldluft und bei dem herrlichen Wasser und täglichen Waldwanderungen leben — alles wäre gut ..."

Doch die Verhältnisse sind nicht so. Stifter ist als Schriftsteller und Maler nicht genügend erfolgreich, um „ohne Amt" leben zu können. Und Arbeit findet er als Schulrat und Denkmalkonservator im Bayerischen Wald nicht.

1864 findet er es zwar „recht lustig", daß er aus Langeweile Brennholz geschnitten hat, und im gleichen Jahr droht er seinem Gastgeber Rosenberger, falls er ihn nicht in seinem Gut oder in seinem Gasthof aufnehmen werde, würde er sich „eine Hütte aus Tannenreisern" bauen — doch all das ist Spielerei. Ihm ist klar, daß er sich im Bayerischen Wald nicht ernähren kann.

Und wer weiß, ob seine Blumen die langen Winter und den eisigen „Böhmischen Wind" aushalten würden?
1865 rät ihm sein Arzt, unverzüglich zur Kur in den Bayerischen Wald zu reisen. Er wartet aber damit, u. a. weil „wir ... ja in derselben Zeit im Waldhause völlig erfroren" wären.
1866 erlebt er im Bayerischen Wald ein heftiges Gewitter und notiert darüber: „Ich möchte das nicht wieder sehen."
Im gleichen Jahr klagt er dann über die Einsamkeit im „Wald", empfindet sie als kerkerartig und findet nur in seinen Arbeiten psychischen Halt. 1867 schließlich schildert er in seiner Erzählung „Aus dem Bayerischen Wald" Angst und existenzielle Bedrohung, als ihm durch heftige Schneefälle der Weg zu seiner in Linz erkrankten Frau tagelang versperrt wird. Diese Erzählung erschien ein Jahr vor seinem Tod und ist Stifters letzte größere Darstellung des Bayerischen Waldes. Der „Wald" — das ist für Stifter das mit goldnem Pinsel gemalte Bild der Erinnerung an die Kindheit und es ist ein „Wald", wie er für Stifter sein sollte: anmutig und ruhig.

Der „Wald" und die Waldler in der „Bavaria"

Wir haben bisher zwei einander gegenüberstehende Vorstellungen vom „Wald" und der Waldler kennengelernt: das aufklärerisch-kritische Bild Hazzis und die verklärende Sicht Gruebers, Müllers und Stifters. Wir können vermuten, daß sich diese Verschiedenheit der Sichtweisen daraus erklärt, daß Hazzi mit den Menschen im Bayerischen Wald *arbeitet*, während sich Grueber, Müller und Stifter dort *erholen*, daß Hazzi überzeugt ist, in seinem Kulturkreis — dem aufgeklärten Bürgertum — ein rechtes Maß zu haben, an dem er die andere Kultur des Bayerischen Waldes messen kann, während Grueber, Müller und Stifter ihrer Lebenswelt kritisch gegenüberstehen und den Wald zum Ort ihrer Träume machen.
Die Statistik, die Tradition Hazzis, wird in Bayern in den 60er Jahren des 19. Jahrhunderts durch die großangelegte „Bavaria. Landes- und Volkskunde Bayerns" fortgesetzt. Mit Unterstützung König Max II. versuchte ein Kreis von Wissenschaftlern, möglichst umfassend alles Wissenswerte über die Geschichte, Ethnographie und Geographie zusammenzutragen.
Felix Dahn verfaßte für die „Bavaria" einen Abschnitt „Haus und Wohnung". Hier werden verhältnismäßig detailliert der Baustil und die Wohnung der Menschen in den einzelnen Teilen Niederbayerns beschrieben. Über die Menschen selbst erfahren wir in diesem Abschnitt wenig, und Dahn vermeidet Wertungen weitgehend.
In einer Zusammenfassung über Haus und Wohnung links der Donau heißt es hier: „In der Regel ist alles nur mit einem Erdgeschoß angelegt, klein, unansehnlich, schlecht erhalten und unsauber."
Er erwähnt vereinzelt auch Schönes und Zierliches. Bezüglich des „Wohnwerts" stellt er allerdings fest: „Besonders gesund können diese Gemächer nicht genannt werden." Deutlich werden hier auch die Verhältnisse im Leben der Armen des Bayerischen Waldes dargestellt: „Bei ärmeren Leuten wird oft ein Stück Kleinvieh, ein Schweinchen o. dgl., im strengen Winter auch noch Hühnervolk in solch einer Stube untergebracht, wo es von Kindern nur zu oft wimmelt, die aus den feuchten, kalten Kammern ihr Lager dann auf die ‚Ofenbänke' oder die Bank daneben verlegen. In solchen Gemächern ist dann wenig Ordnung und Reinlichkeit zu erwarten und man kann unter den Inhäuseln und Hütten der ärmeren Innerwäldler menschliche Wohnungen finden, die kaum für solche angesehen werden können."
In einem weiteren Aufsatz der „Bavaria" über die Ernährung der Menschen wird für den Oberen Bayerischen Wald festgestellt: „In diesen Gegenden, am Regen und im Chamthal, wird die schlechteste Kost im Walde und beinahe im ganzen Altbayern gegessen." Und für das „Bisthum" im Vorwald noch heißt es: „... die meisten aber sind bei ihrer Armuth zu den größten Beschränkungen und Entbehrungen verurteilt."
Im Abschnitt „Volkskrankheiten und Volksmedizin" von Joseph Wolfsteiner schließlich wird die Ursache für die insgesamt hohe Sterblichkeitsquote in den „socialen Verhältnissen" gesucht. Ge-

nannt werden hier Mängel in der Pflege der kleinen Kinder, Gleichgültigkeit gegenüber Kindersterblichkeit, eine geringe Neigung, Ärzte aufzusuchen, übermäßige Beanspruchung bei der Arbeit, besonders auch bei Kindern, und die Neigung, bei Krankheiten statt Ärzten „Quacksalber, Abdecker, weise Frauen etc." zu befragen, schließlich auch die geringe Zahl von Krankenanstalten und die ungesunden Wohnverhältnisse.
Im Inhalt ähnlich, allerdings weniger sachlich-systematisch und mit eher deutlicherer Sprache äußern sich dazu auch die Physikatsberichte, Berichte der bayerischen Landärzte über die medizinisch-hygienischen Verhältnisse der von ihnen betreuten Menschen. Diese Physikatsberichte wurden etwa zur gleichen Zeit eingeholt.

Paul Lindau — ein Preuße im Bayerischen Wald

Seit der Mitte des 19. Jahrhunderts besuchten in kleiner, aber doch wachsender Zahl Reisende den Bayerischen Wald. Der berühmteste von ihnen war Friedrich Nietzsche, der 1877 von Bayreuth aus für 10 Tage in den „Wald" fuhr. Er hat darüber nichts geschrieben als einen Brief, den er in diesen Tagen absandte, und aus dem hervorgeht, daß ihn Kopfschmerzen und Durchfall daran hinderten, sich entsprechend zu erholen.
Bedeutendere Aufzeichnungen über eine Reise in den Bayerischen Wald kennen wir hingegen von Paul Lindau.
Lindau war Schriftsteller, Publizist und Leiter des Berliner Wochenblattes „Gegenwart", später der kulturpolitischen Monatsschrift „Nord und Süd". 1895 wurde er in Meiningen, später in Berlin Theaterleiter und er prägte das Berliner Kulturleben im ersten Jahrzehnt unseres Jahrhunderts entscheidend mit. Im August 1882 beschloß er, sich eine Ruhepause zu gönnen und mit zwei Freunden in den Bayerischen Wald zu reisen.
Er schildert die Reaktionen seiner Umgebung auf dieses Vorhaben: „Man lachte uns aus, als wir das Ziel unserer Wanderung verlauten ließen: ‚In den Bayerischen Wald? Sie meinen ins Gebirge? Sie wollen die Seen besuchen, Reichenhall, Berchtesgaden, Kreuth, Zell, Partenkirchen?' —
‚Nichts von alledem! den Bayerischen Wald!' —
‚Da werden Sie schön ankommen! Was wollen Sie verwöhnte Großstädter unter den Wäldlern, die von der Nagelbürste der Kultur keine Ahnung haben, in dürftigen Schänken mit mangelhafter Verpflegung und fragwürdigsten Betten?' —

‚Wir wollen den deutschen Urwald sehen. Wir wollen ‚in gräßlicher Verwirrung die alten ausgebleichten Stämme' liegen sehen, ‚im traurigen weißleuchtenden Verhacke die dunklen Wasser säumend ...' (Adalbert Stifter). Wir wollen die ‚Felstrümmer und ästelosen gebleichten Urstämme von kolossa-

len Dimensionen rechts und links des Weges, mit ihren Wurzeln gegen den Himmel emporstarrend', wir wollen den ,ernsten Tempel der Natur, dessen heilige Stille nur hie und da durch den fernen Schuß eines Jägers oder durch den gellenden Schrei eines Raubvogels unterbrochen wird, die urwäldlichen Bestände und wildschöne Landschaft' sehen (C. Hoffmann). Wir wollen den ,Urwald in seiner ganzen schauerlichen Kraft und Wildheit, den Boden, das Produkt tausendjähriger vegetabilischer Verwesung, den ganzen wirren und struppigen Apparat, welcher den Urwald charakterisiert, die Zeugen und Zeugnisse wild revoltierender Naturereignisse, welche Felsbrocken vom Gesteinskörper ablösend herniederschleuderten, Riesenstämme durch Windbruch wie Halme knickten, den wüsten Verhau in Mitte parasitisch wuchernden jungen Lebens — das Urbild eines deutschen Urwaldes, wie ihn keine deutsche Gebirgsgegend großartiger aufweisen kann' (H. A. Berlepsch). — Das wollen wir sehen!'"
Lindaus Notizen über diese Reise sind süffisant geschrieben und stets voller gewitzter Ironie, gepaart mit Zynismus und der Arroganz des preußischen Bildungsbürgertums der Jahrhundertwende.
Lindau verhält sich unkonventionell. Er kegelt und trinkt mit den Honoratioren im Dorfwirtshaus, er hält sich nicht an die vorgeschlagenen Wanderrouten und besucht das Einstandsfest eines Wirtshauses. Mit dem Fuhrknecht „freundet er sich an", aber diese eigenartige Freundschaft äußert sich im Spott über den naiv dargestellten Waldler.
Zusammengefaßt urteilt Lindau über die Menschen im Bayerischen Wald: „Und jedes Mal, wenn der Zug hält, sehen wir gesunde, frische Gesichter, — Leute, die sicherlich in den bescheidensten Verhältnissen des Daseins leben, aber damit ganz zufrieden zu sein scheinen, die offenbar von der Hast, dem Drängen, der Unruhe und den Leidenschaften der großen Stadt nichts wissen und nie den Stachel des Ehrgeizes in den Weichen gefühlt haben, die sich an der gewohnten Arbeit des Tages gewohnheitsmäßig abschinden, dem Herrn Pfarrer mit angeborenem und anerzogenem Respekt zuhören und vergnügt sind, wenn das Bier ihnen schmeckt. Und das Bier ist gut, es bekommt, und es wird in achtbaren Qualitäten verbraucht."
Durch Lindaus Wertung des Lebens der Menschen im Bayerischen Wald zieht sich ein Widerspruch. Da ist zum einen die herablassende Verachtung der Unbildung und der Trägheit, zum anderen aber eine gewisse Freude an dieser Einfalt. Dieser Widerspruch wird nicht aufgelöst, diese Spannung ist es, die den Witz erzeugt. Die Unsicherheit wird durch Zynismus überdeckt.
Letztlich aber bleibt doch die Arroganz. Die Waldler sind nach Lindau ein wenig gebildetes und wenig gesittetes Völkchen, etwas tierisch zwar, aber in nüchternem Zustand harmlos und somit hübsch putzig.

Die letzten Entdeckungsreisen. Karl von Reinhardstoettner

Als Paul Lindau in den Bayerischen Wald reiste, war der „Wald" schon weitgehend entdeckt. Es gab Reiseführer zu kaufen, und der Fremde konnte in den Gasthäusern und auf den Wanderwegen manchmal sogar Landsmänner aus Berlin oder Bochum treffen.
Einer der letzten Entdecker des „Waldes" war Karl von Reinhardstoettner.
Ähnlich Adelbert von Müller stammte er aus einer Adelsfamilie des Bayerischen Waldes. Der Vater war königlich bayerischer Hofsekretär. Reinhardstoettner studierte, arbeitete an der Technischen Hochschule in München und wurde später Hochschullehrer für romanische Sprachen. Neben romanistischen Studien veröffentlichte er zusammen mit Karl Trautmann eine Reihe „Bayerische Bibliothek" mit Schilderungen von „Land und Leuten" in Bayern. Er verbrachte seine Ferienzeit gerne in der von ihm neu erbauten Villa in Lixenried und soll (nach Sieghardt) dort auch am Leben des Dorfes regen Anteil genommen haben.
1890 veröffentlichte Reinhardstoettner in der genannten „Bayerischen Bibliothek" ein Bändchen „Land und Leute im Bayerischen Walde". Im Vorwort erklärte er, warum er dieses Buch geschrieben hat. Er erinnert dabei an den Anspruch der Reihe, sich auch mit Volkskunde zu befassen, erwähnt, wie sehr der „Wald" bisher verkannt und mißachtet

worden sei, und fühlt sich durch viele schöne Jahre, die er dort verlebt hat, dazu verpflichtet.
Seine Schilderung des „Waldes“ ist im großen und ganzen von Sympathie geprägt, der Wald erscheint als anmutige Landschaft:
„... friedliche Wohnstätten zufriedener Leute, (...) in friedlichen Windungen schlängelt sich ‚alles segnend, allgesegnet‘ tausendfach gekrümmt der Regen durch weite Thäler, und der Blick, der von den Kuppen der Berge sich herabsenkt, weidet sich an den üppigen Wiesen, den wohlbebauten Äckern und Saatfeldern, die hier und dort wie neben einander hingebreitete Teppiche ein kleines Dorf umschließen, das in heiliger Ruhe an den Abhang eines bis zur Höhe hinan bewachsenen Berges gelagert ist.“
Er nennt durchaus auch die Schattenseiten der Landschaft und der Menschen — den eisig kalten Böhmischen Wind, den langen Winter, die Armut, die geringe Bildung.
Aber dennoch:
„Man beneidet auf Augenblicke die Glücklichen, die hier wohnen dürfen, und achtet ihrer Klagen nicht ...“
Die Ruhe, mit der die Menschen ihre Armut ertragen, gilt ihm als bewundernswert:
„Es ist ein Kulturmesser, was der Mensch an Bedürfnissen hat, welchen er entsagen kann und meistens entsagen *will*.“
Und an anderer Stelle heißt es:
„Was vermißt der arme, besitzlose Mann, der im Winter eine übermässig warme Stube, einen Tisch mit dampfenden Kartoffeln und die nahrhafte Milch seiner Ziege sein eigen nennt — Gaben, welche ihm ohne Schweiss und Arbeit die gütige Natur auch in diesen oft so unwirtsamen Waldeshöhen verliehen hat? An seine Pforte pocht nicht, wie in den Städten und Weltplätzen, Hunger und Not; er weiß nicht, was es heißt, obdachlos zu sein und zu frieren.“ „Nichts, gar nichts von alledem,

was die Welt an *wahrem* Genusse bietet, hat er entbehrt, er kennt nur das nicht, worin wir so oft fälschlich das Glück des Erdenwallens suchen — Reichtum und Glanz, Ruhm und Ehrgeiz."
Und ähnlich heißt es über die geringe Bildung der Menschen:
„Er hat nur das vermieden, was wir selbst so oft als Thorheit bezeichnen müssen."
Und schließlich stellt er fest:
„Ja, Michel, du hast recht. O könnten auch wir, wenn der Glocke verbindender Schlag uns zwingt, den Pinsel, die Feder niederzulegen und die beseligendste Thätigkeit gegen eine uns aufgezwungene Arbeit zu vertauschen, so ruhig wie du sagen: Glei', so wie i der Weil hob. Um wievieles glücklicher wären wir!

Mein Michel kennt sie nicht — — —
der Zeiten Spott und Geissel,
Der Mächtigen Druck, Misshandlung der Stolzen,
Verschmähter Liebe Pein, des Rechten Aufschub,
Den Übermut der Ämter und die Schmach,
Die Unwert schweigendem Verdienst erweist.

Und spricht nicht der Neid aus uns, wenn wir es ihm verargen, daß er sich sein Dasein so glücklich geschaffen hat, so glücklich schaffen konnte?"
Auf den Gedanken, dieses so glücklich geschilderte Leben selbst zu leben, kommt Reinhardstoettner hier nicht. Wir wissen, daß die Menschen im Bayerischen Walde sehr wohl unter dem Druck der Mächtigen gelitten haben, daß sie den „Übermut der Ämter" sehr wohl kennengelernt haben und daß auch im Bayerischen Wald manche Liebe verschmäht wurde. Wenn Reinhardstoettner sich soviel mit den Menschen im Bayerischen Wald abgegeben hat — konnte er dies nicht sehen? Hat er es nicht sehen wollen?

„Heimatkunde — eine Schutzwehr deutschen Volkstums"

Das, was Männer wie Reinhardstoettner schrieben, bekam einen Namen — „Heimatkunde" — und allmählich auch Wert. Waren Grueber, Müller und Stifter mit ihrer Hinneigung zum Bayerischen Wald noch Einzelgänger, so wurde nun die „Pflege der Heimat" zur Staatsräson. Seit dem späten 19. Jahrhundert wurden Vereine und Institutionen in großer Zahl gegründet, Gelder flossen und die „Heimatkunde" wurde Teil des Pflichtprogramms der Schulen.
Wenn wir den Blick auf Bayern insgesamt richten, finden wir die Anfänge staatlich organisierter oder staatlich geförderter „Heimatpflege" bereits im frühen 19. Jahrhundert und wir können verfolgen, wie seither die Bemühungen um die „Pflege des angestammten Wesens" stets zugenommen haben. Hartinger führt über die Auseinandersetzungen um das Gewerberecht in der Zeit des Königs Ludwig I. aus: „Die Befürworter des Gesetzes (zur Einschränkung der Gewerbefreiheit 1834), wünschten keine ‚Atomisierung' oder ‚Pulverisierung' der Gesellschaft — wie sie sagten —, keine Zerstörung der wirtschaftlichen Basis der gewachsenen Betriebe durch ungehemmte Konkurrenz. Vor allem sollte die Landwirtschaft geschützt werden vor Abwanderung des Arbeiterpotentials in neue gewerbliche Betriebe; dort würde sich nur das Bettlerwesen breitmachen und der Trend zu einer sozialen und geistigen Entwurzelung breiter Bevölkerungskreise verstärkt."
Damit ist eine Ursache und eine Form dieses romantischen Antikapitalismus angesprochen: die Angst kleinbürgerlicher Schichten, im Konkurrenzkampf unterzugehen. Weiter ist erkennbar — die Angst vor der Arbeiterbewegung. Neben diese Angst des Kleinbürgertums und großer Teile der Intellektuellen wie auch vieler Bauern vor der Vernichtung der eigenen wirtschaftlichen Existenz und des sozialen Ansehens trat politisches Kalkül der Könige und Regierungen: für sie ging es um die Sicherung der Untertänigkeit der Staatsbürger und darum, durch die Herausstellung kultureller Größe politische Ansprüche zu untermauern.

Wenn wir diese „Heimatpflege"-Bewegung als Gegenbewegung gegen den Kapitalismus und — in dessen Gefolge — den Sozialismus sehen, so wird auch deutlich, warum sich diese Bewegung gegenüber den Ballungszentren erst mit deutlicher Verzögerung auch im Bayerischen Wald ausbreiten konnte.

Müller, Grueber und Stifter konnten vor dem Kapitalismus der Ballungszentren noch in den Bayerischen Wald fliehen und konnten hier immer noch verhältnismäßig starke vorkapitalistische Strukturen erleben. Nun aber veränderte der Kapitalismus immer mehr auch den Bayerischen Wald von Grund auf.

Im Bayerischen Wald wurde die „Heimatpflege" jetzt zum Anliegen der „besseren Gesellschaft". Die Mitgliedslisten historischer und heimatkundlicher Vereine machen deutlich, wie sehr sich gerade Kleinbürgertum und Intellektuelle nun hier engagierten. Wenn die Rede davon war, daß „Heimatkunde" eine „Schutzwehr deutschen Volkstums" sei, so ist dies gerade auch für den Bayerischen Wald in einem doppelten Sinn gemeint. Nach außen hin galt es, das „Deutschtum" im Böhmerwald zu stärken, durch die Betonung der Zugehörigkeit des — seit dem Ende des 1. Weltkriegs tschechischen — Böhmerwaldes zum deutschen Kulturkreis politische Ansprüche auf den Böhmerwald zu untermauern und zumindest zu verhindern, daß durch eine „Tschechisierung" des Böhmerwaldes die Grenze geschwächt und bedroht würde. Nach dem 2. Weltkrieg und der Aussiedlung des größten Teils der Deutschen aus dem Böhmerwald fand diese „Volkstumspflege" ihre Fortsetzung in der Kulturarbeit der „Vertriebenenverbände" und dient wiederum dazu, territoriale politische Ansprüche zu begründen.

„Heimatkunde" sollte aber auch „deutsches Volkstum" nach innen gerichtet schützen, sollte „verderblichem Zeitgeist" entgegenwirken, sie sollte — wie dies Robert Sieger in seinem Vortrag auf dem Passauer Heimattag 1921 betonte — „uns befreien von der einseitigen wirtschaftlichen Weltbetrachtung, die Staat und Volk auf Irrwege gebracht hat." Und Sieger führt weiter aus: „Im Gegensatz zu den einfacheren oder langsamer vermannigfaltigten Volkskörpern, die es umgeben, ist es (Deutschland) in Stände, Gesellschaftsschichten, Parteien zerklüftet, die ihre Gedanken von einander abkehren. (...) Es gibt viele, die in unserem Volk sozusagen *heimatlos* umherirren, bald da, bald dort den Erwerb suchen und sich wohl noch solcher Unbefangenheit vom Kantönligeist rühmen, wo sie ihre Armut beklagen sollten. Laßt uns ihnen eine Heimat schaffen! Laßt uns sie einführen in Geschichte, Brauch und Eigenart des Ortes, wo sie sich niederließen; lehrt sie in ihrer Umgebung einwurzeln, führt ihre Kinder in der Schule zu bodenständigen Empfindungen, daß ihnen eine Heimat bleibt, auch wenn sie wieder weiter wandern!"

„Waldler" schreiben selbst über den „ Wald"

Im Zuge dieser „Heimatpflege"-Bewegung begannen nun auch in größerer Zahl „Waldler" selbst über den „Wald" zu schreiben — allerdings fast ausschließlich Lehrer, Apotheker und Pfarrer. Alle hier zu nennen, ist unmöglich. Wir wollen uns darauf beschränken, auf drei Autoren kurz einzugehen.

Emerenz Meier

Emerenz Meier war eine Frau, die in vielem aus dem Rahmen fiel. Sie blieb für lange Zeit die einzige Frau, die über den „Wald" schrieb, sie war nicht akademisch vorgebildet, und ihre Gedichte und Erzählungen passen auch nicht so recht zu den Klischees über heimatkundliche Literatur.
Hans Carossa, der sie besuchte, war sie suspekt, weil sie nicht seinem Bild einer gesitteten Frau entsprach und von einer Umwälzung der Gesellschaft redete.
Sie war Bauerntochter, betrieb später eine Gastwirtschaft, bewirtschaftete dann einen Bauernhof und wanderte schließlich nach Amerika aus, wo sie 1928 starb.
Ihre lebensvollen Geschichten haben selten ein glückliches Ende. Sie liebt den „Wald", aber sie beschreibt auch die Not und die Ungerechtigkeit im Leben der Menschen. Da steht der Glückliche neben dem Verzweifelnden, der Arme neben dem Reichen, der jähzornige Trinker neben dem sanft Liebenden, der eifersüchtige mordlüsterne Bauernknecht neben dem zärtlichen Freund. Es ist realistische Schilderung eigenen Erlebens. Innige Zuneigung zu dieser Heimat ist verbunden mit humorvoll-ironischer Distanz bis hin zur Empörung.
Hay hat diesen Gegensatz betont und in seiner Anthologie „Bayerischer Wald — erlebt von Dichtern" entsprechend zwei Gedichte von Emerenz Meier ausgewählt: das Gedicht „Väterliche Ermahnung", in dem ein Vater dem Sohn erklärt, daß er das Geld lieber selbst versaufen werde, bevor es der Sohn versaufen würde, und das folgende Gedicht, das Emerenz Meiers liebstes war:

Mein Wald — mein Leben

Ich sah den Wald im Sonnenglanz,
Vom Abendrot beleuchtet,
Belebt von düstrer Nebel Tanz,
Vom Morgentau befeuchtet:
Stets blieb er ernst, stets blieb er schön,
Und stets mußt ich ihn lieben.
Die Freud an ihm blieb mir bestehn,
Die andern all zerstieben.

Ich sah den Wald im Sturmgebraus,
Vom Winter tief umnachtet,
Die Tannen sein in wirrem Graus
Vom Nord dahingeschlachtet.
Und lieben mußt ich ihn noch mehr,
Ihn meiden könnt ich nimmer.
Schön ist er, düsterschön und hehr,
Und Heimat bleibt er immer.

Ich sah mit hellen Augen ihn,
Und auch mit tränenvollen;
Bald hob er meinen frohen Sinn,
Bald sänftigt er mein Grollen.
In Sommersglut, in Wintersfrost
Konnt er mir nicht mehr geben.
So gab er meinem Herzen Trost.
Und drum: Mein Wald — mein Leben.

Gebildete Kleinbürger haben sich ihrer gütig angenommen, ihre literarischen Fähigkeiten gelobt, ihr Fortkommen gefördert. Man hat versucht, aus ihr eine „richtige" Heimatdichterin zu machen, aber ganz ist dies nie gelungen. Emerenz Meier bot nicht die Idyllen, die verlangt wurden, sie entlarvte eher das Klischee einer gesunden Gemeinschaft. Und vor allem: sie hat den Bayerischen Wald verlassen, ist ausgewandert.
Man hat Verfahren entwickelt, mit dieser Emerenz Meier fertig zu werden. Hans Carossa, sich an sie erinnernd, schrieb: „Ihre Verfassung war nicht schwer zu durchschauen. Jene seltsame Übereinstimmung mit allem Aufrührerischen, der kindliche aus Manifesten übernommene Glaube an die Gründung eines Reiches der Gerechtigkeit durch Worfelung der Gesellschaft, das Rauschbedürfnis, die Freude an dunklen Gewaltnaturen, dies alles hing in der Tiefe mit einem Mangel an Fundament zusammen; es war da eine wunde, lockere Stelle, die wahrscheinlich nicht einmal durch Liebe hätte geheilt werden können. ... Ein älterer, in sich ruhender Freund wäre ihr vonnöten gewesen, der ihr immer wieder zeigte, wer sie war."
So paßt das Bild wieder. Nicht etwa die Welt war ungerecht und veränderungswürdig, vielmehr war die Schriftstellerin unglücklich, weil sie nicht den richtigen Mann gefunden hatte.
Sieghardt bemerkt über Emerenz Meier: „... am 28. Februar 1928 ist sie in Chicago, man sagt an Heimweh nach dem Bayerischen Wald, gestorben."
Bei Hay heißt es ähnlich: „... erkrankte schwer, im Herzen die Sehnsucht nach der Heimat im Wald, die sie nie wiedersah."
Zu fragen wäre dann nur noch, warum die Unglückliche, an Heimweh Verschmachtende dann nicht nach Hause gefahren ist. Die Frage kann hier nicht beantwortet werden. Die Literaturwissenschaft hat sich zu wenig mit Emerenz Meier befaßt, als daß hier Realität und Mythos klar geschieden werden könnten. Festzuhalten bleibt aber, *daß* hier ein Mythos aufgebaut wurde, um eine Schriftstellerin posthum anzupassen.

HERMANN LENZ

Vor neun Jahren ungefähr

An der böhmischen Grenze
Ein verlassener Hof:
Der Misthaufen ausgetrocknet,
Das Stallfenster geschlossen,
Die Schwalbe stürzte herein.

Die Hitze im leeren Dorf.
Die Kastanienallee und der Friedhof.
Abends der Bach mit den Schatten
der Fische.

Dir fällt ein,
Daß du allein bist und schreibst.
An wen? An dich selber.

Franz Schrönghamer — Heimdal

Franz Schrönghamer-Heimdal wurde im Gegensatz zu Emerenz Meier zum Prototyp eines „Heimatdichters".
1881 als Bauernsohn im Bayerischen Wald geboren, sollte er Pfarrer werden, studierte aber dann Architektur und wurde schließlich Schriftsteller und Bauer. Bereits während seiner Studienzeit veröffentlichte er Gedichte und Erzählungen. Berühmt wurde er dann vor allem durch seine Kriegsgedichte und Kriegsgeschichten. Seit 1933 war er Chefredakteur des „Altöttinger Liebfrauenboten". Durch seine Bücher, aber auch durch seine kleinen Zeitungsartikel, Kalendergeschichten und Kurzerzählungen erwarb er sich Popularität und Ansehen. So wurde er etwa 1940 in einem Aufruf der Gauleitung Bayerische Ostmark „Lest das Schrifttum der Bayerischen Ostmark!" empfohlen. Er erhielt das Bundesverdienstkreuz I. Klasse, ist Ehrenbürger seines Heimatortes und der Stadt

Passau, und das Bayerische Staatsministerium für Unterricht und Kultus hat die Anschaffung seiner Bücher in den Bibliotheken der Mittelschulen empfohlen.
Seine Geschichten sind flüssig geschrieben, oft mit Pointen. Sie haben — ausgesprochen oder nicht — immer eine „Moral". Sein Anspruch ist es, die „Waldler" so darzustellen, wie sie sind. Aber letztlich bietet er doch immer wieder nur Typen. In der Literatur über ihn heißt es, er habe das „Charakteristische und Werthafte" dargestellt, der „sittliche Wert" seiner Geschichten wird gerühmt. Und tatsächlich geht es Schrönghamer-Heimdal um Vorbilder. Vorbildhaft sind für ihn: Kraft, Beständigkeit im Glauben an Gott, Mutterwitz, der über der Gelehrtenklugheit steht, Familiensinn und Heimatliebe. All das findet er im Landleben, besonders der Vergangenheit. All das erschien vielen seiner Zeitgenossen, besonders auch staatlichen Stellen, vor und nach 1945, sittlich und werthaft.

Max Peinkofer

Wie Schrönghamer-Heimdal stammt auch Max Peinkofer aus dem Bayerischen Wald. Er war Lehrer, begründete 1924 die Heimatbeilage der Passauer „Donau-Zeitung", die „Heimatglocken", und arbeitete als deren Redakteur und als freier Schriftsteller. Er war Leiter der Heimatkundlichen Arbeitsgemeinschaft des Donau-Wald-Gaues und gab neben den „Heimatglocken" den „Ostbaierischen Heimatboten" und den „Passauer Volkskalender" heraus. Wie Schrönghamer-Heimdal wurde auch er vielfach geehrt und ausgezeichnet.
In der Einleitung zu seinem „Brunnkorb" heißt es: „Seine Mannigfaltigkeit möchte ein Bild unserer Heimat in Gegenwart und Vergangenheit geben. Wie meine ganze Schreibarbeit soll es der Wiedererweckung der Heimatliebe dienen".
Sieghardt lobt:
„Was der Peinkofer schreibt, hat Hand und Fuß, ist wurzelecht und wahr, kommt aus dem Volk, dem er sich verschrieben hat mit Herz und Hand, mit Geist und reichem Gemüt. Auch im Zeitalter des Materialismus, der Vermassung und Entseelung breiter Volkskreise dient er unverdrossen seinem Lebenswerk, um seine Landsleute in Niederbayern vertraut zu machen mit den Werken der Heimat."
Und:
„Wo in Niederbayern etwas Heimatkundliches los ist, holt man den Peinkofer. Man weiß, daß er sich wegweisend und begeistert einsetzt für Erhaltung und Pflege der heimatlichen Art. Ist ein Heimatfest, ein Jubiläum, eine Primiz, immer muß der Peinkofer einspringen, mit seiner ‚Schreibarbeit', wie er zu sagen pflegt, oder mit einem lebendigen Vortrag. Da weiß er immer das Rechte zu sagen und die Herzen der Landsleute zu entflammen."
Peinkofers Geschichten handeln überwiegend in der Vergangenheit, vor allem in der Zeit, als er selbst noch ein Kind war. Es muß dies eine Zeit gewesen sein, in der noch alles gemütlich war, die Menschen fest an Gott glaubten und hart arbeiteten, die Mädchen fesch und die Burschen kernig waren, die Kinder fröhlich und die Eltern trotz ihrer vielen Sorgen liebevoll. Sogar der Winter war damals noch ein richtiger Winter.

Heimatlieder

Das Verhältnis der Dichter, der Gelehrten, der Politiker und Unternehmer zum Bayerischen Wald können wir aus Büchern, Briefen und anderen Aufzeichnungen, die wir von ihnen und über sie haben, erschließen. Die „einfachen Leute" im Bayerischen Wald haben keine Bücher und keine langen Briefe geschrieben, und wir wissen über sie kaum mehr als das, was die „Gebildeten" über sie und von ihnen notiert haben.
Wenn „Heimatdichter" festhalten wollten, wie sich die „einfachen Leute" zu ihrer Umgebung verhielten, zeichneten sie besonders gerne Heimatlieder auf. Vorsicht beim Umgang mit diesen Liedersammlungen ist angebracht: die Volksliedersammler haben nur das zusammengestellt, was ihnen als „echtes Volkslied" erschien. Was ihnen unschön und wertlos vorkam, wurde beiseite gelassen.
Wenn wir aus den vielen Liedern, die mit „I bin ...", „Mia san ..." oder „Dort, wo ..." beginnen, das Heimatgefühl der Menschen vergange-

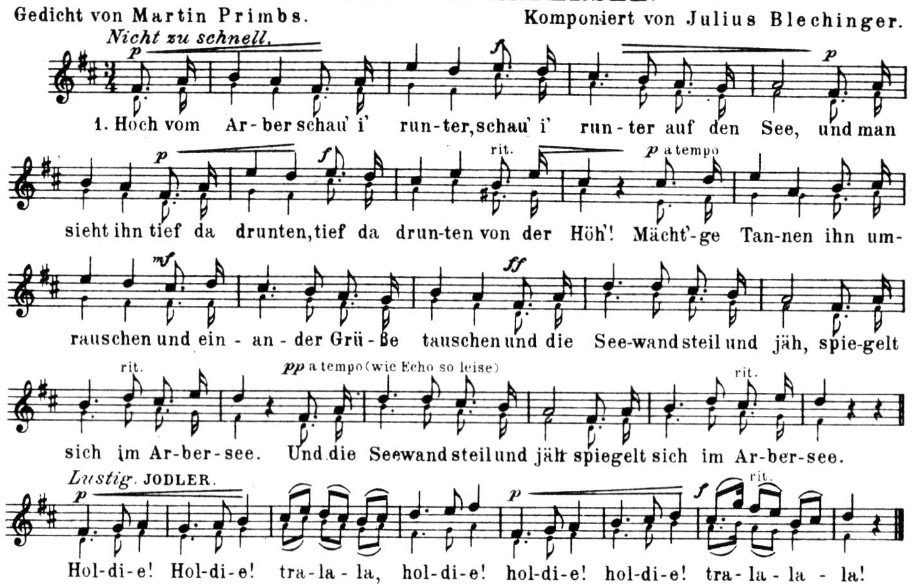

2.

Und es grauet kaum der Morgen,
Kaum der Morgen, balzt der Hahn,
Zieht der Jäger ohne Sorgen,
Ohne Sorgen seine Bahn.
Plötzlich kracht ein Schuß hernieder,
Von der Seewand tönt er wieder,
Jubelnd schallt's vom Berg: Juchhe!
's Echo gibt der Arbersee.

3.

Wenn des Abends blitzen Sterne,
Blitzen Sterne übern See,
Weil ich dorten gar so gerne,
Gar so gerne schau' in d'Höh'.
Und der Arber grüßt hernieder,
Ferne hör' ich muntre Lieder,
Bald vergess' ich Leid und Weh
Hier am dunklen Abersee.

Das Lied mit Zitherbegleitung vom Komponisten Julius Blechinger. } *Preis à*
Das Lied mit Klavierbegleitung von Simon Breu. } *1 M. = 60 Kr.*

Im gleichen Verlage: **Rachellied**, Gedicht von Martin Primbs.
Melodie (1 u. 2st.) mit Klavierbegleitung von Simon Breu.

Dasselbe mit Zitherbegleitung von Jos. Deischl.
Preis à 1 M. = 60 Kr.

Bestelladresse: Lehrlingsverein Zwiesel, Bayern.
Zustellung: Bei Einsendung des Betrages frankiert; außerdem nur gegen Nachnahme.

Preis 20 Pf. = 12 Kr. ö.W.

Stich u. Druck v. Oscar Brandstetter, Leipzig.

ner Zeit erschließen wollen, fällt zunächst auf, daß wir in alten Sammlungen neben Liedern von der „Waldheimat" viele „Dorf-Arien" finden. Offensichtlich war es für viele Menschen weniger notwendig, sich als „Waldler" gegen Nicht-„Waldler" abzugrenzen als vielmehr gegen die Menschen der Nachbardörfer. Wer den „Wald" nie verlassen hat und nur mit anderen „Waldlern" zusammenkam, brauchte nicht zu betonen, daß er „vom Woid dahoam" sei.
Wir können feststellen, daß die meisten Lieder von der „Waldheimat" verhältnismäßig jungen Datums sind und die Heimat erst dann zum Problem und zum Gegenstand von Liedern wurde, als man gezwungen war, die Heimat zu verlassen. Erinnert sei hier an die „Nationalhymne" des Bayerischen Waldes, das Lied „Mia san vom Woid dahoam", dessen Urform „Tief drin im Böhmerwald" von einem Glasmachergesellen stammt, der auf Arbeitssuche den Böhmerwald verlassen mußte.
Anhand von Volksliedern läßt sich belegen, daß das Leben im Bayerischen Wald früher gewiß nicht so gemütlich war, wie man heute weismachen will — man denke an Lieder wie das von der „Kramer Annamirl z' Haustoi" oder an das Lied „Oa Hoibe Bier".
Die Verklärung dieser „Waldheimat" begann erst, wenn man die Heimat verlassen hatte und sich anderswo nicht heimisch fühlen konnte. Typisch dafür ist das Lied „Wißt's, wo mei Hoamat is", in dem eine armselige, aber doch auch glückliche Kindheit besungen wird und in dessen letzter Strophe es heißt:

„Elternliab, Hoamatliab,
des bleibt si 's Alte.
Wennst in der Fremd draußd bist,
ziagts di erst g'walti'.
Draußd bei de fremdn Leit,
Ruah host do koane.
Vui schöne Platzerl gibt's,
Hoamat grod oane."

Witze über „Waldler"

Der „Waldler" war früher eine Witzfigur, ist es zum Teil heute noch. Witze über „Waldler" sind nachweisbar seit der Jahrhundertwende bis zur Gegenwart. Sie scheinen über Bayern hinaus keine Bedeutung erlangt zu haben. Gegenwärtig sind weniger „Waldler"-Witze in Umlauf als etwa vor 50 Jahren, und viele ältere sind bereits vergessen. In diesen Witzen wird selten zwischen den Menschen aus dem Böhmerwald („Šumava"), dem Oberpfälzer Wald und dem Bayerischen Wald geschieden, sie werden vielmehr alle zusammen als „Waldler" bezeichnet.
Heute noch verbreitet ist der folgende Witz:
„Wie bringt man einen Waldler zum Bellen? Man muß nur rufen: ‚Freibier!', und dann schreit jeder Waldler ‚Wou?! Wou?!'"
Hier tritt neben das Sich-Lustig-Machen über die Eigenart der Sprache auch das Klischee von der Dummheit der „Waldler".
Die „Waldler" sollen auch unsauber sein. Im Gäuboden kursiert heute noch der Vers: „Waldler, bumm, bumm, treibts d'Flöh aus der Stub'n!"
Und auch gefühlskalt sollen sie gewesen sein:
„Da ist einmal einer in den Bayerischen Wald gekommen zu einem Bauern. Da haben sie ihn einmal in den Keller runtergeschickt um was, und wie er in den Keller runter kommt, sieht er dort eine Leiche liegen. Und gestunken hat die — fürchterlich! Und was das Seltsame war: der Mundwinkel war zur Seite geschoben und der Mund war offen. Wie er dann wieder heraufgekommen ist, hat er gefragt, was das für eine Leiche sei im Keller. Meint der Bauer: ‚Ja mei, die alte Großmutter! Wir wollten sie eigentlich schon lange weg tun und eingraben lassen, aber das war so praktisch — wenn ich im Keller was zu tun gehabt habe, habe ich ihr immer die Kerze in den Mund stecken können und Licht gehabt und die Hände frei gehabt!'"
Außerhalb des Bayerischen Waldes und außerhalb jenes Teils Niederbayerns, in den „Waldler" als Erntearbeiter gingen, waren sie nur als Hausierer bekannt und daraus ist wohl auch zu erklären, daß in Witzen nicht nur die Intelligenz, sondern auch die Ehrlichkeit der „Waldler" bezweifelt wird:

„Der Xaverl von Hinterhuglfing ist zum Militär gekommen. Und da wollten sie dann wissen, wo er herkommt. ‚Ja mei!‘, meint der Xaverl, ‚von Hinterhuglfing‘. Ja, wo denn das liegt, wollten sie wissen. ‚Ja mei!‘ meint er, ‚von Hinterhuglfing sei er eben daheim‘. Ja, haben sie weiter gefragt, in welchem Bezirksamt das denn liegen würde. Der Xaverl denkt nach und sagt dann wieder: ‚Ja mei! I bin halt von Hinterhuglfing!‘ Ja, wollten sie dann wissen, ob es da nicht eine größere Stadt in der Gegend geben würde. Der Xaverl denkt nach und dann kommt ihm die rettende Idee. ‚A so!‘ fällt ihm ein, ‚einsperren tun sie uns immer in Passau!‘“
Ähnliches schreibt Queri:
In einem Dorf im Bayerischen Wald soll der Friedhof als Viehweide verpachtet worden sein, weil ohnehin alle im Zuchthaus sterben. In einem anderen Dorf soll es keinen Bürgermeister geben, weil alle „Ehrenverlust“ haben.

Herr Breyer pflegt Umgang mit „Waldlern“

Bevor wir mit einigen Anmerkungen über die Selbstdarstellung des Bayerischen Waldes in der Fremdenverkehrswerbung schließen, möchten wir ein letztes Mal einen „Auswärtigen“ zu Wort kommen lassen.
1968 wurde an der Universität München eine wirtschaftsgeographische Dissertation von Friedrich Breyer über „Die Wochenendpendler des Bayerischen und Östlichen Oberpfälzer Waldes“ vorgelegt.
Wir zitieren diese Arbeit hier weniger wegen ihres Inhalts.
Wir können hier nur kurz anführen, daß die geringen Arbeitsmöglichkeiten im Bayerischen Wald viele „Waldler“ dazu zwangen, ihren Lebensunterhalt in München, Nürnberg oder Stuttgart zu verdienen. Die Waldler wurden die „Türken Bayerns“. In der Zeit der Hochkonjunktur wurden sie in die Ballungszentren geholt, als der Boom vorüber war, schickte man sie wieder nach Hause.
Als guter Wirtschaftsgeograph war sich Herr Breyer darüber klar, daß es im Rahmen seiner Untersuchung unumgänglich sei, auch diese Wochenendpendler aus dem Bayerischen Wald selbst zu befragen.
Wir wollen hier kurz seine Eindrücke und Erlebnisse schildern.
Als erstes mußte Herr Breyer einen Fragebogen erstellen.
Er schreibt darüber:
„Damit der Fragebogen von dem anzusprechenden Personenkreis minderen Intelligenzgrades auch beantwortet werden konnte, mußte darauf geachtet werden, diesem nicht nur einen möglichst geringen Umfang zu geben, sondern auch die Fragen leicht verständlich zu formulieren und möglichst viele Fragestellungen mit vorgegebenen Antwortmöglichkeiten auszustatten. Durch Kontrollfragen konnte eine wissentlich falsche Beantwortung weitgehend ausgeschaltet werden.“
So gut er es sich aber überlegt hatte, die Aktion lief schief.
Er schreibt:
„Während die Befragung in den Wohnheimen der Firmen Josef Riepl und Philipp Holzmann AG durch Verteilung von Fragebögen vorgenommen wurde, wurde im Wohnheim der Firma Held & Francke der Interviewstil angewandt. Bedauerlicherweise brachte weder die eine noch die andere Methode den erwünschten Erfolg. Wahrscheinlich deshalb, weil anders als bei den Befragungen durch die Gemeindeschreiber ein autoritatives Durchsetzungsmoment nicht gegeben war. Insgesamt liegen nur 15 Beantwortungen vor...“
Ein Ergebnis hat er zumindest aus seinen Befragungen gewonnen:
„Daß viele der befragten Wochenendpendler nur ungenau angeben können, wie lange sie schon die arbeitsbedingte ‚Sozialtrennung‘ auf sich nehmen müssen, ist weitgehend Ausdruck eines geringen Intelligenzgrades.“
Dieses „Du Arbeiter von Bayerischer Wald. Du dumm. Ich helfen werden klug wie ich“ könnte genauso in einem Bericht über ein Projekt in Botswana oder Brasilien stehen. Es ist jene „Entwicklungshilfe“, hinter deren humanitären Worten sich handfeste Interessen an der Sicherung einer Arbeitskräftereserve verstecken.

Das Bild des „Waldes“ und der „Waldler“ in der Fremdenverkehrswerbung

Wir haben bereits erwähnt, daß seit etwa der Mitte des 19. Jahrhunderts in bescheidener Zahl Wanderer den Bayerischen Wald besucht haben. Zum großen Teil waren dies — nach heutigen Begriffen — „Aussteiger“, „Alternativlinge“ auf der Suche nach einem besseren Leben. Der Grund dafür, daß bis zur Mitte unseres Jahrhunderts die Zahl von Touristen im Bayerischen Wald gering blieb, liegt wesentlich auch darin, daß die Verkehrsverhältnisse im „Wald“ schlecht waren und dem verwöhnten Gast hier nichts als eben die schöne Landschaft präsentiert werden konnte, daß der „Wald“ zwar preiswert, aber wenig komfortabel war.
Die Versuche, den Fremdenverkehr zu beleben, reichen in die Zeit der Weimarer Republik zurück. In der Nazi-Zeit wurden diese Versuche fortgeführt, und es wurden rigide Methoden angewandt: Reisegruppen der KDF wurden einfach in den Bayerischen Wald geschickt, und ein Musterhotel bei Furth im Wald sollte den Gastwirten des Bayerischen Waldes klar machen, was sie zu tun hätten. Der große Aufschwung des Fremdenverkehrs vollzog sich allerdings erst nach dem 2. Weltkrieg. 1949 wurde der Fremdenverkehrsverband Ostbayern gegründet, durch ihn wurden staatliche Fördermittel verteilt. Der allgemeine Aufschwung des Tourismus wurde nun auch dem „Wald“ zuteil.
In einem 1965 erschienenen Buch wurde der aus dem Fremdenverkehr stammende Jahresumsatz in Niederbayern auf rund 50 Millionen geschätzt — vergleichsweise 10 % des Jahresumsatzes der niederbayerischen Landwirtschaft. Im Bayerischen Wald dürfte dieser Anteil noch um einiges größer gewesen sein.
Während in den Fremdenverkehrsprospekten der 50er Jahre noch sehr viel Wert darauf gelegt wurde, den neugeschaffenen Komfort und die guten Verkehrsverhältnisse herauszustellen, heißt der Slogan heute: Stille plus Komfort.
Wolfgang Queck hat 1965 dazu ausgeführt: Nicht nur die Schönheit und Vielfalt der Natur und die Stätten alter „Kultur“ würden immer mehr Gäste anziehen. Es sei „vielmehr auch die unverbildet herzliche Art der Waldleute... Die ungekünstelte Art läßt den Gast hier wirklich heimisch werden und führt zu vielen menschlichen Bindungen... In dieser Umgebung kann man den Panzer des Alltags abstreifen und zum eigenen Ich zurückkehren, das ja im allgemeinen viel weniger Ansprüche stellt, als die Menschen sich gegenseitig glaubhaft machen. Die Liebe des Waldlers ist nicht liebedienerisch, sein Stolz aber auch nicht überheblich, sein Brauchtum ist echt und tief verwurzelt“.
Und so kommt er zu dem Schluß:
„In der Rückschau kann man es also tatsächlich für einen gewissen Glücksumstand halten, daß Land und Leute in Ostbayern bisher noch vom großen Sog der Gleichmacherei ausgeschlossen sind.“
Das Bild, das sich ein Nicht-„Waldler“ nach der Betrachtung von Fremdenverkehrsprospekten vom „Wald“ und den „Waldlern“ machen muß, ist dementsprechend.
Die Natur soll „unverfälscht“ sein, man soll dort „fern von Lärm und Umweltverschmutzung“ (Waldsterben?) sein. Aber die „unberührte“ Natur ist durch Schnellstraßen bequem zu erreichen und die einsame Winterlandschaft der Skiabfahrt ist nachts mit Flutlicht bestrahlt.
Die Stätten der Geschichte und „Kultur“ sind selbstverständlich bedeutend und imposant, zumindest aber reizvoll.
Wenn dann auch noch auf die Menschen eingegangen wird, dann in Stereotypen. Die „Waldler“ tragen immer Tracht — zumindest Bundhose und Wanderhut —, sie stehen vor blumengeschmückten Holzhäusern und sie machen fast immer etwas „Originelles“: sie trinken Bier aus Maßkrügen, frisch vom Holzfaß, sie singen Volkslieder, führen Volkstänze vor oder agieren in einem Volksschauspiel.
In einem Prospekt aus St. Englmar, einem der bedeutendsten Fremdenverkehrsorte des Bayerischen Waldes mit einem gigantischen Beton-Hotel-Komplex, lautet der Text: „St. Englmar... echt, unverbraucht, herzhaft, lebensfroh, urwüchsig und romantisch. Der Wald beginnt vor Ihrer Tür.“ Und: „St. Englmar... heimatlich, Folklore, Brauchtum (alljährlich am Pfingstsonntag das Englmari-Suchen), landschaftlich reizvoll.“

Ergebnisse

Versuchen wir nun zum Schluß, die wichtigsten Erkenntnisse, die wir in dieser Studie gewonnen haben, zusammenzufassen.

1. Das Leben im „Wald" war stets von sozialer Ungerechtigkeit und von Armut bzw. geringerem Wohlstand gegenüber den Ballungszentren geprägt. Es haben zu viele Menschen den Bayerischen Wald verlassen, es sind zu viele ausgewandert, zu viele als Arbeiter in die Großstädte gegangen, als daß sich die Vorstellung einer wesenseigenen Heimatverbundenheit aufrecht erhalten ließe. Sicher, die Vertrautheit der Umgebung, die Sprache der Heimat, das Gewohntsein von Umgangsformen, das Kennen der Landschaft, haben den Menschen Halt gegeben, haben Menschen dazu gebracht, im „Wald" zu bleiben oder nur ungern wegzugehen. Wenn sich aber Heimatliebe auf die Vertrautheit mit einer Umgebung beschränkt, dann hätte auch ein Strafgefangener, der Angst hat vor der Entlassung, eine „Heimatliebe" zur Strafanstalt. Heimat ist jedoch mehr als das Vertraute, Heimatliebe mehr als die Zuneigung zum Gewohnten.
Zur Heimat gehören Möglichkeiten der persönlichen Entfaltung, zur Heimat gehören Arbeitsplätze, Bildungsmöglichkeiten, gute ärztliche Versorgung, menschenwürdige Wohnungen — all dies konnte der „Wald" vielen Menschen nicht geben, kann es heute noch nicht überall. Menschen verließen und verlassen den „Wald", weil er ihnen nicht Heimat sein konnte und kann.

2. Man ist versucht, zu übersehen, daß viele „Waldler" Münchner, Nürnberger, Ruhrkumpel geworden sind, ihre Herkunft und Identität aufgegeben haben. Wer wissen will, wie es um die Heimatliebe der „Waldler" gestanden hat, wird in Liederbüchern Heimatlieder suchen. Er wird dort Lieder finden, die gedichtet und gesungen wurden von Menschen, die sich „auswärts" schwer getan haben, sich einzufinden, Lieder von einer glücklichen (Kinder-)Heimat und einer rastlosen ungemütlichen Welt. Man ist versucht, zu verallgemeinern, nur die zu sehen, die Heimweh gehabt haben, die vielen zu übersehen, die keine derartigen Lieder nötig hatten.

3. Seit der Mitte des 19. Jahrhunderts existieren zwei verschiedene und völlig gegensätzlich erscheinende Bilder vom „Wald" und den „Waldlern". Seit der Zeit der Aufklärung kennen wir die Vorstellung vom wirtschaftlich und geistig zurückgebliebenen, rückständigen und entwicklungshilfebedürftigen „Waldler". Seit Grueber, Müller und Stifter gibt es die Bewunderung der „Waldler" als einfache, aber glückliche, „wahre" Menschen. Diese beiden Vorstellungen — so gegensätzlich sie scheinen — hängen eng zusammen. Der „wahre" Mensch ist nur deshalb der „wahre" Mensch, weil er unterentwickelt ist. Der unterentwickelte Mensch kann erst dann richtig als unterentwickelt erscheinen, wenn er zugleich stets als rückständiger „wahrer" Mensch gesehen wird.

4. Viele Menschen arbeiten daran, die Heimat zu „pflegen". Sie erforschen alte Sitten und Gebräuche, altertümliche Wendungen des Dialekts, alte handwerkliche Techniken, frühere Hausformen, Weltanschauungen und Denkweisen vergangener Zeiten. Sie versuchen, das, was ihnen davon wertvoll und nützlich erscheint, am Leben zu erhalten oder zu neuem Leben zu bringen. Sie haben die Unterstützung des Staates: sie erhalten Geld, sie werden öffentlich geehrt, sie haben über den Schulunterricht, über Fernsehen und Radio und besondere Institutionen der „Heimatpflege" viele Möglichkeiten, auf das Bewußtsein der Menschen einzuwirken. Dagegen läßt sich nichts sagen, das ist zuerst einmal gut.

Liebe ist — nach Brecht — das Formen produktiver Bilder. Wer einen Menschen liebt, wird ihn nehmen wie er ist, er wird ihn aber nicht so lassen, wie er ist. Wer einen Menschen liebt, entwickelt Vorschläge, Entwürfe, wie sich der Geliebte weiterentwickeln kann. Wer aus heimatkundlicher Forschung heraus für die Gegenwart und die Zukunft Wertvolles und Nützliches von Wertlosem und Schädlichem trennt, das kulturelle Erbe kritisch betrachtet, tut

etwas Richtiges. Es ist sinnvoll, Bilder vom „Wald" und von den „Waldlern" zu formen.
Diese Bilder müssen jedoch nützlich sein, sie müssen den Menschen helfen, ihr Leben besser zu bewältigen. Diesen Anforderungen wird die „Heimatpflege" — seit es sie gibt — wenig gerecht. Die „Heimatpflege" kümmert sich um die Freizeit der Menschen, um Liederabende, Bauerntheater, Festtagstracht. Sie kümmert sich zu wenig um die Arbeit, die Menschen heute leisten müssen. Die „Heimatpflege" „pflegt" Lieder, Sagen, Gebräuche, Feste, die aus einem verlorengegangenen Zusammenhang gerissen wurden, sie neigt dazu, sie nur zu konservieren und zu restaurieren, anstatt sie weiterzuentwickeln. Durch ihr Beharren auf der „Echtheit" von Liedern, Erzählungen, brauchtümlichen Handlungen hat sie zu oft schon Wertvolles „totgepflegt". Ein Lied über die Waldarbeit mit „Hack und Sapi" mag historisch belegbar sein, dennoch ist es nicht mehr „echt", dieses Lied heute zu singen, weil „Hack und Sapi" heute im Museum stehen und durch Motorsägen und Entrindungsmaschinen ersetzt sind. Dasselbe gilt vom „Wald", „da wo das Stutzerl knallt" und wo das Häuserl noch mit Schindeln gedeckt ist. „Heimatpflege" müßte bedeuten, die Weiterentwicklung, die Schaffung „echter" Lieder, Erzählungen, brauchtümlicher Handlungen, Feste usw. zu unterstützen.
Das Bild vom „Waldler", das uns die „Heimatpflege" seit ihrer Entstehung anbietet, soll uns dazu bringen, gehorsam zu sein, Ungerechtigkeit als gottgewolltes Schicksal („Gottes unerforschlicher Ratschluß") zu erdulden, den Ort, an dem wir aufgewachsen sind, nicht zu verlassen, auch wenn wir woanders besser leben könnten, nicht nach einem anderen sozialen Rang zu streben, vielmehr genügsam zu sein und die vorgegebene Ordnung der Welt zu wahren.

Fazit

Der „Wald" braucht selbstbewußte, stolze, wißbegierige, arbeitsame, freundliche Menschen, die zusammenhalten, gerade auch, wenn es gilt, gemeinsame Interessen durchzusetzen.
Der „Wald" braucht keine gefügigen Untertanen. Arbeiten wir daran, daß der „Wald" in Zukunft zu einer wirklichen Heimat wird.
Begnügen wir uns nicht mehr mit unserer Rolle als „stille" Arbeitskraftreserve, als Bedienungspersonal, als kernige Nationaldeppen und schrullige Wurzelseppen.
Lassen wir es nicht zu, daß Leute uns so unmenschlich und herablassend behandeln, wie sie ihrerseits behandelt worden sind. Schlagen wir ihnen stattdessen vor, gemeinsam gegen die Ungerechtigkeiten anzugehen.

Zitierte Quellen:

BAVARIA. *Landes- und Volkskunde des Königreichs Bayern, bearbeitet von einem Kreise bayerischer Gelehrter, 1. Band Ober- und Niederbayern, 1. Abtheilung, München 1860.*

BREYER, FRIEDRICH, *Die Wochenendpendler des Bayerischen und Östlichen Oberpfälzer Waldes. Eine wirtschaftsgeographische Regionalstudie unter besonderer Berücksichtigung des Einpendlerzentrums München (WGI-Berichte zur Regionalforschung, Heft 4), Dissertation München 1968.*

GRUEBER, BERNHARD / ADELBERT v. MÜLLER, *Der Bayerische Wald (Böhmerwald), 2. verm. Auflage Regensburg 1851.*

HARTINGER, WALTER, *Das Haus Wittelsbach und die Pflege der Volkskultur in Bayern, in: Bayer. Jahrbuch für Volkskunde 1980/81, S. 6--18.*

HAY, GERHARD, *Bayerischer Wald -- erlebt von Dichtern. Ein Lesebuch, Grafenau 1981.*

HAZZI, JOSEPH, *Statistische Aufschlüsse über das Herzogthum Baiern, aus ächten Quellen geschöpft. Ein Beitrag zur Länder- und Menschenkunde, Band 4, 1. Abteilung, Nürnberg 1805.*

QUECK, WOLFGANG, *Erholungs- und Ferienland, in: Priehäusser, S. 300--310.*

PRIEHÄUSSER, GEORG *(Herausgeber), Bayerischer und Oberpfälzer Wald. Land an der Grenze (Deutsche Landschaft Band 14), Essen 1965.*

REINHARDSTOETTNER, KARL von, *Land und Leute im Bayerischen Walde (Bayerische Bibliothek 17. Band), Bamberg 1890.*

SIEGHARDT, AUGUST, *Bayerischer Wald. Landschaft. Geschichte. Kultur. Kunst (Bibliothek deutsche Landeskunde), 3. verm. Auflage Nürnberg 1974.*

STÄNDIGER AUSSCHUSS DES KREISTAGES NIEDERBAYERN *(Herausgeber), Der Bayerische Wald. Denkschrift über die Aufgaben zu seiner kulturellen, sozialen und wirtschaftlichen Hebung, Passau (1928).*

WEBER, KARL JULIUS, *Reise durch Bayern (= Neuausgabe), Stuttgart 1980.*

Emerenz Meier

„Ich weiß, daß es eine Gefühlsduselei ist..."

Briefe in und über den Bayerischen Wald

Sie schreibt viel über Amerika und Chicago, ihre neue Heimat, aber wenig über den Bayerischen Wald und die Gegend um Waldkirchen, ihre alte Heimat. Die Wunden, die man ihr und ihrer Familie dort geschlagen hat, sind noch zu tief, auch wenn seit der Auswanderung schon dreizehn Jahre vergangen sind, als Emerenz Meier 1919 den ersten Brief über das große Wasser schickt.
Die Empfängerin ist Auguste Unertl, der einzige Mensch, dem sie nachtrauert, den sie ungern im Bayerischen Wald zurückgelassen hat.
Dieser Auguste, die sowohl Freundin als auch Mäzenatin der jungen Volksdichterin war, versucht Emerenz die neue Heimat schmackhaft zu machen — trotz ihrer Kritik an Kapitalismus und Patriotismus. Und sie schimpft gleichzeitig über die alte Heimat — trotz ihrer gelegentlichen sentimentalen Anfälle: „Nimm mir ein paar Schnöpfel von der Erde unseres Familiengrabes im Waldkirchnerfriedhof in einem Papierl mit... Ich weiß schon, daß es eine Gefühlsduselei ist, — aber na — man hat seine schwachen Seiten." Ihr Stolz hat es nicht zugelassen, diese schwachen Seiten allzu oft zu zeigen, nicht einmal ihrer Gusti.
Wenn sie den Bayerischen Wald in ihren Briefen aus Chicago erwähnte, dann wurde sie jedesmal zwischen zwei Gefühlen hin- und hergerissen: Wut und Wehmut, Enttäuschung und Fernweh, Verbitterung und Sehnsucht.

J. B.

Chicago, 15. März 1920

... Tausend Dank, liebe Gusti, für Deinen inhaltsreichen Brief. Ich kann mir schon denken, daß du auch ein bitteres Teil zu tragen hast, und ich verstehe Deine einsame Lage vollends. Ich selbst bin hier ja auch nicht viel besser daran, denn Kleinlichkeit ist hier im großen Chicago genausogut wie im abgelegenen Waldkirchen. Gute, große Menschen muß man halt überall mit der Laterne suchen gehen. Freunde, wie ich sie benötige, und wie Du doch ein paar Dein eigen nennen kannst draußen, vermöchte ich hier überhaupt nicht zu finden. Mein Mann ist der einzige, mit dem ich mich aussprechen kann, und der mich versteht...

So heiß sehne ich mich oft nach meinen alten Oberndorfern. Ich träume noch immer, beinahe jede Nacht davon. Hätte ich bloß ein Stücklein Land davon hier, etliche Tannen und etwas Moosboden. Diese amerikanische Großstadt ist etwas Fürchterliches, Häßliches, Freudloses. Vater und Mutter liegen in einem Waldfriedhof 3 Stunden außerhalb der Chicagoer Stadtgrenze begraben. Aber ich fahre nicht gerne hinaus, es macht mich zu traurig, und werde doch selbst einmal auch dort begraben sein. Im allgemeinen wäre das Leben hier schön, man hat alle Bequemlichkeiten, viele Zerstreuungen, wie Theater, Filme usw. Der Arbeiter braucht nicht mehr lange Stunden und auch nicht schwer zu schaffen, bekommt aber doch ganz schönen Lohn, mit welchem er sich trotz der fünffach gestiegenen Lebensmittelpreise doch noch so ziemlich alle leiblichen Genüsse verschaffen kann, die ein Mensch nur begehren kann. Er kann immer noch Austern, Kuchen und Braten nach Herzenslust essen, alle Früchte und Erzeugnisse Kaliforniens, er kann Eis, Soda und Nährbier trinken, aber kein Bier mit Alkohol drinnen. Und trotzdem kriegt er's. Er kocht's sich heimlich selbst daheim auf dem Gasherd und sauft sich am Abend die nötige Bettschwere an. Ich selber tu es ja auch. Das Gebräu, das ich aus Hopfen und Malz braue, steht manchmal dem Münchner Salvator an nichts nach. Darum sei Schorsch herzlich hiermit zu einer guten amerikanischen Maß eingeladen. ...

Chicago, 25. Januar 1921

... Was hätte ich ohne dich in der alten Heimat gehabt? Weder Freundschaft, noch irgendwelche Freude. Von meiner eigenen Klasse wie ein Monstrum ausgestoßen, von der nächsten schief angesehen, halfst du mir die fröhliche dritte, die wahrhaft gebildete, freie kennenlernen, und wir waren oft glücklich wie die Kinder. Dabei war ich in gewisser Beziehung noch besser dran als du. Ich durfte, meinem Naturdrange folgend, auch hin und wieder ungestraft in Ungezogenheit untertauchen und sicher sein, daß mir gleich wieder vergeben würde. Und später, als 1000 Steine gegen mich polterten, als alles mich fallen ließ, hieltest du immer noch den Schild über mich, weil du und nur du allein wußtest, daß ich wohl fallen, aber nie so verkommen werden konnte, als wie böse Menschen mich bereits hingestellt hatten. I remember Hans Carossa, dem ich um seiner Ideale willen so viel verziehen. Der warf noch den größten Stein auf mich, dadurch, daß er das Wort „Versumpft" auf mich prägte, welches mir indessen fortan zum Maßstab für seine eigene Geistesgröße geworden. Doch ward ich diesem modernen Spießer niemals gram deswegen. Oft denke ich nun daran, was wohl seine jetzigen Weltanschauungen sein mögen. Sein „Dr. Bürger" sagt nicht viel. Er geht immer wie ein Truthahn um sich selbst herum und vermag zu keiner erlösenden opfermutigen Tat zu kommen. Das begeisterte Studium Goethes zwingt, wie jedes Genie es tut, den Schüler wohl zur Nachahmung unwillkürlich. Aber wie traurig wäre es um die deutsche Literatur bestellt, wenn ihre neueren Größen immer bei der Goetheschen Manier und den Goetheschen Ideen verblieben wären! Ich stehe nicht an, zu behaupten, daß Heine eine mehr vorwärtstreibende Kraft war, als der Fürstendiener und „Bourgeois" Goethe. Ich meine allerdings nicht den Forscher und Gelehrten Goethe. ...

Chicago, 9. März 1923

... Ich hasse alles, Briefeschreiben an andere Leute, ausgenommen an Euch. Denn Ihr seid die einzigen, die mein Herz noch an die alte Heimat knüpfen. Sonst ist Amerika und speziell Chicago meine

Heimat. Hier habe ich meine trübsten und glücklichsten Jahre verlebt, hier ruhen meine liebsten Toten, leben meine Angehörigen. Hier bin ich selbst verschont von der Kleinlichkeit der Umgebung, die einen draußen hindert, weiter zu blicken als über den Kirchturm oder die nächsten Grenzpfähle. ...
Liebe Gusti, noch etwas. Willst Du wohl die Güte haben und die Hammerschmied Resi fragen um die Adresse ihres Cousins Peter Wagner vulgo Grinzinger Peterl von Oberndorf? Wir können den Buben nicht vergessen, der uns so lange Jahre eine Art Diener und humoristischer Hausgeist war, und seine verstorbenen Eltern, die uns trotz ihrer eigenen bitteren Armut so viel Gutes getan. Das waren treue Menschen. Wir möchten dem Peter, der vielleicht in großer Not lebt, eine Gabe des Dankes zukommen lassen. Marie wäre sogar bereit, ihm, wenn er noch frei wäre, übers Meer zu helfen, wenigstens sagte sie das einmal. Er müßte freilich dann gesund und arbeitsfähig sein. Wenn nicht, nun, Dollar kann er immer brauchen. Jetzt, wo der soviel gilt in Deutschland. Hier ist sein Wert nicht so groß wie früher zwei Mark waren. ...

Chicago, 17. July 1923

... Wenn Ihr einmal hier seid, haben wir niemanden mehr in Deutschland (außer Hans Carossa), der unserm Herzen nahesteht. Eins nach dem andern sind wir herübergekommen, erst Schwager Meier und Lini mit den Kindern, dann Marie, dann der alte Vater, hierauf Mutter und ich, später Nannies Mann mit einem Kinde, zuletzt Nannie mit dem Rest. Nun wollen wir Euch auch noch haben, dann Schluß. — Doch — Carossas Sohn möchte herüber. Er ist noch zu jung, um fortkommen zu können, so schrieb ich Hans, er möge doch selber kommen mit seiner Familie. Er als deutscher Arzt kann sich hier leicht eine Praxis gründen, kann sogar reich werden.
Eine Bitte hab ich an Dich, liebe Gusti, für den Fall, daß Ihr kommt: Nimm mir ein paar Schnöpfel von der Erde unseres Familiengrabes im Waldkirchnerfriedhof in einem Papierl mit, Cousin Peter Raab wird Dir das Grab sagen, damit ich sie aufs Elterngrab streuen kann. 6 Geschwister, darunter unser großer Bruder, der Mutter Liebling, liegen dort, auch ihre Eltern und Brüder. Ich weiß schon, daß es eine Gefühlsduselei ist, — aber na — man hat seine schwachen Seiten. ...
Ich wünsche aufrichtig, Ihr möchtet kommen. Ihr braucht Euch nicht mehr plagen wie draußen, genießt aber 20mal mehr dafür. So überlegt Euchs nun und entscheidet. Wir alle grüßen Euch herzlichst, besonders Eure

Emerenz.

EMERENZ MEIER

Kurzsichtigkeit

Ist das nicht der Tannenwald drüben,
dunkel, doch mit blauem Hauche?
Sanft verklärt, den in der Heimat ich,
froh pfeifend, oft durchschritten?

„Nein, es sind der Schlächterfirma
schwärzliche Gebäulichkeiten,
Und der Rauch kam von dem Frachtzug,
der soeben hier vorbeifuhr!“

Jene Burg dort auf dem Berge
schimmernd hell im Abendglanze
Streitest du so leicht nicht weg mir,
denn ich kenne Burgruinen!

„Ach, das ist doch ein Fabrikschlot
und der Berg der Eisenwerke,
deren Leute jetzt am Streik sind —
Levi, Brooks und Compagnie.“

Kann ich nimmer meiner Sehnsucht
und den kurzen Augen trauen?
Wenigstens schwebt dort ein Lerchlein,
lustig trällernd, hoch im Blau'n.

„'s ist ein Aeroplan,
'ne simple, alltägliche Flugmaschine!
Doch im Baume dort, im grünen,
zwitschert allerdings ein Spatz.“

Oan Fuaß in Österreich,
den andern in Böhm,
's Schwergewicht in Bayern,
kann's nur am Dreisesselberg geb'n.

Konrad Köstlin

Grenzland — Tourismus

„Natur" und „Kultur"

Die zivilisationsferne Natur und das unverdorbene Brauchtum als Kultur, die unberührte „wilde" Landschaft und die unberührte, urtümliche Kultur sind, je mehr die moderne Gesellschaft ihr Gesicht zeigte, die Fluchtpunkte des Tourismus geworden. Das gilt für Ostbayerns Grenzland wie für andere Regionen im Abseits. Natur, Kultur und Folklore gelten als das Kapital dieser Urlaubslandschaften. Dabei entsteht ein recht bezeichnender Konflikt. Denn nur vordergründig geht es um die Menschen, die in diesen Randgebieten leben. Sie sind, ähnlich wie die „natürliche" Natur, ein dekorativ-attraktives Element der Urlaubslandschaft. Im Grunde werden sie behandelt wie der Wald: Ihre Bewahrung im „Naturzustand" ist die Erhaltung eines Kapitals wie das der Natur im „Nationalpark Bayerischer Wald".

Mit dieser Vereinnahmung der regionalen Kultur ist ihre Veränderung einhergegangen. Es ist überhaupt nicht denkbar, daß die touristische Erschließung folgenlos geblieben sein könnte. Die „Pioniere" dieser Erschließung — seien es die Wanderer oder die Literaten — haben den „Waldlern" ein Lebens-Bild vorgesetzt, mit dem sie fertig werden mußten. Diese „Pioniere", „Künder", waren Fremde, die vorgaben, die Interessen der Menschen im Wald zu verwirklichen, während es doch ihre eigenen Wünsche und Sehnsüchte und gewiß auch ökonomischen Interessen waren. Natürlich hatte die Kargheit und Härte der umgebenden Natur die Bewohner des Waldes geprägt. Doch die Härte der Arbeit, die notwendig war fürs Überleben, macht keinen „urigen" Menschenschlag. Den erkennt erst der bürgerliche Blick. In der Auseinandersetzung mit der Natur waren Mentalitäten entwickelt worden, in denen anders gewichtet wurde als beim Städter. Doch mit dem Aufgang des Tourismus ist die bürgerlich-städtische Interpretation von Natur und Kultur beherrschend geworden. Diese Interpretationen haben sich verändert bis hin zum heutigen Prospektbild, von dem eine Anpassungszumutung auf die Menschen ausgeht, weil sie als Bestandteil der Ware Urlaub gehandelt werden. Dabei ist auffällig, daß dies erst recht spät zu geschehen scheint. Wenn man die Fotoalben der Reisenden und Wanderer als Maßstab nehmen darf, dann war es fast nur die „Natur", die fotografiert wurde, und die Touristen selbst, die diese Natur (meist die Berge mit ihren Monumenten) erobert hatten. Der Widerspruch zwischen dem, was die Erinnerungsbilder aussagen, und dem, was die Ideologen des Waldlertums, Maximilian Schmidt und seine Nachfolger, vorgeben, kann größer nicht sein. Die „ländlichen Zustände" im Wald waren so bedrückend (davon zeugt auch die große Zahl der Auswanderer!), daß sie für folkloristische Ausbeutung im Tourismusgewerbe kaum taugten. Erst als das Oberbayern-Klischee auch dem Bayerischen Wald übergestülpt wurde, als politische Volkstumsstrategen und später findige Manager den Marktwert von Tracht und Brauch einsetzten, wurde der Wald — nicht nur touristisch — ins Oberbayern-Klischee eingemeindet. Das freilich ist eine Geschichte, die erst in den 30er Jahren beginnt.

Der bürgerliche Blick in den Wald

Schiller's „Räuber" hatten sich in den Böhmerwald verzogen, der als wild und unzugänglich galt. Sie waren „edle Wilde", Zivilisationsflüchtlinge, „frei".

Im „Kalender für katholische Christen auf das Jahr 1842" ist vermerkt, daß Berg und seine Umgebung „die reizendste Fernsicht sowohl in die Ebene jenseits der Donau, als rückwärts den schönen Gebirgspartien zu" gewähre. Mit diesen rückwärts gelegenen Gebirgspartien ist der Bayerische Wald gemeint, über den Karl Julius Weber 1828 auf seiner „Reise durch Bayern" notiert hatte, daß dessen „Bewohner im Landgericht Grafenau so wild sein sollen wie ihre Wälder". Diese Wildheit meinte Mangel an Kultur und Zivilisation, an Bildung.
Ähnlich haben sich Verwaltungsbeamte geäußert. Bereits 1805 fällt die Bezeichnung „sibirische Wüstenei", die später meist als „bayerisch Sibirien" erscheint. Bedrohlich erscheint dem Beamten und Publizisten Joseph Hazzi 1805 im Amtsgericht Zwiesel „der immerwährende Wald und die hohen schwarzen Gebirgsaufthürmungen". Für ihn lassen „die kleinen hölzernen Hütten eher einen Aufenthalt wilder Tiere als gesitteter Menschen vermuten. (...) Angst und Beklemmung überfällt den Wanderer, er glaubt in das traurige Reich des Pluto sich verirrt zu haben" (Hazzi, 1805, S. 101 f.).
Bereits um die Mitte des 19. Jahrhunderts, wenn auch noch ohne große Resonanz, deutet sich jener bürgerliche Blick auf den Wald an, der die Rückständigkeit als Vorteil sieht. Unbildung wird als Natürlichkeit beschrieben und der Verbildung der Stadt gegenübergestellt; das einfache Leben der „Waldler", wie sie bald genannt werden, wird als bessere Gegenwelt dem immer bedrohlicher sich abzeichnenden Industriezeitalter entgegengesetzt. Die Reisenden (von denen damals fast keine Rede sein kann) werde „wie das Land ... auch das Volk ansprechen, durch seine einfache, ungekünstelte Lebensweise und die von der städtischen Modernisierung so sehr abstechende Urälterlichkeit" (Grueber/Müller, 1851, S. 89). Diese Denkfigur, die die Armut und Einfachheit zum eigentlichen Reichtum verkehrt, kennzeichnet wohl die Situation des Bürgertums mit seiner Flucht in die inneren Werte und markiert recht deutlich, was man dann in der Sommerfrische suchte: eine Welt, die sich von der Welt, in der man selber lebte, unterschied. Aus ihr wollte man — wenigstens zeitweise — flüchten. Adalbert Stifter hat dieses Flucht-Motiv bei den Gebildeten für diese Region popularisiert.
Großstadtfeindschaft und Zivilisationskritik, Furcht vor der Unruhe der Arbeiter, deren ländliche Variation nur als treue Knechte denkbar war, sind Auslöser für diese Gegenweltdarstellung. „Was den Verhältnissen ihren vorzüglichen Reiz verleiht, (ist) der Umstand, daß im Ganzen hier noch viel Natürlichkeit herrscht, nicht sehr beeinträchtigt durch Kunst, Politik, Überbildung, daß mithin ein großer Theil der Menschen sich gibt wie er ist, und da offenbart sich vielfach ein gar tüchtiger, kraft- und lebensvoller Kern" (Grueber/Müller, 1851, S. 27).

Waldvereine

In die Jahre um und nach 1880 fällt die Gründung zahlreicher Vereine, in denen sich die Honoratioren der Städte zusammentun. Noch vor der Gründung des Bayerischen Waldvereins 1883 in Deggendorf entsteht in Furth im Wald 1880 ein „Waldclub", es gibt Waldvereine und fast überall auch Verschönerungsvereine. Nicht in den Dörfern natürlich, sondern in den Städten und Märkten des Waldes. Ihre Aufgabe sehen diese Vereine vor allem in der Zubereitung ihrer Orte und der Landschaft für Sommerfrische und Tourismus. Seit einiger Zeit schon hatten ja nicht nur die Alpenorte, sondern auch deutsche Mittelgebirge aus dem Fremdenverkehr wirtschaftlichen Gewinn ziehen können. Die Mitgliederlisten der Vereine führen vor allem Beamte und geistliche Herren auf, denen die Verbesserung der allgemeinen Zustände am Herzen lag. Gymnasiallehrer, Zollbeamte, Bergmeister und Förster werden genannt, die ihre Laufbahn in den Wald verschlagen hatte, dann Apotheker und Ärzte, Gastwirte und Kaufleute vor allem. Man kann sich die Stammtischrunden recht gut vorstellen, an denen solche Pläne entwickelt wurden.
Man begann mit der Verschönerung der Städte, warb mit Bürgerparks (etwa in Cham oder Deggendorf), legte „Waldpromenaden" an. Bald griff man weiter aus, baute Steige, markierte Wege, erstellte Schutzhütten und baute Aussichtstürme. Die Ver-

eine inserierten in den Zeitungen der Großstädte Leipzig, Dresden, Chemnitz, in Prag, München und Wien (100 Jahre Sektion Furth im Wald, 1984, S. 10), sie stellten Ruhebänke auf, sorgten für den Druck von Ansichtskarten und Wanderkarten, versuchten, den Zugverkehr zu koordinieren. Neben einigen ansässigen Bürgern hatten also vor allem Fremde, die es nach „Bayerisch-Sibirien" verschlagen hatte, die Initiative ergriffen. Und natürlich gehörte es auch zur Selbsterhaltung, die Benachteiligung, die man durch diese Verbannung erfahren hatte, ins Positive zu wenden, indem man Land und Leute, vor allem aber die Natur pries.
Solche eher praktischen Bemühungen, den Fremdenverkehr zu entwickeln, um den allgemeinen Wohlstand zu heben, gab es in anderen Landschaften natürlich auch, meist schon früher als hier. Man versuchte, die Abwanderung der jungen Leute in die Städte und nach Amerika aufzuhalten, indem man Arbeitsmöglichkeiten in der „Heimat" zu schaffen suchte. Mit „Heimat" ist ein Stichwort gegeben, das in der Folgezeit eine immer größere Rolle spielen sollte, obwohl es anfangs noch kaum in Erscheinung tritt, weil es den Vereinen nur um den Fremdenverkehr geht.
Maximilian Schmidt, der später der „Waldschmidt" genannt wird, sollte zum Heimat-Barden des Bayerischen Waldvereins werden. 1832 in Eschlkam als Sohn des Zollamtsleiters geboren, verläßt er mit 15 Jahren den Ort und lebte später in München. Er schlägt die Offizierslaufbahn ein, schreibt Sing- und Lustspiele und Geschichten (nicht nur aus dem Bayerischen Wald!) und ist damit so erfolgreich, daß er als Hauptmann seinen Dienst quittiert, um als Schriftsteller in München zu leben. Das Leben der Waldler schildert er „interessant und fesselnd, nicht nur für die Leser des schlicht bürgerlichen Hauses sondern auch des Salons. Dabei verwendet Schmidt im Dialog die urwüchsige, derbe und doch gemütlich-weiche Bauernmundart des Bayerischen Waldes, die überall, selbst in Norddeutschland anheimelnd wirkt" (Der Bayerwald, 1912, S. 76). Damit ist nicht nur gesagt, wer die Leser sind. Es ist ja mehr noch passiert: Der Waldler und seine Welt werden für ein bürgerliches Lesepublikum sowohl sprachlich als auch inhaltlich hergerichtet, so, daß es „überall, selbst in Norddeutschland anheimelnd wirkt."
„Nun sind es jährlich Tausende, die dieses an Merkwürdigkeiten aller Art so reiche Gebiet durchstreifen und das Lob unserer schönen Heimat, unseres geliebten, lange verkannten ‚Waldes' hinaustragen in alle Welt" (Der Bayerwald, 1913, Seite 2).

Staatsminister Hermann Esser bei der Einweihung des Hermann Esser-Schutzhauses auf der Silberhütte 1933

1909 wird ein Waldschmidt-Denkmal auf dem Riedelstein errichtet, auf dem Rachel wird 1912 das „Waldschmidthaus" der Sektion Spiegelau eröffnet, das mit 26 Betten und 20 Matratzenlagern ausgestattet ist. 1932 wird der 100. Geburtstag des 1918 in München verstorbenen „Waldschmidts" festlich begangen. Da freilich ist der dann schon der „Künder der Ostmark".

„Hier gilt noch die alte Regel zu Recht: gut und billig!", verheißt „Detter's Illustrierter Führer" 1904. Wer „über einen gefüllten Geldbeutel verfügt", hat sich „unter den zahlreichen Modebädern ... schnell entschieden." Die Mehrzahl muß den „Entschluß den ... zur Verfügung stehenden Mitteln anpassen. Die Reise an die See oder in das Hochgebirge bleibt also ein stiller Wunsch" (Roding und seine Umgebung, o. J., ca. 1905). „Wer eine schlichte, familiäre Bedienung, eine einfache aber gesunde Verköstigung kostspieligem und raffiniertem Comfort vorzieht, der gehe hierher! Wer mit wenig Mitteln in gesunder herrlicher Natur Tage der Kräftigung verbringen will — auf in den Bayerischen und Böhmerwald" (Detter's Illustrierter Führer, 1904, Vorwort). 1913 gibt der Waldverein „Kleine Ratschläge für die Sommerfrischler" heraus und rät zuvor, „bei nicht zureichenden Geldmitteln lieber zu Hause zu bleiben, als unter fremde Menschen zu gehen oder gar zu glauben, dort sparen zu können" (Der Bayerwald, 1913, Seite 85).

In der seit 1902 erscheinenden Zeitschrift des Vereins hat die „Bayerwald-Rundschau" ihren festen Platz. Eine Holzschnitt-Vignette zeigt einen Schäfer, der nicht nur über seine Herde, sondern vor allem auch übers weite Land blickt. Eine „12tägige Bayer- und Böhmerwaldtour" wird vorgeschlagen. Die Grenze spielt dabei keine Rolle (man darf sogar vermuten, daß die größere Popularität des Böhmerwaldes von Nutzen sein mochte). Vom Dreisessel wird gemeldet, daß zum Saisonbeginn das neue Unterkunftshaus geöffnet werden soll. „Durch Gewährung jedmöglicher Bequemlichkeit und allen Komforts wird dafür gesorgt, daß die Fremden sich wohlfühlen." „Der von Touristen und Sommerfrischlern gern besuchte Gastwirt, Maler und Bildhauer Joseph Pomeisl von Oberanschießing, genannt der ‚Malersepp' oder der ‚Mann mit dem Zopfe', hat nunmehr das Zeitliche gesegnet. (...) Er trug seit vielen Jahren seine Haare in einer Länge von einem halben Meter und einem Zopfe geflochten beständig unter seiner Mütze." Man braucht Originale. „Im Monat März verließen wieder 12 junge Leute aus unserem Markte (Kötzting) und der Umgebung die Heimat, um nach Amerika zu reisen. Nicht ohne eine gewisse Anteilnahme sieht man dieser Auswanderung junger Leute zu. Wohl weiß man, daß das Leben in der Heimat nicht rosig und das Glück gering ist, aber man weiß auch, wie oft das Dollarland die betrügt, die von ihm alles erhoffen. Es lockt die nach Glück und Reichtum Sehnsüchtigen mit einem Sirenenlied vom schnell errungenen Vermögen." Sie „vertauschen das kleine Leben der Heimat mit dem Ungewissen ...".

Fremdenpension

„Villa Rabenstein"

Bayerwald

Inhaber: Gustav Gruber.

Eine Stunde von der Stadt Zwiesel entfernt am Fusse des Hühnerkobels (951 m) gelegen, inmitten eines prachtvollen Naturparkes, der direkt an die königlichen Staatswaldungen angrenzt.

Schattiges Garten-Restaurant

mit gedeckter Halle und Kegelbahn.

Grosse Terasse mit herrlichem Panorama.

Eleganter Speisesaal. * Komfortable Zimmer.

Kalte und warme Bäder im Hause,

auch Bäder im Freien.

Telefon im Hause.

Befte Verpflegung und aufmerkfame Bedienung.

Für Passanten und Touristen zum vorübergehenden Aufenthalt sowohl als auch für längeren Aufenthalt zu Pensionspreisen (von Mk. 4.— pro Tag aufwärts) zu empfehlen.

Die eigenartige vor Nordwind geschützte Lage bietet auch bei kälterer Jahreszeit angenehmen Aufenthalt.

Ausgangspunkt

für die herrlichsten Waldspaziergänge und Ausflüge.

„Die in Sommerfrischler- und Touristenkreisen rühmlichst bekannte ‚Villa Rabenstein' soll abgebrochen werden. Sie gilt als die schönste und zugleich eleganteste Sommerfrische des Bayerischen Waldes. An ihrer Stelle wird Herr von Poschinger ein schloßartiges Gebäude erstehen lassen (...), dasselbe wird lediglich den Charakter eines Privatbesitzes erhalten" (Der Bayerwald, 1913, S. 92 ff.).

„Grenzland in Not!"

Nach dem Ersten Weltkrieg hat sich die Situation geändert. Die wirtschaftliche Situation verschlechtert sich rapide durch die neue Bedeutung der Grenze. Reisen in den Bayerischen Wald wird nun zur nationalen Aufgabe deklariert. Der Wald gilt als durch tschechische Überfremdung in seinem nationalen Bestand gefährdet. „Darum komme jeder Freund des Böhmerwaldes selbst hierher und schaue und helfe der schwer um ihre Existenz ringenden Bevölkerung durch rege Teilnahme an den gesamten Grenzlandfragen, ‚den Posten halten auf dem sie nun einmal stehn'. Das herrliche Stück Land ist es wahrlich wert, daß es unsern Nachkommen echt deutsch als heilige Heimat erhalten bleibt" (Der Bayerwald, 1919, S. 104). Nun greift auch bald die neue Sprachregelung, daß nur noch vom Bayerischen Wald gesprochen wird und die Bezeichnung Böhmerwald (die in dem aufgeführten Zitat noch erscheint) verpönt wird.

Der „Wanderung durch das Further Becken" merkt die Waldvereins-Sektion an: „Eine Stadt in Not — trotz ihrer herrlichen Umgebung — war für dich, mein Leser, Anfang und Ziel deiner Wanderung. (...) Dein Kommen ist Dienst am Deutschtum, Hilfe einem bedrängten Volke." Freilich sind es meist die Falschen, die kommen — jedenfalls vom ökonomischen Standpunkt her gesehen. Denn es sind Jugendbünde, Lehrergilden, alle national gesinnt, die in dieses Grenzgebiet ebenso fahren wie nach Ostpreußen oder Oberschlesien und zu den deutschen „Volkstumsinseln" in Südosteuropa, zu den Donauschwaben etwa. Für diese bündische Jugend gehörte der Verzicht auf Komfort zum Programm. Sie kamen mit Zelt, Kochtopf und Rucksack und kochten ihre mitgebrachte Erbswurst am Lagerfeuer.

Vom wirtschaftlichen Standpunkt sieht das der Passauer Kommerzienrat Weinholzer recht realistisch:

„Die Jungmannen sind es, die, aus fernen deutschen Gegenden kommend, die biederen Stammesbrüder als die Vorposten deutscher Sprache und Kultur aufsuchen und die Schönheit des Bayerischen Waldes von Mund zu Mund verkünden, aber dem großen deutschen Fremdenstrom, der ‚Geld unter die Leute bringt', ist der Bayerische Wald ein noch vielfach unbekanntes Gebiet" (Der Bayerische Wald, 1928, S. 66).

Heimatarbeit und Volkstumsforschung werden als Stütze des Deutschtums ausgewiesen. Karl Winklers verdienstvolles „Oberpfälzisches Heimatbuch" von 1929 nimmt den Ruf „Grenzlandnot!" auf. Der Tscheche „lauert einbruchslüstern an der bayerischen Ostgrenze. Schon hat er mit französischem Gelde eine Reihe von Ausmarschstraßen vorgetrieben ...". Auch Winkler sorgt sich, daß die „Vaterlandsfreunde mit Herzenssorge nach Ostpreußen und Oberschlesien, nach dem Saarland" blickten und das „als ‚Steinpfalz' verschriene Gebiet Bayerns" erst gar nicht kennen (Winkler, 1929, Vorwort).

Der Bayerische Landesverein für Heimatschutz hält 1930 seine Jahrestagung unter dem Motto „Das Grenzland als Hüter kultureller Werte" in Cham ab (mit dem gleichen Titel noch einmal 1981!), und auch dabei versäumte man den Hinweis nicht, daß „ein Besuch des Bayerischen Waldes nicht nur reinstem Naturgenuß und Erholung"

dienen solle, „sondern auch der Stützung des Deutschtums, das auf harter Scholle einen harten Kampf kämpft“ — so heißt es 1930 in der Zeitschrift „Ostbairische Grenzmarken“. „Ernste Arbeit im Dienst des Volkstums“ war nun gefragt, „Heimatkunde“ wird eine „Schutzwehr deutschen Volkstums“.

Volkstumspflege und Grenzlandarbeit nehmen sprachlich immer deutlichere Anleihen bei der Militärsprache (was man freilich bei allen Reiseformen, die den „ganzen Mann“ erfordern, bei schwierigen Bergbesteigungen etwa, anmerken könnte!). Das Waldvereinsblatt „Der Bayerwald“ führt nun im Untertitel „Illustrierte Zeitschrift für Geschichte, Kulturgeschichte und Volkskunde“. 1928 wird über den Ausbaustand des Jugendherbergsnetzes berichtet. Man hatte in Mauth durch Vermittlung des Notars Paur „ein hübsches Bauernhäuschen“ erworben und zu einer Eigenheim-Jugendherberge ausgebaut. In den vergangenen drei Jahren waren acht solcher Häuser entstanden. Mit der Herberge in Mauth war „wiederum hart an der Grenze eine längst erwünschte Herberge geschaffen“ worden (Der Bayerwald, 1928, S. 15). Nur zwei Monate später (Der Bayerwald, 1928, S. 48) soll ein „Stützpunkt“ auf den Waldhäusern, zwischen Rachel und Lusen, geschaffen werden. „Damit ist dann die Verbindung Eisenstein-Zwiesel-Waldhäuser-Mauth-Bischofsreuth-Frauenberg-Dreisessel hergestellt und eine Grenzkammwanderung von Herberge zu Herberge möglich.“ Bei der Einweihung der Jugendherberge Mauth sprechen „Vertreter des Kriegerbundes und der Deutschen Wacht“ (Der Bayerwald, 1928, S. 112).

Kurz: „Der bayerische Wald muß den verdeckten und offenen Zielen des Tschechentums gegenüber national möglichst widerstandsfähig gemacht werden durch eine intensive wirtschaftliche und kulturelle Betreuung.“ Da geht es um „geschickte Aneiferung des Heimatsinnes“. Zu diesem Zweck wird 1926 das „Institut für bairische Heimatforschung“ an der Philosophisch-Theologischen Hochschule Passau gegründet, „welches satzungsgemäß dem bayerischen Walde als national gefährdetem Gebiet besondere Berücksichtigung zuwenden muß“ (Der Bayerische Wald, 1928, S. 7 f.). 1934 wird das „Ostmarkmuseum“ in Passau, das Professor Heuwieser geschaffen hat, als „Widerstandsnest“ gegen die kulturelle Verarmung im Innern und den völkischen Ansturm von außen“ bezeichnet (Der Bayerwald, 1933, S. 731).

Die bayerische Ostmark

Nicht genau auszumachen ist, seit wann von der bayerischen Ostmark gesprochen wird. 1932 wird der „Waldschmidt“ als „Künder der Bayerischen Ostmark“ bezeichnet (Der Bayerwald, 1932, S. 17). Von der „schuldigen Erfüllung der Ostmarkpflicht“ ist die Rede, als 1932 aus der alten Osserhütte vom Anfang der 90er Jahre ein unterkellertes Haus wird (Der Bayerwald, 1932, S. 81 f.). Mit „Waldheil“ wird 1931 das neue Jahr angeblasen.

Januar 1931. 29. Jahrgang. Nummer 1

Der Bayerwald

Illustrierte Monatsschrift des Bayerischen Waldvereins.

Amtlich empfohlen vom Bayerischen Staatsministerium für Unterricht und Kultus.

Herausgegeben vom Bayerischen Waldverein E. V. unter Mitwirkung bekannter Heimatschriftsteller.

Veröffentlichungsblatt des Bayerwald-Skigau.

Waldheil 1931!

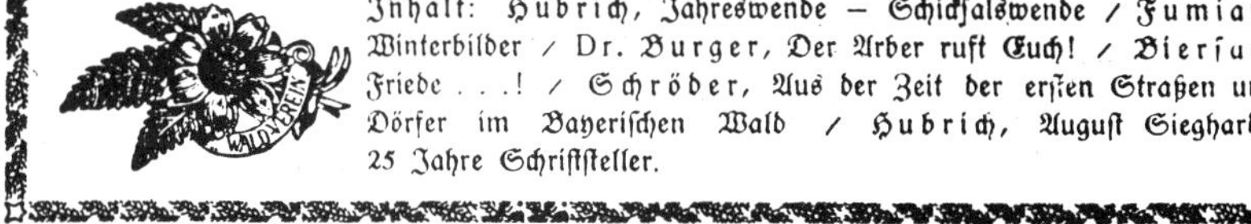

Inhalt: Hubrich, Jahreswende – Schicksalswende / Fumian, Winterbilder / Dr. Burger, Der Arber ruft Euch! / Biersack, Friede . . .! / Schröder, Aus der Zeit der ersten Straßen und Dörfer im Bayerischen Wald / Hubrich, August Sieghardt, 25 Jahre Schriftsteller.

Kommissionsverlag: Ortolf & Walther, Buchhandlung, Straubing, Rathaus-Eckladen.

Auf jeden Fall ist dieser militärische Begriff schon vor der „Machtübernahme“ durch die Nationalsozialisten üblich. Es gibt einen „Verkehrsverband Bayern und Ostmark“, der Pressefahrten (z.B. im Mai 1930) durchführt. Im Oktober 1930 führt der ADAC eine 2. Ostmarkfahrt durch (dieser Verband hat bis heute die Einteilung in „Gaue“ beibehalten!). 1930 gibt das bayerische Innenministerium eine Denkschrift mit dem Titel „Die Bayerische Ostmark, ein bedrohtes Grenzgebiet“ heraus. Dabei hatten wirtschaftliche Fragen der Erschließung im Vordergrund gestanden. Im August 1932 trägt der Bayerische Waldverein dem Reichspräsidenten von Hindenburg die Schutzherrschaft über den Verein an. Damit hat der „Befreier Ostpreußens bekundet, daß sein Auge über unserer gefahrbedrohten Waldheimat wacht“ (Der Bayerwald, 1933, S.137). Die Ostmark dankt ihm dafür.

Die Nationalsozialisten sprachen bereits vor 1933 vom Großgau „Bayerische Ostmark“ im Raum Hof-Regensburg-Passau, der ADAC führt 1933 seine 5. Ostmarkfahrt durch und unterstützt damit die Forderung nach Straßenausbau in diesem Gebiet.

Für die „Stoßtrupps, die an den bedrängten Punkten eingreifen, die Ortsgruppen (!) der vier großen Vereine: Fichtelgebirgsverein und Frankenwaldverein, Oberpfälzer und Bayerischer Waldverein“ gibt es nun „die einheitliche Leitung dieser Trupps in der Organisation ‚Bund deutscher Osten‘“ (Der Bayerwald, 1933, S.730). „Straßen bedarf die Ostmark, damit ihre Erzeugnisse, Steine und Glas, Porzellan und Holz, Webwaren und Spielzeug ihren Weg finden zu den Käufern. Straßen bedarf die Ostmark, damit der Deutsche aus glücklicheren Gegenden den Weg finde zu den Schönheiten eines deutschen Grenzlandes“ (Der Bayerwald, 1933, S.728). Die Einheit der Ostmark „muß sich auch im Straßenbau ausdrücken: eine große moderne Straße von Hof bis Passau soll das Rückgrat der Mark werden“. Die Seitenzweige sollen zu den aussichtsreichen Schutzhütten führen: „Dienen diese auch dem Fremdenverkehr, so sind sie eben dadurch, volkspolitisch gesehen, Feldwachen, vorgeschoben an die gefährdete Grenze“ (Der Bayerwald, 1933, S.728).

War eben noch die Rede von den „glücklicheren Gegenden“, aus denen die Deutschen in die Ostmark kommen sollten, so zeigt sich in der Vor-

Der „Ostmarkonkel“ Conrad Krämer in Kötzing 1948.

führung von Brauchtum der eigentliche Reichtum der Ostmark. Da werden die Urwälder zur „deutschen Offenbarung“ (Trampler: Wanderungen, 1934, S. 192), und „Staatsminister Hermann Esser nannte die Naturschönheit des Grenzgebietes den großen, noch ungehobenen Reichtum der Ostmark“. „Volksbräuche und Sagen aus fernsten Zeiten sind hier noch nicht Forschungsgegenstände für Volkskundler, sondern unmittelbares Leben“ (Trampler: Wanderungen, 1934, S. 189). Zur Zeit der Waldbeerenernte wird Kötzting als „Schlemmerparadies für die Freunde frischer Beeren“ gepriesen (Trampler: Wanderungen, 1934, S. 200). Daß die Beerenernte auch Indiz für bitterste Armut ist, wird umgangen, denn der „Wald-, Berg- und Moosbauer, der auch auf wenig arbeitswertem Boden schafft, nur weil dieses Land seine Heimat ist, ist der treueste Sohn des Vaterlandes“ (Trampler: Wanderungen, 1934, S. 190). Diesen „geradezu beglückenden Reichtum an bodenständiger Volkskultur“ offenbarte das Ostmarktreffen des Bayerischen Waldvereins im Sommer 1933 auf dem Brennespaß. „Vom Morgen bis in die sinkende Nacht reihte sich Volkslied an Volkslied, Volkstanz an Volkstanz“ (Trampler: Wanderungen, 1934, S. 200). Der „Ostmarkonkel“ führt ostbayerisches Brauchtum auf der Berliner Olympiade 1936 vor. „Das neue Deutschland pflegt wieder Brauchtum und Tracht. Die Volkstumsfeste des Reichsbundes Volkstum und Heimat, welche die besondere Förderung der Gauleitung genießen, bringen stets eine unerschöpfliche Fülle echt deutscher Volkskunst, echt und unverbildet wie kaum sonst irgendwo in deutschen Landen“ (Trampler: Bayerische Ostmark, 1934, S. 94).

In der Tat nimmt der Fremdenverkehr nach 1933 erheblich zu, denn die Organisation „Kraft durch Freude“ verschickt die Volksgenossen in die Ostmark. In Furth im Wald wird ein Musterhotel gebaut. Aber es ist vor allem eine verbale Unterstützung, die den Menschen angetan wird. Der bayerische Rundfunk unterstützt die Grenzlandarbeit, überträgt Bauernhochzeiten, versucht, Brauchtum zu pflegen, dessen Zerstörung man der Weimarer Republik anlastet. Alte Handwerkskunst soll wiederbelebt werden, Heimarbeit und bäuerlicher Familienbetrieb sollen gefördert werden. Weberei und Blaudruck, Holzschnitzerei und Glasmachen, Rosenkranzkettlerei und Spitzenklöppelei und Stickerei soll durch den Fremdenverkehr aufgeholfen werden. „Die Bewohner des Bayerischen Waldes treiben Heimindustrie: Glasbläserei, Spitzenklöppeln, Schnitzerei“ — so einfach hört sich das im „Lexikon für KdF-Reisende“ von 1939 an.

„Man stelle dem Gast eine hübsche Vase, ein geschmackvolles Trinkglas, eine sauber gearbeitete Leinendecke aufs Zimmer und mache ihn taktvoll darauf aufmerksam, daß es Landeserzeugnisse sind. (...) Jeder Gasthof soll eine kleine, geschmackvolle Werbeschau für Ostmark-Erzeugnisse werden“ (Trampler: Bayerische Ostmark, 1934, S. 93).

Doch so konsequent und einsinnig, wie das alles klingt, wird es nicht verwirklicht. Zwar ist das Schutzhaus am großen Falkenstein „eine kleine Ostmarkausstellung für sich“ geworden. „Da speist man auf Wegscheider Leinen; die Pfeffer- und Salzgefäße sind Waldlerheimarbeit, man trinkt aus geschliffenen Ostmarkgläsern, das Porzellan stammt aus der nördlichen Ostmark, die Stühle hat ein Landschreiner von Zeltendorf bei Kötzting verfertigt, den Christus des Herrgottswinkels hat Pech jun., Zwiesel, geschnitzt ...“ (Der Bayerwald, 1933, S. 15). Dennoch: „ein unansehnlicher Blockbau“ als Schutzhaus hätte niemals ausgereicht — „alle Wände sind mit Heraklith und Celotex dicht verkleidet“ (Der Bayerwald, 1933, S. 12).

Nachsatz: Über all dem soll nicht vergessen werden, daß man natürlich auch wanderte in der „Ostmark“ und sich an der Natur erfreute — ganz normal womöglich, wie anderswo auch.

Literatur:

ARNOLD, PHILIPP: *Die bayerische Ostmark, ein deutsches Ostgrenzgebiet. Regensburg 1928*

DER BAYERISCHE WALD. GRENZLAND IN NOT! *Denkschrift über die Aufgaben zu seiner kulturellen, sozialen und wirtschaftlichen Hebung. Passau 1928*

DER BAYERWALD. *Illustrierte Monatsschrift des Bayerischen Waldvereins. 1902 ff.*

BRAND, H.: *Die Gauheimatpflege in der Bayerischen Ostmark. In: Schönere Heimat 33, 1937, S. 126--128*

DETTER'S *Illustrierter Führer durch den unteren Bayer- und Böhmerwald mit Mühlkreis II. Deggendorf 1904*

GRUEBER, BERNHARD *und* ADELBERT von MÜLLER: *Der Bayerische Wald (Böhmerwald). 2. Aufl. Regensburg 1851*

HAZZI, JOSEPH: *Statistische Aufschlüsse über das Herzogthum Baiern, aus ächten Quellen geschöpft. Ein Beitrag zur Länder- und Menschenkunde. Bd. 4. Nürnberg 1805*

100 JAHRE SEKTION FURTH IM WALD, *Bayerischer Waldverein 1884--1984. Furth im Wald 1984*

RODING UND SEINE UMGEBUNG. *Hg. vom Verschönerungs- und Fremden-Verkehrs-Verein. Roding o. J.*

TRAMPLER, KURT: *Bayerische Ostmark. Aufbau eines deutschen Grenzlandes. München 1934*

TRAMPLER, KURT: *Erziehung zum Grenzbewußtsein. In: Das Bayerland 44, 1933, S. 704*

TRAMPLER, KURT: *Neue Landschaft. Gestaltende Kräfte zu Schönheit in Stadt und Land. In: Das Bayerland 47, 1936, S. 481--512*

TRAMPLER, KURT: *Wanderungen in der Ostmark. In: Das Bayerland 45, 1934, S. 183--208*

WINKLER, KARL *(Hg.)*: *Oberpfälzisches Heimatbuch. Kallmünz 1929*

Abfahrt vom Arberseehaus.

Grüße aus dem Bayerischen Wald

Alte Ansichtskarten aus den frühen Jahren des Fremdenverkehrs

Aussichtsturm auf dem Brotjacklriegl (1016 m) im Sonnenwald zwischen Deggendorf u. Schönberg, bayr. Wald Turmhöhe 27 m

Gruss
von der bayer. böhmischen Grenze
Eigenthum u. Verlag von F. Büttner, Landshut.
Lessellohe.
Grenzwachstation.

Böhmerwald / Dreiländergrenze.
Foto Wolf / Krummau.

Gast-Lichtenau
BAD
Sommerfrische Lichtenau, Bayr Wald

Sommerfrische und Touristenhaus, Besitzer F. Stemplinger, Lichtenau i. bayr. Wald.
Angenehmster Aufenthalt. Gute Speisen und Getränke bei billigsten Preisen. Telephon im Hause.
Gruss aus Lichtenau
Lichtdruck Hofphotograph Adolph, Passau

Arber, 1476 m
(Bayr. Wald).

LAM, bayr. Wald
Rodelpartie am Osser

AM HÖLLBACHFALL, BAYR. WALD.

Bei den Riesentannen

Gruß aus Leopoldsreut.

Gruß vom Dreisessel
1314 m

Pfingstritt-Kötzting
Ausritt

Falkenstein.
OTTMAR ZIEHER, MÜNCHEN.
Gruss aus Lindbergmühle im bayer. Wald.
Gasthaus zum Falkenstein.

Gruss aus Elsenthal
Verlag V. K. Morsack, Grafenau.

Gruß aus dem Erholungs-Heim Kostenz im bayerischen Wald, d. 190
Luftkurort 670 m über Meer.
Öffentliche Telephonstelle. Nächste Bahnstation Steinburg.

Arber, 1476 m.
Bayr. Wald.

Bayrischer Wald.
Arber von Bayr.-Eisenstein.
Verlag von J. F. Langhans, Hofphotograph, Prag—Marienbad. Nr. 207.

Lindberg b. Zwiesel, bayr. Wald.

Gruss aus FRAUENAU, Bayr. Wald

Bayr. Wald – Scharreben, Waldidylle 1019 ü. M.

Hermann Unterstöger

Wie sich die Cilli und der Franz überlegt haben, ob sie heuer wieder in den Bayerischen Wald fahren sollen

Daß die Cilli immer beim Mittagessen mit diesen ewigen Themen anfangen mußte! Die Kieners, so hatte sie zwischen zwei Löffeln Suppe durchblicken lassen, ließen sich allerhand Wind um die Nase wehen — sie habe bei denen einen Prospekt von den Seychellen liegen sehen.
„Seischellen", dachte Franz, „wenn i des bloß hör". Und halb aus Trotz sagte er, daß seiner Meinung nach nur die Deppen einen Palmenstrand brauchen: „Woaßt, wo ma himuaß? In Woid, da muaß ma hi und sunst niagands." „So", dachte Franz, „da hat s' iatz was z'Beißn und braucht net dauernd schnadan".
Letzteres erwies sich als Irrtum, denn die Cilli ihrerseits war mit der Bemerkung, gerade in den Bayerischen Wald könne jeder Depp fahren, schnell zur Hand. „Siehgst as ja, wia s' owerumpen am Freitag, de Mingara, und am Sonntag auf d'Nacht wieda auffa — wia de Damischn ..." Sie schien zu Streit aufgelegt und bereit, die Sache noch vor dem Wurzelfleisch auszutragen.
Franz blieb fürs erste still und dachte, sie könne ihm mit ihren Seischellen ruhig den Buckel runterrutschen — dörrt einem ja das Hirn aus dort unten. Doch dann gewann der Trotz wieder die Oberhand. „Touristisch", schnaufte er und hielt den Teller zum Suppensammeln schief, „touristisch san de im Woid da wiar a Brezn, wiar a Oansa". Und er legte los mit Skiliften und Hallenbädern, mit einer Infrastruktur, die sich gewaschen hat, mit Straßen, wie man sie ‚heraußn' nur selten finde, und überhaupt: „Glaabst'n du, daß der Steigenberger irgendwo hibaut, wo's koa Gerschtl zum hoin gibt?"
„Ämm", sagte Cilli und meinte „eben". Sie machte keinerlei Anstalten, das Wurzelfleisch aus der Küche zu holen. Das Geld, eben das sei es, dafür würden auch noch die letzten Waldler ihre Seele verkaufen, und wenn sie das Wort Fremdenverkehr nur von weitem hörten, bekämen sie glasige Augen. „Woaßt, was i dir sag", ereiferte sich Franzens Eheweib, „de kennan koa Tradition mehr und koa Landschaft und koa sunstwas, wenn s' nur a Luftkurort oder a Sommafrischn oder was woaß i wern könnan. Hauptsach, sie hockan an irgend an Goldna Steig und kennan Glas blasn — und wer da net hockt oder des net ko, der hausiert midn Muihiasl oder sunst an schmatzadn Bauernknecht ...".
Als die Cilli hier kurz absetzte, um zu schnaufen, nutzte Franz die Gelegenheit, um sie zu fragen, ob sie glaube, daß Wurzelfleisch zu den kalten Speisen gehöre. Sie ging darauf überhaupt nicht ein, sondern ließ, wie eine Art Echo, noch einen Seufzer nachfolgen: „A Ausverkauf is des, sunst nix.".
Das könne man so sehen oder so, entgegnete Franz, aber mit einem Schwarz-weiß-Bild allein werde sie möglicherweise weder der Sache gerecht noch den Waldlern. Zu lange hätten die nur Brotrindln gekaut, als daß man ihnen jetzt, wo ihnen der Sommergast Wurst und Brot bringe, Vorwürfe machen

könne. „Di mächat i sehng", sagte er, „wannsd in a schiafn Hoizhiawan wohna miassadst, nix gscheids z'Fressn hättst und di no dazua a jäda an schdurn Waiddlabälle hoaßn derfat". Da pfeife man auf das, was der gelangweilte Münchner als karge Schönheit schätze, und da pfeife man auch auf den Luxus, Resopal abscheulich und Schmiedeeisen-Imitationen kitschig zu finden.
„I muaß mi", sagte Cilli, „über di wundern". Doch Franz war jetzt im schönsten Zug: „Des konnst, wundat di ruhig!" Apropos Rummel und Ausverkauf — da gäbe es wohl doch noch andere Aspekte, nämlich beispielsweise die Münchner (von den Norddeutschen garnicht zu reden): Deren Geschrei möchte er, Franz, nicht hören, wenn es den Waldlern eines Tages einfalle, den Ausverkauf abzublasen, ihre schöne Heimat dichtzumachen. „Oda, was taatsd 'n du sagn, wannsd z' Hintaschmiding nix andas kriagasd als wiar a Essigwurscht oda wann s' de — und es pressiarat scho — übern Hof aufs Plumpsklo schickadn?" Da die Cilli dazu keine Meinung äußerte, hakte der Franz nach: „Dann hättsd dei Waidlaromantik und dei Naturbelassenheit, hättsd nacha... Und was isn übahaupt midn Essn?" Schließlich, meinte Franz, könne er ihr auch beim Wurzelfleisch noch ein paar Lichter aufstecken über die Schönheiten des Bayerischen Waldes, wo sie noch nicht in der Hand touristischer Heerscharen seien — er wisse da ein paar Fleckerl, die könne er ihr, wenn sie noch lang dagegenrede, wie am Schnürl herbeten.
„Da brauchsd ned beddn", sagte die Cilli und sinnierte eine ganze Weile vor sich hin. „Mi daad nur oans intressiern: Is da Woid iatzt vasaut oda net, weil i hab da letzting was glesn üba den Moloch Tourismus, und da hab i ma denkt, am End is der gwiß scho im Boarischn Woid, awa vielleicht no ned auf de Seischellen..." Die Cilli versuchte, ihren Blick von ganz weit weg zurückzuholen. Dann fragte sie: „Oans mächd i wissn: Fahr ma iatzt in Woid heia oda net?"
Sie bekam keine Antwort, denn der Franz war bereits in die Küche gegangen und versuchte dort, die schönsten Fetzen Wurzelfleisch aus dem Sud zu fischen.

ELFRIEDE STICKER — Sprüch

Am Kötzönga Kirda

Da Roßmetzga hod am Kötzönga Kirda gschriean:

„Läd kaafts Roßwirscht, naxts Johr mejds oitö Bulldog fressn."

Buchsbamanö Saggra

Aafn Kirda hod a Herrgodschnitza sanö Herrgoddn asgschriean:

„Läd kaafts Herrgoddn, es glaabts gor net, wos de Teifön, dö buxbaman, dö Saggra, aiss ashoitn!"

Hintahoi...

Oft oi hamad s Mäu vozong und
hamad gsagt, vo uns hint is d Wejt mit
Bredan voschlong.
I loch grad und deng ma a nejds moi:

Und grad i bin no vo hintahoi!

Da oit Groumüina hat amö gsagt:

„Warum net zkrejng, wenns Guatwern so schüi is?"

Günther Bauernfeind

Der Bayerische Wald — eine Kolonie des Fremdenverkehrs?

Seit etwa 1950 gibt es im Bayerischen Wald einen neuen Wirtschaftszweig: die Fremdenverkehrsindustrie. Die gesamtwirtschaftliche Situation der Region konnte bis dahin zu Recht als mangelhaft bezeichnet werden. Als bodenschatzarmes, abgelegenes Randgebiet ist der Bayerische Wald für Industrieansiedlung denkbar ungeeignet. Aber auch die Landwirtschaft hat mit ungünstigen Bedingungen (Bodenqualität, Klima) zu kämpfen.

Landschaft, Menschen und Wirtschaft

Man mußte sich gezwungenermaßen auf die vielversprechende neue Einnahmequelle „Tourismus" verlegen. Dafür waren die landschaftlichen Voraussetzungen gegeben, sozusagen „wie geschaffen": gesunde Mittelgebirgslage, Waldreichtum, natürliche Wasserläufe, eingebettete Siedlungen, schneesichere Skigebiete ohne Föhn und Lawinengefahr, Ruhe, Abgeschiedenheit. Man erkannte den hohen Erholungswert dieses Gebietes und konzentrierte sich verstärkt darauf, ihn in klingende Münze umzusetzen. Viele Gemeinden sahen im Fremdenverkehr künftig ihre erstrangige wirtschaftliche Funktion. Heute darf in keinem Rathaus mehr der Fremdenverkehrsausschuß fehlen. Der Fremdenverkehr eröffnete zwar nur wenige neue Dauerarbeitsplätze, er bietet aber mannigfaltige Möglichkeiten zu Saison- und Teilzeitarbeit (Mithilfe in gewerblichen Beherbergungsbetrieben, Reiseleiter, Fremden- und Wanderführer, Skilehrer usw.). Für die Privatvermieter ist der Fremdenverkehr eine willkommene Nebenerwerbsquelle; die Gemeinden erzielen Gewinne aus Kurtaxe und erhöhter Gewerbesteuer. Einige Betriebe verdanken ihre Existenz und Überlebensfähigkeit fast ausschließlich den Einnahmen aus dem Fremdenverkehr (Andenkenläden, Unternehmen zur Personenbeförderung, Verkehrsämter). Von großer Bedeutung für die Region ist außerdem der sekundäre Impuls des Fremdenverkehrs auf nahezu alle vorhandenen Wirtschaftsgruppen. Es entstehen neue Gewerbebetriebe, bestehende werden zum Teil erweitert. Die Gewinne ergeben sich dabei zum einen direkt aus der Nachfrage der Fremden, zum anderen aus der erhöhten Kaufkraft der Einheimischen. Von diesem Impuls profitieren vor allem Bau- und Bauhilfsgewerbe, die die notwendig werdenden Straßenbau-, Neubau- und Ausbauarbeiten durchführen (z.B. Einbau von sanitären Anlagen, fließendem Wasser, Zentralheizung). Daneben können aber auch Lebensmittelgeschäfte, Gastwirtschaften, Tankstellen, Kfz-Werkstätten, Sportgeschäfte, Apotheken, Drogerien, Friseure, Photographen — eben fast alle Wirtschaftsgruppen — mit erhöhten Einnahmen rechnen.

Diese wirtschaftsfördernde Kraft des Tourismus wurde, vor allem von seiten der Regionalpolitiker und Fremdenverkehrsförderer, immer wieder zu Recht betont. Hier aber soll auf andere Auswirkungen des Fremdenverkehrs eingegangen werden: Wie verändert der Tourismus Landschaft, Menschen und Lebensstil im Bayerischen Wald? Was wird aus der hochgelobten, sogenannten „alten Volkskultur"? Wie geht die Fremdenverkehrsindustrie mit den Gütern und Werten dieser Kultur um?

Bahnbus
H

22
FERIEN
auf dem Bauernhof
Zimmer frei
Nr. 9

Der zivilisierte Wald

Das Leben im Bayerischen Wald verläuft längst nicht mehr so rückständig, kultur- und zivilisationsfern, wie es sich viele noch immer vorstellen. Auch die Waldler versuchen, mit der modernen, technischen Entwicklung Schritt zu halten und machen sich im Berufs- wie im Privatleben den Fortschritt zu eigen. Mittlerweile sind im Bayerischen Wald nahezu alle Schichten, Berufsgruppen mit den verschiedensten Lebensansichten anzutreffen. Das Leben gleicht sich immer mehr dem städtischen an; man will auch im Bayerischen Wald bestimmte Vorzüge und Bequemlichkeiten des Stadtlebens genießen. Die allgemeine Entwicklung zeigt — wenn auch verzögert — dieselben Tendenzen, wie sie in allen westlichen Industriestaaten anzutreffen sind. Seine einstigen regionalen Besonderheiten hat der Bayerische Wald fast vollständig verloren. Dafür können neben dem Fremdenverkehr Medien, Mobilität, Technik, Industrialisierung verantwortlich gemacht werden. Deshalb gestaltet es sich als schwierig, den Beitrag des Fremdenverkehrs herauszufiltern. Viele Erscheinungen können aber dennoch eindeutig auf das Einwirken des Fremdenverkehrs zurückgeführt werden. Man darf bei der Beschreibung keinesfalls von einer einheitlichen Lebensweise, einem einheitlichen Charakter der Waldler ausgehen. Das einzige, was noch heute alle Waldler gemeinsam haben, ist eben die Tatsache, daß sie im Bayerischen Wald wohnen.
Der Fremde aber hat eine bestimmte Vorstellung vom Waldlerleben. Er kommt mit einer Erwartungshaltung in den Bayerischen Wald, die mitgeprägt ist von Klischees und Vorurteilen. Das gängige Bild vom Waldler ist das eines einfachen, kernigen, urigen, unverbildeten, herzlichen und glücklichen Landmenschen, der bescheiden, naturverbunden und zurückgezogen lebt und gern ein paar „Maß'n" stemmt. Man darf allerdings die Urlauber nicht für so naiv halten, daß sie ernsthaft glauben, im Bayerischen Wald durchwegs einen solchen Menschenschlag anzutreffen, wenngleich es sie beglückt, wenn sie tatsächlich einem der wenigen Menschen begegnen, für den die obengenannten Charaktereigenschaften in etwa zutreffen. In ähnlicher Weise ist im übrigen auch der Waldler selbst erfreut, wenn er eine solche Person antrifft. Umgekehrt existiert ein „Preußen"-Bild bei den Einheimischen, das jedoch ebensowenig ernst genommen werden darf (im Bayerischen Wald werden alle Personen, die von außerhalb der Region kommen, als „Preiß'n" bezeichnet, egal, ob sie tatsächlich aus dem früheren Preußen kommen oder aus dem übrigen Deutschland oder aus dem Ausland oder gar aus dem übrigen Bayern). Diese Waldler- und Preußen-Bilder sind für beide Seiten in erster Linie ein Gaudium und beliebter Ausgangspunkt

für Witzeleien. In diesem Sinne ist etwa auch die Handlungsweise jenes jugendlichen Urlaubers zu verstehen, der im Laufe einer Silvesterfeier eine Unmenge Bier in sich hineinschüttete, vor jedem Schluck, zu dem er ansetzte, die Worte „Ich will ein echter Bayer sein!“ grölte und schließlich mit einer Alkoholvergiftung ins Krankenhaus gebracht werden mußte. Er hoffte auf Anerkennung, dürfte sich aber bewußt gewesen sein, daß dieses „Saufen“ allein nicht den Bayern ausmacht.

Bayern in den Medien

Die Klischees über Bayern und Preußen werden in den Medien und in Büchern immer wieder verwendet und neu aufgelegt. Bei Filmen wie „Unterm Dirndl wird gejodelt“ und „Liebesgrüße aus der Lederhose“ sind zwar auch Elemente verarbeitet, die sofort als „bayerisch“ erkennbar sind, und die allseits bekannten Klischees sind hier en masse eingebaut (diese Filme leben praktisch nur davon): man erkennt aber wenigstens aufgrund der totalen Überzogenheit sofort, daß zumindest die Inhalte nicht ernst genommen werden dürfen. Sicherlich hinterlassen auch diese Filme ihre Spuren in den Köpfen der Zuschauer bezüglich ihres Bayern-Bildes. Gefährlicher aber sind in dieser Beziehung andere Filme und Fernsehsendungen, die mit denselben Mitteln arbeiten, dabei aber Ernsthaftigkeit vorgeben. Es ist dabei an Heimat- und Gebirgsfilme à la Luis Trenker zu denken, wo das Ländliche, Bäuerliche, Gebirglerische in idyllisierender, rührender Weise als das Ideal schlechthin dargestellt wird. Moral, Ethik und Werte des Landmenschen sind in diesen Filmen vorbildlich, weil aus der direkten und dauernden Beziehung zur Natur erwachsen. Sogar die bäuerliche Arbeit wird in diesem Sinne verstanden.

Wieder etwas anders kennzeichnet sich die Sachlage in den von den Fernsehanstalten ausgestrahlten sogenannten Bauern- und Volkstheaterstücken (z.B. „Komödienstadel“). Die Motivationen, die die Handlung vorwärtstreiben, ergeben sich aus den angeblich feststehenden, sturen und umständlichen bayerischen Sitten- und Moralvorstellungen und den daraus ableitbaren „typischen“ Verhaltensweisen. Man baut von daher eine verwickelte Situation auf; die Handlung wird noch weiter verkompliziert und ins Lächerliche gezogen durch die nachgeahmte sprichwörtliche Bauernschläue. Volksmusik- und „Heimat-“Sendungen sind gespickt mit bayerischen Versatzstücken. Die Darsteller sind in Dirndl bzw. Trachtenanzüge gekleidet, man sieht viel Rustikales und Blau-Weißes.

Ähnlich wie mit den Filmen verhält es sich mit der Heimatliteratur. Das gilt ebenso für die Romane etwa von Ludwig Ganghofer und Lena Christ wie auch für die „Sachbücher“, die eine Region beschreiben sollen. Man nehme beispielsweise die bisher über den Bayerischen Wald erschienenen Bücher. Größtenteils sind sie eine einzige Lobrede auf dieses Gebiet. Sie beschönigen die Verhältnisse im Bayerischen Wald; über die Schwierigkeiten und Probleme der Bevölkerung fällt kein Wort. Auf den Abbildungen sind meist schöne, menschenleere Landschaften zu bewundern oder nette Ortsbilder (natürlich aus dem günstigsten Blickwinkel aufgenommen) oder buntes Folklore-Treiben. Will man den Einheimischen vorstellen, so sucht man einen möglichst knorrigen, knochigen urigen Typ, der wieder der beschriebenen Vorstellung vom Waldler entspricht. Wer den Bayerischen Wald nur von daher kennt, muß zwangsweise eine sonderbare, verdrehte Vorstellung haben. Diese Schriften bemühen sich weniger um eine sachliche und wirklichkeitsgetreue Darstellung, sie versuchen vielmehr, die Schönheiten und Vorzüge des Bayerischen Waldes einseitig herauszustellen und gleichen deshalb eher einem Fremdenverkehrsprospekt.

Die „Ware" Wald

Damit wären wir wieder beim eigentlichen Thema. Die Tourismus-Werbung zeigt nämlich in dieselbe Richtung. Man weiß um das Bedürfnis der Städter nach Erholung vom Arbeits- und Stadtleben. Im Urlaub will man einmal „etwas ganz anderes", eine andere Umgebung und auch andere Menschen sehen und erleben. Deshalb werden in der freien Zeit vorzugsweise Gebiete aufgesucht, die abseits liegen von Großstadtgewimmel, Hast und Ruhelosigkeit. Es wird Natürliches, Ländliches gesucht, eine „menschliche" Welt, eine Welt, die noch in Ordnung ist. Seit der Romantik erfuhr das Landleben eine Aufwertung, ja Verklärung. Naturverbundenheit und daraus erwachsene Ethik, Sitte und Moral des Landmannes wurden gewürdigt; es fertigten sich Parolen wie „Zurück zur Natur!", „Zurück zum einfachen Landleben!". Die positiven Seiten des Landlebens wurden immer wieder herausgestellt, Nachteile und Härten dagegen allzu gerne außer acht gelassen. Aus dieser oft sentimentalen und nostalgischen Betrachtungsweise und rührenden Sehnsucht nach dem Landleben konnte sich das noch heute wirksame „Land-Klischee" bilden. Da die Tourismus-Branche eben Reklame machen soll, sich mit nachteiligen Seiten der „Ware" aber schlecht werben läßt, stellt sie wiederum ausschließlich Vorzüge der „Ware" heraus — sprich: des Fremdenverkehrsgebietes (in diesem Fall des Bayerischen Waldes). So bestätigt die Fremdenverkehrswerbung von neuem das beschriebene Klischee. Auf Touristik-Messen liegen diverse bunte Prospekte bereit, eventuell sogar in der Auslage eines stilisierten „Waldlerhauses" im Kleinformat (man stelle sich das gebotene Bild vor: ein Waldlerhaus inmitten einer Messehalle!). „Tracht"-tragende Helferinnen — man orientiert sich dabei meistens an der neuesten Dirndlmode — bieten Bayerwald-Spezialitäten wie Bärwurz, „G'selcht's" (= Geräuchertes) und „Original-Bauernbrot" (von irgendeinem Bauernbrotbäcker-Großbetrieb) zum Verzehr an. Die Abbildungen in den Prospekten zeigen das Urlaubsgebiet wieder von der schönsten Seite. Gezeigt werden die sogenannten „Sehenswürdigkeiten". Dazu gehören neben landschaftlichen Besonderheiten und Baudenkmälern auch die Einheimischen. Letztere aber nur, sofern sie „bayerisch-urig" genug aussehen, also sofort als Bayern bzw. Waldler erkennbar sind, oder wenn sie gerade an einer Brauchtumsveranstaltung teilnehmen. Ihr normales heutiges Alltagsleben wird offenbar nicht als „sehenswürdig" betrachtet.

Die Spezialitäten des Waldes

Natürlich wird auch am Urlaubsort selbst für das Wohl und die Unterhaltung der Fremden gesorgt, denn ein angenehmer Aufenthalt und die sich daraus ergebende Mund-zu-Mund-Werbung sind noch immer eine wirksame Reklame. Die Liste der angebotenen Veranstaltungen ist lang. Da gibt es verschiedene Vorträge zu hören, Informationswanderungen können mitgemacht werden. Während einer „Bayerischen Schmankerlwoche" darf geschlemmt werden. Bei diesen Schmankerln handelt es sich übrigens zum Teil um einstige „Arme-Leute-Essen", um Speisen, die mit den einfachsten Mitteln zubereitet werden können. Die Auswahl an Grundsubstanzen war nämlich früher mehr als gering, man mußte eben mit dem auskommen, was der karge Boden hergab. Was für den Fremden heute eine besondere Spezialität darstellt, war für die Einheimischen früher ein Alltagsessen, das aber ja nicht gegessen werden durfte, sondern mußte.
Auswärtige Freunde des Kartenspiels, die sich mit lokalen Spielen wie Grasoberln und Schafkopf nicht anfreunden können, treffen sich im Hotelrestaurant zum wöchentlichen Skatabend. Wer die landschaftlichen Reize selbst nicht entdeckt, kann sie bei einem Dia-Abend „Schöner Bayerischer Wald" bewundern. Für abendliche Abwechslung ist sicherlich ausreichend gesorgt, wie das vielseitige Angebot an organisierten Unterhaltungsabenden zeigt: es gibt Heimat-, Hütten-, Zither-, Schrammel-, Wein-, Schieß-, Tanzabende; Nordische, Bayerische und Waldler-Abende. Besonders anziehend und attraktiv sind die Laienschauspiele sowie die Brauchtumsveranstaltungen, von den großinszenierten Darbietungen wie Drachenstich (Furth

im Wald), Pfingstritt (Kötzting), Englmarisuchen (St. Englmar) bis hin zu Brauchformen in kleinerem Rahmen (Maibaumaufstellen, „Wolf ausläuten", usw.). Dem weitgefächerten und unübersichtlichen, teils chaotischen Kulturleben in der Stadt wird somit der Anschein einer natürlichen, einfachen und in sich selber ruhenden Volkskultur gegenübergestellt. Mit Begriffen wie „Tradition", „Brauchtum", „Urtümlichkeit" ist man schnell und gerne, aber oftmals unüberlegt bei der Hand. Wo es an althergebrachten, sehenswerten und eindrucksvollen Brauchdarbietungen fehlt, werden solche gesucht und schon mal, wenn's sein muß, geradezu „erfunden". Es wird ein bißchen zurechtgebogen, künstlerisch ein wenig umgeformt; man läßt dem Spieltrieb freien Lauf, schließt Stilkompromisse, imitiert. So werden beispielsweise Bräuche in einer Umgebung angesiedelt, wo sie nie zuvor durchgeführt worden waren, oder es werden als bayerisch erkennbare Versatzstücke aus dem oberbayerischen Raum übernommen. Bräuche können so zu „Brauchtums-Spektakeln" verkitscht werden. Das soll nicht heißen, daß alle brauchtümlichen Veranstaltungen er- und verlogen sind. Aber selbst wo mit der nötigen Ernsthaftigkeit Formen, Aussehen und Ablauf der Bräuche erhalten wurden, sollte man bedenken, daß sich Sinn, Zweck und Funktion verändert haben, daß sie aus einer Lebensweise und -anschauung längst vergangener Tage erwachsen sind und der modernen, neuen Kultur eigentlich fremd sind.

Die Heimatabende

Erster großer Heimatabend

Achslach. Der Männergesangsverein Achslach mit Vorstand Karl Hilger, sowie die Gemeinde Achslach mit Bürgermeister Gerhard Mies können für den ersten großen Heimatabend, der am Freitag, 3. August, im großen Holler-Saal in Achslach stattfindet, das weltbekannte Duo „Hans und Ellen Kollmannsberger" präsentieren. Weiter gestalten diese Veranstaltung die „Rinchnacher-Plattlergruppe" (Kloster-Buam), die „Achslacher-Stubenmusi" sowie der „Achslacher Viergesang". Die Hauptattraktion des Abends ist natürlich das weltweit bekannte Duo „Kollmannsberger", das in der Sendung des ZDF „Lustige Musikanten" schon mehrmals als Sieger hervorgegangen ist. In den Tourneen in Südamerika, Ägypten, Ostafrika, Nordamerika, Kanada, Nahost, Rußland, Skandinavien und Deutschland konnten sie ihr Publikum immer wieder begeistern. Wenn es im großen Holler-Saal in Achslach durch das Künstler-Duo „Santa-Maria", „Wir kommen von den Bergen", „El Paradieso" oder „Wer weiß wohin die Reise geht" heißt, wird es wohl keinen mehr auf den Stühlen halten. Der Männergesangsverein Achslach hat dieses Gastspiel arrangiert, um der Bevölkerung und den Feriengästen in Achslach und Umgebung einmal einen „echten Bayerischen Abend" mit international bekannten Künstlern zu bieten. Der Kartenvorverkauf findet im Verkehrsbüro der Gemeinde Achslach von 8 bis 12 Uhr statt.

Beispielhaft für die folkloristischen Veranstaltungen werden hier die „Heimatabende" behandelt. Sie werden in erster Linie für die Urlauber veranstaltet, von Einheimischen werden sie selten besucht. Ohne den Fremdenverkehr bräuchte man die Heimatabende überhaupt nicht durchzuführen; man wäre gar nicht erst auf die Idee gekommen, sie zu veranstalten. Die Veranstalter geben vor, daß es dabei um die Vermittlung bodenständiger Kultur gehe, daß man dem Fremden ein Bild von Leben, Sitten und Gebräuchen der besuchten Region geben wolle. Traditionelle Heimatsymbole werden mit geschäftstüchtiger Routine gezielt vermarktet. In Wirklichkeit also serviert man dem Fremden einen Abklatsch seiner durch das Fernsehen geprägten Vorstellung von Bayern- und Brauchtum à la „Komödienstadel". Die nostalgische Sehnsucht des Städters nach ländlicher, kraftvoller Urwüchsigkeit wird im Spiel auf der Bühne befriedigt. Vor einer freundlichen Kulisse sind lederhosentragende, jodelnde und schuhplattelnde „Berufs-Bayern" zu sehen. Dabei sind die völlig aus dem Zusammenhang gerissenen Brauchbestandteile für jeden Zuschauer sofort als „echt bayerisch" erkennbar. Den Zuschauern wird in oft fabrikneuen

„alten" Trachten wöchentlich eine perfekte, bunte Folklore-Show dargeboten. Die Unterhaltung ist anspruchslos, es wird fröhlich gesungen, getanzt und gefensterlt. Leider vergißt man dabei, daß Volkskultur mehr als bloße Unterhaltung war und ist. Für alle Beteiligten, Darsteller und Zuschauer wird der Heimatabend zu einer „Mords-Gaudi". Für die Veranstalter geht es darüber hinaus um Geld, auch steht das Ansehen als Fremdenverkehrsort auf dem Spiel.

Welche Folgen aber zeigt die Vermarktung der Volkskultur bei Reisenden und Bereisten? Ist es denkbar, daß die heimatabendlichen Darbietungen weniger wirklichkeitsgetreu als vielmehr spielerisch zu verstehen sind? Den Urlaubern ist ihr falsches Waldler-Bild nicht zu verdenken, wird es ihnen doch auf der Bühne von Einheimischen bestätigt. Doch auch den Einheimischen bietet die beim Heimatabend gespielte Rolle ein gewisses Identifikationsangebot. Tatsächlich eifern viele Einheimische auch im täglichen Leben diesem verdrehten Waldler-Bild nach und geben sich, vor allem Fremden gegenüber, betont waldlerisch, bayerisch und urig. Sie nehmen eine Doppelrolle ein: zum einen sind sie in den modernen Arbeitsprozeß eingespannt und machen sich technische und kulturelle Fortschritte zu eigen, zum anderen geben sie sich — zum Teil bewußt — als lebende „Überbleibsel" längst vergangener Tage.
Die meisten Einheimischen aber lassen sich von der Erwartungshaltung der Fremden und dem leichtfertigen Umgang mit der Volkskultur nicht beeindrucken. Zum Teil lehnen sie sich sogar dagegen auf und versuchen, das Waldler-Bild zu korrigieren. Allem Anschein nach bietet die Rolle „Bayer" aber auch einigen Auswärtigen ein Identifikationsangebot. Daß man einen Lederhosen und Gamsbarthut tragenden Urlauber antrifft, ist nicht allzu selten.

Rollen — Spiele

In welchem Maße der einzelne sein Verhalten wegen des Fremdenverkehrs umstellt, ist unterschiedlich. Der Einfluß der Fremden ist bei Vermietern ein anderer als bei Nicht-Vermietern; ebenso ist der Einfluß von Fremden, die sich privat einmieten, ein anderer als der von Fremden, die in gewerblichen Beherbergungsbetrieben übernachten. Der Einfluß ist weiterhin verschiedenartig auf die unterschiedlichen Altersgruppen. Der ältere Personenkreis, der die Anfänge des Fremdenverkehrs selbst miterlebt hat, der das Leben ohne Fremdenverkehr noch selbst erfahren hat und die Veränderungen selbst „miterlebt" hat, beurteilt den Tourismus zwangsläufig etwas anders als der jüngere, der ein Leben ohne Fremdenverkehr nur vom Hörensagen kennt. Einem Urlauber gegenüber verhält man sich jedenfalls einfach anders als gegenüber einem Einheimischen, Bekannten. Dem Fremden gegenüber wird in fast jedem Fall eine

andere „Rolle“ eingenommen als einem Einheimischen gegenüber, dem man nichts vorzuspielen braucht, dem man angesichts des ständigen Zusammenlebens nichts vorspielen kann. Verstärkt offenbart sich dieses „Rollenspiel“ bei folkloristischen Veranstaltungen (Heimatabende, Volksschauspiele usw.), die ihre Existenz hauptsächlich dem Fremdenverkehr verdanken. Der Spaß an diesen Veranstaltungen sei allen vergönnt, auf seiten der Einheimischen ist jedoch die Lüge bedenklich, daß hier „Echtes“ geboten werde und in derart leichtfertiger Weise mit der eigenen Vergangenheit umgegangen wird. Mitbeteiligt an diesem Mißstand ist der Fremdenverkehr insofern, als diese Veranstaltungen ohne ihn möglicherweise überhaupt nicht durchgeführt würden. Das „Rollenspiel“ gilt auch für Nicht-Vermieter, wenn es auch in geringerem Ausmaß als bei Vermietern zum Tragen kommt. Jedenfalls beeinflußt der Fremdenverkehr die Denkweise eines jeden Waldlers. Jeder einzelne wird unumgänglich mit den Erscheinungen des Fremdenverkehrs konfrontiert und muß sich mit der Tatsache auseinandersetzen, ob er nun will oder nicht, — der Fremdenverkehr gehört im Bayerischen Wald mittlerweile zum Alltag.

Am besten läßt sich der kulturelle Einfluß des Fremdenverkehrs am direkten menschlichen Kontakt zwischen Einheimischen und Fremden ablesen; kulturelle Unterschiede zeigen sich dabei dort am deutlichsten, wo Schwierigkeiten und

Mißverständnisse entstehen. Im allgemeinen zeigen die Waldler Verständnis erstens dafür, daß man in der Urlaubszeit verreist — man ist im eigenen Urlaub schließlich selbst Tourist — und zweitens, daß gerade ihre Region aufgesucht wird. Man verdenkt den Bewohnern von Ballungsgebieten ihre Sehnsucht nach Natur nicht, stößt aber umgekehrt zum Teil auf wenig Verständnis von seiten der Urlauber. Das erste Mißverhältnis zwischen Einheimischen und Fremden ergibt sich schon ganz einfach daraus, daß sich der Fremde im Urlaub befindet, während der Einheimische im Arbeitsprozeß steht und sich dem zahlenden, zu verwöhnenden Gast unterordnet. Die Einheimischen haben sich der Fremdenbedienung entweder gleich berufsmäßig verschrieben, oder aber — und das ist die Regel — sie gehen tagsüber einer anderen Tätigkeit nach und übernehmen die Bedienung der Fremden zusätzlich. Daraus ergibt sich von vornherein ein „Klassen"-Unterschied: der Einheimische nimmt von sich aus eine unterwürfige Haltung ein, der Fremde hingegen verhält sich nach dem Motto „der Kunde ist König".

Auswirkungen des Fremdenverkehrs

Das angebliche Angewiesensein auf die Fremdenverkehrs-Einkünfte führt zu einer Orientierung an den Interessen und Bedürfnissen der Fremden. Nicht selten ergibt sich daraus sogar ein Hintanstellen der eigenen Interessen.
So stellen einige Vermieter zum Teil eigene Wohnräume den Gästen zur Verfügung und hausen selbst auf Dachböden oder in Scheunen. In Weigelsberg bei Viechtach beispielsweise bewirtschaftet eine Familie zwar ihren Bauernhof, das unter Denkmalschutz stehende Bauernhaus selbst aber wird die meiste Zeit von Urlaubern bewohnt, während die Familienmitglieder je nach Saison auf dem Dachboden oder im Neubau oder im alten Austraghaus wohnen. Bei starker Nachfrage werden zusätzlich sogar Räume im Neubau vermietet. Der eine Sohn wohnt nur wenige Wochen im Jahr im eigentlichen Bauernhaus, ihm steht dann ein „hotel-room", wie er ihn mit deutlich abwertendem Ton bezeichnet, zur Verfügung.
Die in den Privathäusern zu vermietenden Zimmer werden ausgebaut, möglichst mit sanitären Anlagen, Zentralheizung, rustikaler Einrichtung und Zimmernumerierung versehen. Man will den Ansprüchen der Städter gerecht werden, die einerseits zwar die Alternative zur Stadt, Ruhe, Unberührtheit und romantische Atmosphäre suchen, andererseits aber städtische Vorteile, Abwechslung, Bequemlichkeit und Komfort nicht missen wollen. Auch verpflegungsmäßig will der Gast verwöhnt sein, das Landwirtschaftsamt Regen bietet folglich sogar spezielle Kochkurse für Fremdenbewirtung an.
Eigene Familieninteressen und eigenes Familienleben werden zum Teil vernachlässigt, vor allem bei Vermietern, die immer wiederkehrende Gäste bewirten, die für ihr 10-, 15- und noch mehr-jähriges Urlaubsjubiläum amtliche Ehrungen erhalten und im Laufe der Zeit unweigerlich in einen einigermaßen engen Kontakt mit der Vermieter-Familie geraten. Somit werden sie sozusagen zu „zahlenden Familienmitgliedern". Gerade das befürchtete Beobachtet- und „Ausgeschnüffelt"-Werden von seiten der Fremden ist ein maßgebender Grund für viele Einheimische, nicht zu vermieten. Eine Nicht-Vermieterin gab an, daß sie keine Urlauber im Haus haben wolle, damit ihre Kinder „frei", d. h. ohne Rücksichtnahme auf Fremde, aufwachsen können. Die Kinder sollten aber auch einmal lärmen oder schmutzig nach Hause kommen dürfen. Außerdem könne es innerhalb der Familie zu Meinungsverschiedenheiten bezüglich der Aufnahme von bestimmten Urlaubsgästen kommen.
Bauernhof-Gäste bieten oftmals ihre Mithilfe in der Landwirtschaft an, das gezeigte Interesse ist allerdings meist von kurzer Dauer und für den Landwirt nutzlos, wenn nicht sogar hinderlich. Einige Landwirte fühlen sich gestört durch die „ewige Fragerei", aus Gründen der Höflichkeit kann die Mithilfe jedoch nicht abgelehnt werden. Bis das Wie der Arbeit, der Umgang mit dem Gerät dem Fremden erklärt ist und der sich eingearbeitet hat, hätte der Landwirt in den meisten Fällen die anstehende Arbeit längst selbst erledigt. Macht der Gast die Arbeit dann wirklich, so ist erfahrungsgemäß mit falscher Ausführung oder anschließend defektem

Gerät (z. B. abgebrochene Rechensprossen) zu rechnen. Wieviel andere Urlaubsgäste von ländlicher Lebensweise verstehen, läßt sich ablesen, wenn sie quer über eine zur „Mahd“ anstehende Wiese laufen, sich beschweren, weil die Kirchenglocken zu laut sind oder weil der Bauer morgens um acht bereits lärmbelästigend Traktor fährt; wenn sie — als Souvenirs — Milchkannen entwenden oder — wie bei einem in Viechtach veranstalteten Treffen Landwirt/Urlauber — fordern, daß die Wanderwege geteert werden, Umzäunungen fallen müssen und Hunde angekettet werden sollten. Im übrigen wirft die Vermietung an Fremde immer wieder Probleme auf beim Ausfüllen von Einkommenserklärungen oder ähnlichen Formularen. Zuweilen verärgert über einige Urlaubsgäste sind auch die einheimischen Jäger. Sie befürchten nicht zu Unrecht, daß die Fremden die gekennzeichneten Wanderwege verlassen oder daß sich das Wild an den gelben Regenmänteln und den roten Gummistiefeln „schrecken“ könnte. Ein Jagdpächter aus Blossersberg bei Viechtach hatte überdies große Mühe, aus einem Urlaubsprospekt gestrichen zu werden, in dem ohne sein Wissen — geschweige seine Zustimmung — seine Adresse mit dem Hinweis angegeben war, daß in seinem Revier auch für Urlauber die Möglichkeit bestehe zu jagen.

Einheimische Verkehrsteilnehmer beklagen sich über den Fahrstil einiger Urlauber, die zum Teil mehr die Gegend als die Straße beachten, oftmals mit den kurvenreichen, ampellosen Straßen nicht zurecht kommen oder für den Winterverkehr nicht entsprechend ausgerüstet sind oder gar — wie einige britische Urlaubsgäste — das Rechtsfahrgebot mißachten.

Die Gäste in touristischen Großwohnanlagen kommen in der Regel weit weniger mit der einheimischen Bevölkerung in Kontakt als etwa Dauergäste in Privatquartieren. Gerade der jüngere Teil der einheimischen Bevölkerung aber hat die anfängliche „Schwellenangst“ weitgehend abgelegt. So werden etwa Diskotheken und Kneipen innerhalb von Hotelkomplexen aufgesucht, manchmal mit dem alleinigen Interesse, welche neuen „Preiß’n-Weiber“ eingetroffen sind. Sogar der Heiratsmarkt läßt diesbezüglich Auswirkungen erkennen. Außerdem wird bei der Bevölkerung das neue, größere Angebot an Aktivitäts- und Freizeitmöglichkeiten (oft in Großprojekt-Nähe) positiv bewertet und auch entsprechend genutzt. Hier ist in erster Linie an die Gastronomie-Betriebe und die mannigfaltigen Sportanlagen zu denken. In den Gaststätten zeigt sich allerdings oft eine Absonderung der Einheimischen von den Fremden (ein Befragter sprach in diesem Zusammenhang von „Wirtshaus-Ghettos“), teils von einer der beiden Gruppen, teils sogar vom Wirt so gewollt. Bei manchen Wirten ist die einheimische Bevölkerung während der Saison unbeliebt, man befürchtet eine Störung des Erholungsanspruchs der Gäste und des eigenen Ansehens als gepflegter Gastronomiebetrieb; Stammtische werden teilweise in „Nebenstüberl“ (möglichst mit separatem Eingang) umgesiedelt.

Als schwer überwindbares Kontakthindernis erweist sich immer wieder die „Sprachbarriere“. Bei vielen, vor allem älteren Waldlern besteht eine gewisse Hemmung, Hochdeutsch zu reden. Man kennt dieses Hochdeutsch zwar vom (seltenen) schriftlichen Gebrauch her; mündliche Verkehrssprache aber ist mundartliches Bayerisch, das sich allerdings vor allen Dingen in den Kleinstädten im Rückzug befindet mit Tendenzen zu einem verkünstelten „Hoch“-Bayerischen, wie man es etwa von den Medien her kennt. Hochdeutsche Formulierungen sind also für viele Einheimische mühselig (z. B. „Jetzt muß ich das Hoflicht ausreiben“) und daher ein tragender Beweggrund dafür, daß selten ein Einheimischer, insbesondere Nicht-Vermieter, ein Gespräch mit einem Urlauber beginnt. Die meisten „Gespräche“ beschränken sich ohnehin auf eines mit „Frage/Antwort-Charakter“, z. B. „Fährt der Bus nach ...?“ „Ja/Nein“ oder „Wo geht es hier nach ...?“. Geradezu als unüberwindlich erweist sich die „Sprachbarriere“ im Umgang mit Urlaubern aus dem Ausland. So ergriff kürzlich der 12jährige Sohn einer Vermieter-Familie die Flucht, als er seine schulischen Englisch-Kenntnisse nützlich einsetzen sollte.

Der Einfluß des Fremdenverkehrs auf die Landschaft ist im wahrsten Sinne des Wortes unübersehbar. Mit der Entwicklung des Fremdenverkehrs ging eine rege Bautätigkeit und Zersiedlung der Landschaft einher. Es enstanden Hotels, Fremdenheime, Pensionen, Ferienappartementhäuser, ganze Feriendörfer, Campingplätze, Parkanlagen, Naturparks. usw. In die Wälder wurden breite Schneisen geschlagen für Skilifte, Rodelbahnen, Langlaufloipen und für neue Straßen. Auch an den Ortsbildern ist der Einfluß des Fremdenverkehrs erkennbar. Städtische Architekturelemente wie auch Ergebnisse mißverstandener Rückbesinnung (z. B. Überbetonung des „Rustikalen“) sind in den Fremdenverkehrsorten anzutreffen. Die Orte wurden und werden auf fremdenverkehrsgerechtes Aussehen getrimmt. Besonders auffällig, weil im Bayerischen Wald vormals nicht vorhanden, sind die sogenannten Schwerpunkthotels. Allein schon die Größe dieser Projekte ist mit den landschaftlichen Gegebenheiten meist unvereinbar. Der Gegensatz zwischen Landschaft und Projekt wird noch unterstützt durch das vorzugsweise verwendete Baumaterial Beton und die Übernahme städtischer Bauelemente.

Die Landschaft veränderte ihr Gesicht entscheidend, sie wurde fremdenverkehrsgerecht „hergerichtet“. Die zusätzlichen Menschen- und Blechmassen im Bayerischen Wald bewirken unumgänglich eine höhere Umweltbelastung. Es mögen hier die Stichworte Müllbeseitigung, Lärmbelästigung, Gewässerverschmutzung, Luftverunreinigung, gestörter ökologischer Haushalt genügen.

Man wird sich Gedanken machen müssen, ob man weiterhin derart in die Landschaft, die Erholungslandschaft, eingreift, wenn nicht die eingangs genannten natürlichen Voraussetzungen für den Fremdenverkehr zerstört werden sollen. Allein mit „künstlichen“ Voraussetzungen in seinem Zuständigkeitsbereich wird selbst der „gewiefteste“ Tourismus-Manager auf die Dauer erfolglos sein.

Fremdenverkehrsgegner versuchen, Ausmaß und Folgen des Tourismus abzuschwächen. Sie befürchten eine gnadenlose Ausbeutung des Bayerischen Waldes von der landschaftlichen, der wirtschaftlichen und kulturellen Seite her; ein Überhandnehmen des Einflusses des Fremdenverkehrs. Die fremdenverkehrsfeindlichen Meinungen äußern sich auch konkret. Im Gespräch unter Einheimischen wird der Fremdenverkehr oft verflucht, es existieren Autoaufkleber „HeidafdNachtwerdnPreißngschlacht“, die Kötztinger „Patriotische Alternative“ tingelte mit ihrem Film „Und ewig brüllen die Wälder“ durch den Bayerischen Wald. In diesem Film begeht ein Urlauber Selbstmord nach dem schrecklichen Traum von fremdenfressenden Urwesen (verursacht durch die abendliche Lektüre einer Zeitungsnotiz vom mysteriösen Verschwinden von Urlaubern im Bayerischen Wald); in Viechtach starteten vor wenigen Jahren Unbekannte eine nächtliche Aktion, in der sie Autos von Urlaubern mit Zetteln „Hau ab!“ versahen.

Von Ausbeutung des Bayerischen Waldes durch den Fremdenverkehr kann man in vieler Hinsicht sprechen. Die Erholungslandschaft wird ausgenutzt, bestimmte, künstlich geschaffene Einrichtungen (Großhotels, Skilifte etc.) dahingehend verändert, daß sie an Erholungswert und Östhetik verliert. Die Schuld trifft hier beide Seiten: Einheimische und Fremde. Die einheimischen Fremdenverkehrsförderer wollen möglichst viele Urlauber anlocken, damit die Kasse auch weiterhin klingelt; die Fremden wollen ihrerseits auf gewohnten Komfort und Bequemlichkeit nicht verzichten, so daß moderne, städtische Einrichtungen notwendig werden. Unter solchen Voraussetzungen ist es unmöglich, Ursprünglichkeit und Ruhe zu erhalten, die ja angeblich gesucht werden und deren Erhaltung demnach auch Ziel der Fremdenverkehrsförderer sein müßte. Wirtschaftlich wird der Fremdenverkehr sowohl von Einheimischen (Vermietung, erhöhter Geschäftsumsatz) als auch von Fremden (Großprojektplanungen, zum Beispiel Steigenberger Konzern) genutzt. Ausgebeutet fühlt sich durch den Fremdenverkehr im Bayerischen Wald wahrscheinlich keiner: die einheimischen Vermieter sind erfreut über die zusätzliche Einnahmequelle, die Fremden über das geringe Preisniveau. Die Leidtragenden sind hauptsächlich die Nicht-Vermieter, die anscheinend keine Fremden haben wollen, zumindest nicht innerhalb der eigenen vier Wände. Sie verdienen nicht am Tourismus, werden aber trotzdem mit der Urlaubermasse konfrontiert.

HERMANN LENZ

Der Pferdeputzer

In dem Steinhaus an der Straße
Schwarzenthal zu,
Wo der Hundertzweijährige wohnt
  und täglich
Seine zehn bis fünfzehn SALEM-
Zigaretten raucht und aussieht,
So, als wär er höchstens sechzig Jahr alt
Und noch immer Straßenwart wie früher,
Wohnten Anno siebenunddreißig
Ein paar Zöllner,
Inspektoren und Respektspersonen
Samt und sonders,
Hatten Pferde, ritten auf den Pferden,
Fuhren Kutschen,
Und der heute einundneunzig Jahre alte
Blöchl,
Dieser Junggeselle, dem die Pfeife
  mit dem langen
Porzellankopf immer noch im Mund hängt
Und der jetzt im Krankenhaus
  von Freyung
Seine Altersteebee auskuriert,
  derselbe putzte
Dazumal die Pferde für die Inspektoren
Dort im Steinhaus.

Dieter Hoffmann zum Vierzigsten

Herbert Achternbusch

Das Haus am Nil

(Auszug)

Die Biologen rätseln über das Weißtannensterben und ich weiß es: die Preißen mögen sie nicht. Aber nur die allerwenigsten Einheimischen haben so viel Profit, daß sie sich in ihrem Wald jeden zweiten Baum aus Plastik leisten können. Schließlich kostet es auch Geld, für die Seniorenpreißen die Straßenränder mit Edelweißpflanzungen zu festigen und im Winter den viel teureren Zucker zu streuen, damit das salzempfindliche Edelweiß nicht eingeht. Noch teurer kommen die tiefen Straßengräben, von denen aus die Königinnen der Blumen mit gestrecktem Arm gepflückt werden. Das seien alles nur Randerscheinungen, meinte Erwin Eisch in Frauenau. Auch der Kopf ist eine Randerscheinung. Die Seele ist im Bauch. Seinem 79jährigen Vater und seiner 71jährigen Mutter hat er ein Haus gebaut, weil sie halt auch ein Häusl wollen. Ein Waldlerhaus, gelobt sei Jesus Christus. Und der Landrat? Der Eisch macht das schon richtig. Und die Kosten? Billiger als so ein Vogelschißhaus. Der Eingang wieder im Süden, weil man da sitzen mag. Das seit 50 Jahren ist keine Architektur ... grüne Augen hat er auch. Das letzte Bauernhaus in Frauenau zerfällt. Als ich es fotografiert hatte, sagte ich: Herr, gib ihm die ewige Ruhe. Dann saßen wir im Gasthaus für Einheimische und tranken und redeten, die Rationalisierung. Daß ein jeder nach wie vor arbeiten muß, daß ihm die Zunge bis zum Boden heraushängt. Und damit er nicht sagen kann, wie beschissen er das eigentlich findet, steigen ihm die schwarzen Teufel auf die Zunge.
Mei, und das sage ich dir, die haben Militärstiefel an mit einem mordsmäßigen Profil, und das Profil drücken sie, brennen sie der Landbevölkerung in die Zunge ein, so daß die gar nichts mehr anderes sagen können als den Schmarren, den sie jetzt auf der Zunge haben, und innerlich immer mehr verkommen. Leer werden, fabrikationstauglich, militant und selbstlos. Nicht einmal eine Kuh ist mehr schön und wurde doch früher mit der Venus verglichen. Es geht dahin. Der Krieg ist nahe. Das Ende. Der Eimer ist offen. Der Abfall ist da. Im Ernstfall, wenn die Russen kommen, dann wird der ganze Bayerische Wald atomverseucht, damit sie nicht hindurchkönnen. Dieses Natogeheimnis plauderte uns ein Bundeswehrgeneral aus. Wir hatten ihm so einen Fetzen Rausch angehängt, daß er nur noch krähte. Obrigkeit ist unser Bier, lallte er, prost! Ein Metzger sagte, daß er ins Hölzl hinteregeht, wenn es soweit ist. Im Krieg ist er auch ins Hölzl hintere, wenn es auf seinem Schlachtschiff auf hoher See recht zugegangen ist, sagte er. Der Pongratz sagte, daß er sich unter eine Käseplatte legt, weil er gehört hat, daß der Emmentaler die radioaktiven Strahlen abhält. Ein anderer war nach wie vor für Atomkraftwerke, und ich sagte zu ihm, daß bei ihm die Dummheit so tief drinhockt, daß es bei ihm erst dämmert, wenn er so mißgebürtige Kinder hat, daß er sie nach der Geburt gleich wegschmeißen kann. Er ärgerte sich so, daß er mich bedrohte. Unterm Tisch gab ich Susn mein Messer. Bei uns im Dorf ist ja früher so viel Messer gestochen worden, daß ganze Laken Blut herumgelegen sind, und erst wie das Ringen angefangen hat, ist das Raufen gar gewesen. Was, schrie er. Brauchst keine Angst haben, sagte ich, einer, der mit dem Fuß eine Faust machen kann, ist kein Messerstecher. Und ich zeigte es ihm auf dem Tisch.

Dann fuhren wir noch zum Zwiesler Waldhaus. Hier stehen die letzten großen Bäume. Ihre Äste laden zum Aufhängen ein. Beim Weggehen legte ich Susn die Hand auf den weißen Rücken. Ich habe mir das gerade gewünscht, sagte sie.

Was möchtest du machen
wenn sie dir die Friedenspalme
aus der Pratzen schießen.

Heinrich Lautensack

Aus dem Altbayerischen Puppenspiel das Lied der frommen Bäuerin am Herd

Das eine tröst mich noch,
das ist ein Hoffensloch:
Bleib ich dem Bauern treu
und pflanz ihm kein Geweih,
    komm in den Himmel ich
    ganz sicherlich!

Aber wie schwer das hält,
das ist das Schwerst der Welt:
Immer so ganz allein
im Bette treu zu sein —
    was das Enthaltung heischt!
    was das entfleischt!

Treusein? das ist kein Stern.
Treusein heißt: magrer wern.
Treusein? das weiß ich schon,
das bringt nur Hungerlohn.
    Auf treuer Liegerstatt,
    da wirst nie satt!

Treusein wie Hafer sticht!
Treusein ... das mag man nicht!
Bei meinem Sonntagsrock,
da hängt ein Knüppelstock,
    der ghört der Eifersucht:
    der tut verflucht!

— — — — — — — — — — — — — —

Das eine tröst mich nur
und ist mir Glaubensspur:
Bleib ich dem Bauern treu
und pflanz ihm kein Geweih,
    komm in den Himmel ich
    ganz sicherlich,
    Amen.

Thomas Muggenthaler

„Damit die nicht zu groß werden ...“

Pemfling — ein Dorf stellt sich gegen die Nazis

Einleitung

40 Jahre nach dem Ende der faschistischen Diktatur ist eine wachsende Aggressivität neofaschistischer Gruppen festzustellen, denen eine auf Sozial- und Demokratieabbau, Ausländerfeindlichkeit und Nationalismus setzende Krisenbewältigung der Bundesregierung, aber auch das eklatante Unwissen über die Realität der NS-Zeit Vorschub leisten.
40 Jahre nach der Befreiung sind Gegner und Opfer oft vergessen, denken die meisten bei Widerstand an den 20. Juli und die Weiße Rose und vielleicht noch die Rote Kapelle, die lange, wie der kommunistische Widerstand allgemein, verschwiegen und verleumdet wurde.
Auch die ländlich-kirchlichen Konflikte mit den Nazis sind weitgehend vergessen: Aktionen, die oft nur Teilopposition waren und mit Massenloyalität in politischen Grundfragen einhergingen, aber gelegentlich auch mutig und grundsätzlich geführt wurden, und die nach der Zerschlagung der organisierten Arbeiterbewegung im Bayerischen Wald an Bedeutung gewannen.
Der folgende Beitrag versucht einen solchen Konflikt darzustellen. Einleitend noch einige kursorische Vorbemerkungen zur Haltung der Kirche und zum Widerstandsbegriff, der hier verwendet wird.
Die neuere Forschung erweitert zunehmend durch die Zuordnung des Begriffs ‚Resistenz‘ die Wahrnehmung oppositioneller Kräfte über organisierten antifaschistischen Widerstand hinaus auf alle Formen von Nonkonformität und Nichtmitmachen, die politische Bedeutung erlangten, ohne immer politisch motiviert gewesen zu sein. Dies geschieht mit dem Ziel, „überindividuelle Strukturen der Resistenz unter den Bedingungen der NS-Herrschaft in ihrer sozialen Fundamentierung und lokalen Konkretisierung“ aufzuzeigen. Der Münchener Historiker Martin Broszat definiert Resistenz demnach als „wirksame Abwehr, Begrenzung, Eindämmung der NS-Herrschaft oder ihres Anspruchs, gleichgültig von welchen Motiven, Gründen und Kräften her“. Resistenz konnte ihren Ausdruck finden in aktivem Gegenhandeln genauso wie in zivilem Ungehorsam (Umgang mit Juden, Verweigerung des Hitler-Grußes etc.) oder in der Aufrechterhaltung von Gesinnungsgemeinschaften.
Als Abgrenzung zu allen möglichen gegen NS-Normen gerichteten Handlungen und Haltungen gilt hier das Kriterium bewußter Opposition. Broszat zieht aus dem vom Münchner Institut für Zeitgeschichte getragenen Forschungsprojekt „Bayern in der NS-Zeit“ den Schluß, daß die agrarische Provinz (die vor 1933 durchaus Rekrutierungsfeld sozialer und kultureller Feindbilder und antidemokratischer Ressentiments war, an die die Nazis erfolgreich anknüpfen konnten) nach 1933 eine erstaunliche bäuerliche oder ländlich-kirchliche Resistenz an den Tag legte, die oft Züge von antimodernistischem Traditionalismus und prinzipienschwachem Interessensegoismus trug, sich aber auch durch weltanschauliche Immunität aus-

zeichnete. Die Herrenrassenideologie, die ns. Volksgemeinschaftsfiktion wie Hitlers expansive Kriegsführung verfingen auch ohne große Verfolgung und aktiven Widerstand nicht, schreibt Broszat. Kern dieses traditionellen katholischen Milieus und exponierte Gegner des NS waren auf den Dörfern oftmals mutige Pfarrer, die sich entgegen der Politik der Amtskirche aufmüpfig zeigten. Die Berichte der Gendarmeriestationen belegen für den Bezirk Cham, daß ab 1935/1936 die Pfarrer eine stärker oppositionelle Haltung einnahmen, die gegen die verschärften Zugriffe des NS-Staates auf kirchliche Einrichtungen gerichtet war. Diese Haltung ist in der Regel als Widerspruch, nicht aber als Widerstand zu bewerten, da eine grundsätzliche Ablehnung des faschistischen Staates nicht feststellbar war.

Nachdem die Kirchen im Wahlkampf 1933 noch die Parteien des Politischen Katholizismus (BVP/Zentrum) unterstützt hatten, signalisierten sie den neuen Machthabern schnell Anpassungsbereitschaft. So erklärte die Fuldaer Bischofskonferenz am 28. 3.1933 das neue Regime zur rechtmäßigen Ordnung und lehnte jedes „rechtswidrige und umstürzlerische Verhalten" ab. Die Zustimmung zum Ermächtigungsgesetz durch BVP und Zentrum und der Abschluß des Konkordats zwischen Vatikan und NS-Staat, das den kirchlichen Wirkungsraum vom Sog der Gleichschaltung auszunehmen versprach und gleichzeitig das Regime international enorm aufwertete, sind als „Parallelität und Entsprechung" (Böckenförde) zu sehen. Zu den blutigen Verfolgungen von Kommunisten und Sozialdemokraten, zu den Konzentrationslagern und zur Judenverfolgung schwiegen die Kirchenvertreter.

Nach einer von der Zurückhaltung der regionalen staatlichen Organe geprägten Phase 1933/1934 verschärfte Regierungspräsident und SS-Scharführer v. Holzschuher, von 1934 bis 1939 im Amt, das Vorgehen gegen die Kirche. Dies wurde durch den Tod von Gauleiter Hans Schemm 1934 erleichtert, der als religiös galt.

Besonders in den Jahren 1934—1937 waren die Kirchen beträchtlichen Repressionen ausgesetzt. Außer der erfolgreichen Intervention gegen die Euthanasie beschränkte sich die Kirche aber darauf, antichristliche Propaganda und Eingriffe des Staates in ihren Wirkungsbereich zurückzuweisen. „An ihrer grundsätzlichen Unterstützung des faschistischen Staates und seiner Politik änderte dies, wie sie selbst immer wieder beteuerten, überhaupt nichts", schreibt Kühnl, der diese Haltung nicht bloß als Denkfehler einer für antidemokratische und antikommunistische Positionen „anfälligen" Organisation verstanden wissen will, sondern die Kirche als Repräsentanten sozialer Interessen und als Institution politischer Macht betrachtet.

Die einzige gesellschaftliche Kraft — auf das sei hier noch hingewiesen —, die der NS-Diktatur von Anfang an organisierten und grundsätzlichen Widerstand entgegensetzte, war die Arbeiterbewegung.

Diese zusammenfassende Darstellung basiert auf:

BÖCKENFÖRDE, E.-W., *Der deutsche Katholizismus im Jahre 1933, in:* ders., *Kirchlicher Auftrag und politische Entscheidungen, Freiburg 1973*

BROSZAT, M., *Bayern in der NS-Zeit, Bd. 1—6, insb.: Resistenz und Widerstand..., in Bd. 1, München 1977*

KÜHNL, R., *Der deutsche Faschismus in Quellen und Dokumenten, Köln 1977;* ders., *Der deutsche Faschismus in der neueren Forschung, in: NPL 83/1*

MÜLLER, H., *Katholische Kirche und NS-Dokumente 1930—1935, München 1963*

ZIEGLER, W., *Die kirchliche Lage in Bayern nach den Regierungspräsidentenberichten 1918—1945, Bd. 4, Mainz 1973*

Um eine anschauliche und nachvollziehbare Rekonstruktion dieser dörflichen Auseinandersetzung zu ermöglichen und die Formen von Widerstand und Verweigerung mit „ihren Voraussetzungen und Anlässe(n) faßbar und verständlich zu machen", wurde bewußt eine erzählerische Form der Darstellung gewählt — eine Methode, die Elke Fröhlich im Band 6 der Reihe Bayern in der NS-Zeit angewandt hat.

Damit der Erzähl-„Fluß" nicht durch unzählige Anmerkungen gestört wird, sind hier alle Quellen, auf denen die Darstellung basiert, gesammelt angegeben:

— Staatsarchiv Amberg: Bestand Bezirksamt Cham 5196 und 5206. Dies ist eine Sammlung der Berichte, die jede Gendarmeriestation monatlich über die Lage in ihrem Zuständigkeitsbereich verfaßt hat. Bestand Amtsgericht Cham, Strafsachen 77/38 („Schulboykott").

-- *Staatsarchiv Nürnberg: Bestand Sondergericht Nürnberg 3/39.*

-- *Stadtarchiv Cham: Chamer Tagblatt, Bayerische Ostmark, Waldzeitung.*

-- *Ziegler, Walter, Die kirchliche Lage in Bayern nach den Regierungspräsidentenberichten 1918--1945, Bd. 4. Viermal nimmt der Reg.präs. auf Pemfling Bezug: 9. 8. 37, 8. 3. 38, 7. 3. 39, 8. 5. 39 (S. 149 f., 194, 223, 229)*

-- *Die einleitenden Angaben zur Struktur der Gegend entstammen den Heften zur Statistik Bayerns und dem Gemeindebuch Pemfling.*

-- *Mündliche Auskünfte, für die sich der Verfasser an dieser Stelle ausdrücklich bedanken will, gaben: Lina Breitschaft, Georg und Franziska Dirscherl, Alfons Hauser (Bürgermeister), Fritz Mauerer und besonders Josef Brunhofer, der den Anstoß zu diesen Nachforschungen gab.*

-- *Benutzt wurden außerdem noch der erwähnte Band 6 „Bayern in der NS-Zeit" und die Stadtgeschichte von Hans Muggenthaler und Franz-Xaver Gsellhofer.*

Die Pemflinger Gegend

Die Gemeinde Pemfling zählte 1933 490 Einwohner und 277 Wahlberechtigte. Als Sitz der einschlägigen Verwaltungsstellen war der Ort auch das Zentrum des öffentlichen Lebens dieser Gegend. Gemeindeverwaltung, Pfarrsitz, Schule, Gendarmeriestation und Post befanden sich in Pemfling. Deren Wirkungsbereich war annähernd identisch und umfaßte neben P. die Orte Engelsdorf (319 Einwohner), Kager (142 Einwohner) und die nur aus wenigen Häusern bestehenden Kreuth und Elsing. Die Gegend war rein bäuerlich strukturiert, die Einwohnerschaft ausschließlich katholisch. Von der Pemflinger Bevölkerung waren 17,9 Prozent im Bereich Industrie und Handwerk tätig, unter die Rubrik Arbeiter fielen 19,4 Prozent. In der Landwirtschaft waren 1939 beschäftigt in Pemfling 70,9 Prozent, Engelsdorf 86,7 Prozent, Kager 80,2 Prozent.

Ähnlich sah es in den benachbarten Ortschaften Grafenkirchen und Pitzling aus. Grafenkirchen, das auch Ort der folgenden Handlung sein wird, fiel unter die Zuständigkeit der NSDAP-Ortsgruppe und der Gendarmerie von Pemfling, hatte aber mit seinen 520 Einwohnern eine Expositur (eigenständige Pfarreinebenstelle) und eine Schule. In der Landwirtschaft dominierten Klein- und Mittelbauern. Angaben zur sozialen Lage der Bevölkerung liegen leider nicht vor. Nach den Aussagen der Befragten ist davon auszugehen, daß die allgemeine Armut auch in dieser Gegend das Leben prägte. Die meisten Stimmen bei den Wahlen verzeichnete bis 1933 die Bayerische Volkspartei (BVP), eine Art CSU-Vorläuferin. Über einen gewissen Einfluß verfügte auch der Bayerische Bauernbund (BBB). Die NSDAP konnte sich erst bei den Märzwahlen 1933 eine größere Wählerschaft erobern, wie übrigens in fast allen Gemeinden des Bezirks. Am 6. 11. 1932 erhielt die NSDAP im Bezirk 12,5 Prozent und in der Stadt Cham 21,3 Prozent der Stimmen. Am 5. 3. 1933 waren es im Bezirk 33 Prozent und in der Stadt 34 Prozent.

6. 11. 1932	BVP	BBB	NSDAP	KPD	SPD	Rest
Pemfling	121	34	2	8	2	6
Kager	45	—	3	—	—	3
Engelsdorf	76	47	—	4	—	1
Pitzling	76	37	5	7	—	1
Grafenkirchen	146	72	4	4	—	3

5. 3. 1933	BVP	BBB	NSDAP	KPD	SPD	Rest
Pemfling	112	29	85	—	2	1
Kager	40	1	41	—	—	—
Engelsdorf	68	30	46	—	—	4
Pitzling	69	34	65	5	1	3
Grafenkirchen	129	70	44	6	2	—

Der Gemeinderat wurde 1933 vollständig neu besetzt, mit Ausnahme des Bürgermeisteramtes.

Die „Chamer Heimat-Zeitung" meldete am 12. 5. 1933:

„**Pemfling.** Die Gemeinderats- und Bürgermeisterwahlen in Pemfling hatten folgendes Ergebnis: NSDAP 4 Sitze, BVP 4 Sitze. Als 1. Bürgermeister wurde nach vorausgegangener Stichwahl und Losentscheidung Pg. Joseph Zwicknagl gewählt. Aus der Wahl zum 2. Bürgermeister ging Pg. Hauptlehrer Schmidt hervor. — In den Gemeinden Kager und Engelsdorf wurden nur NSDAP-Vorschläge eingereicht, so daß sämtliche Gemeinderäte Nationalsozialisten sind. (. . .) — Die Sammlung für die bayerische Jugend hatte im Bereiche des Schulsprangels Pemfling das erfreuliche Ergebnis von 64.95 RM., ein erhebendes Zeichen unserer Bevölkerung für die Erziehung unserer Jugend im nationalen Sinne mitzuwirken und Opfer und Mühen nicht zu scheuen. Den fleißigen kleinen Sammlern sei besonderes Lob gespendet."

Es ist davon auszugehen, daß die BVP-Gemeinderäte in Pemfling ihre Ämter bald niedergelegt haben. Ebenfalls darf man annehmen, daß vor 1933 fast alle Gemeinderatsmitglieder der BVP oder dem BBB nahegestanden haben, aber nur vereinzelt parteipolitisch organisiert waren. Bürgermeister Zwicknagl war von 1929—1945 im Amt. Vor 1933 parteifrei, bekleidete er nach 1933 kurzzeitig das Amt des NSDAP-Ortsgruppenleiters, wurde aber bald von Hauptlehrer Georg Schmidt abgelöst. Zwicknagl galt allgemein als um Ausgleich und dörflichen Frieden bemüht. Die Bevölkerung war mit ihm zufrieden. In dem hier darzustellenden Konflikt zwischen NSDAP und Kirche, konkret: zwischen Hauptlehrer Georg Schmidt, dem SA-Scharführer und Postboten Heinlein und dem Gendarmeriehauptwachtmeister Alt auf ns. Seite und Pfarrer Kolmer als Vertreter der Kirche auf der anderen Seite war Zwicknagl nicht sichtbar beteiligt.
Über die Stärke der NS-Organisationen gibt es keine Angaben. Die Gendarmerie berichtet am 27. 5. 1937 lediglich, daß sich einige Vereinsführer (Ackerbauverein, Schützenverein, Raiffeisenverein) und einige Beamte geweigert haben, in die Partei einzutreten, u. a. der Lehrer Hubert Breitschaft aus Grafenkirchen. Auf ihn werden wir noch zurückkommen. Allgemein wies der Bericht darauf hin, daß „vor allem von den Vermöglichen nur eine ganz geringe Anzahl" der Partei beigetreten sind, z. T. wohl deswegen, weil sie auf das Winterhilfswerk etc. nicht angewiesen waren.

Konstellation und Entwicklung des Konflikts bis 1936

Mit Wirkung vom 1. 7. 1933 wurde Johann Kolmer zum Pfarrer von Pemfling ernannt, wohin er Mitte Juni berufen worden war. Er war kein unbeschriebenes Blatt mehr. Seit 1926 war Kolmer in Cham als Benefiziat tätig. 1927 wurde er dort in den Vorstand der BVP gewählt. Noch am 3. 6. 1933 war er als Mitglied des Jugendamtsausschusses des Bezirkstages wiedergewählt worden. Ein in Cham geplanter Pfarrabend mit Abschiedsfeier für Kolmer fiel unter das vom bayer. Staatsministerium erlassene Verbot von Versammlungen und Kundgebungen, mußte also ausfallen, bedauerte das „Chamer Tagblatt", eine dem politischen Katholizismus verpflichtete Zeitung, die über diese Vorgänge regelmäßig berichterstattete.
Die kirchentreue Bevölkerung von Pemfling schloß den rührigen und volkstümlichen Seelsorger bald in ihr Herz. Mit den Männern schoß er auf dem Dorfweiher Eisstock und einmal, als die Glocken schon zum zweiten Mal läuteten, soll er kurzentschlossen gesagt haben: „Gei, spiel' ma no a Bandl!". Sonntags kam er regelmäßig ins Dorfwirtshaus zum Schafkopfen und er war als guter Spieler geschätzt. „SA marschiert — der Kolmer-Pfarrer chauffiert" soll er einem an der Straße stehenden SA-Mann zugerufen haben. Eine Anekdote, die bereits die Achtung der Bevölkerung vor seiner couragierten Haltung den Nazis gegenüber zum Ausdruck bringt.
Bis zum Heldengedenktag 1934 (29. 4.) war die politische Lage in Pemfling ruhig. Pfarrer Kolmer beteiligte sich bei den festlichen Umzügen, an denen auch die Gliederungen der Partei teilnahmen, resümiert einige Jahre später die örtliche Gendarmerie. Nach seiner ersten „hetzerischen Predigt" aber am 29. 4. nahm er nicht mehr an festlichen Anlässen teil. Die Bevölkerung, die bis dahin regen Anteil an diesen Feierlichkeiten nahm, richtete sich nach dem Verhalten des Pfarrers, heißt es in diesem Bericht. Ab diesem Zeitpunkt galt das Interesse der Bevölkerung und der überwachenden Behörden (Ortsgruppenleitung, Gendarmerie) den Sonntagspredigten Kolmers. Fast jede Predigt benutzte er, um „in versteckter Form zu hetzen". Wiederholt predigte er gegen Rosenbergs „Mythos des 20. Jahrhunderts". Er nahm sogar das Buch mit auf die Kanzel, um daraus zu zitieren. Seit 400 Jahren habe es keine solche Gefahr für die Kinder mehr gegeben, und die Eltern sollten ihre Kinder in echt katholischem Geiste erziehen, mahnte Kolmer im April 1936 angesichts des Verbots der kirchlichen Jugendorganisationen. „Terror" nannte er, was in verschiedenen Großstädten von den maßgebenden Stellen getan werde, um die Bevölkerung für die Gemeinschaftsschule zu gewinnen. Dies habe mit

Pfarrer Kolmer.

dem Recht nichts mehr zu tun (Sept. 1936). Auch zur Verteilung des Winterhilfswerkes nahm er kritisch Stellung und forderte die zuständigen Stellen auf, nur an Würdige zu verteilen (Okt. 1936).
„Soweit haben wir es gebracht in diesem herrlichen Dritten Reich!", fügte er der Verlesung des Hirtenbriefes der bayerischen Bischöfe am 13. 12. 1936 an der die Staatsjugend betreffenden Stelle hinzu. In der gleichen Predigt wetterte Kolmer gegen eine „Witzseite" im „Stürmer" und erklärte: „Ich werde beim Eintopf niemals mehr etwas geben, weil im Stürmer, diesem Schmutzblatt, die Ehre der Geistlichen aufs Gröblichste beschmutzt wird" und fügte hinzu: „Wie sie lügen, lügt nur so weiter, etwas bleibt schon hängen".
„Sie sollen doch nur einmal aufhören mit dem Schwindel von der Volksgemeinschaft, wenn doch nur der katholische Bevölkerungsteil beleidigt wird", äußerte er am 21. 2. 1937 in seiner Predigt. Einen Monat zuvor, am 2. Januar, sagte er: „Dem Christentum geht es an den Hals, das geht alles Stück für Stück, zuerst die Schulschwestern, dann die Maristen, es wird im übrigen auch unseren Exerzitienheimen drangehen . . ." und mahnte die Bevölkerung, die letzten Möglichkeiten für Exerzitien zu nutzen.
In einem „Vorwort" zu dieser Predigt nahm Kolmer wieder scharf zum „Stürmer" Stellung. Gegen die lokalen Repräsentanten von Staat und Partei gerichtet, merkte er an: „Da können jetzt die anderen wieder schreien: der Pfarrer hat heut wieder gehetzt. Ich fürchte mich nicht. Die können machen, was sie wollen. Ich tue meine Pflicht. Die können sich jetzt nach dem Gottesdienst wieder hinsetzen und einen Bericht nach Cham hineinschreiben. Die gehen bloß in die Kirche, um zu luchsen, die sollen draußen bleiben, die sollen aus der Kirche austreten, die sind schon längst vom Glauben abgefallen und sind nur dürre Zweige an der katholischen Kirche . . .".

Gelegentlich pflegte er von der Kanzel aus einen Blick auf den Chor zu seinem Gegenspieler, Lehrer Schmidt, zu werfen, der in den ersten Jahren der NS-Zeit noch als Organist tätig war, etwa wenn er, ironisch anspielend auf die Dorfsituation, von „Dorfherrgöttern und Maulhelden" predigte, die nur Worte haben, aber nichts leisten. Die Kirchenbesucher drehten sich dabei gleichfalls zum Chor. Lehrer Schmidt soll seinerseits schon mal NS-Melodien angespielt haben in der Kirche, wie ein älterer Pemflinger, der nicht genannt werden wollte, berichtet. Den Posten des Organisten gab Schmidt bald auf. Auch SA-Führer Heinlein besuchte Kolmers Gottesdienst nicht mehr, wegen dessen Predigten. Sonntags ging er statt zur Kirche mit seinen SA-Leuten nach Cham. Von der Bevölkerung wurde dies „als Anlaß zur Hetze genommen", berichtet die Gendarmerie.

Hauptlehrer Schmidt, vor 1933 als passabler Lehrer geachtet, geriet mit zunehmender Polarisierung zwischen Kolmer und den Exponenten des NS, bei der kirchentreuen Bevölkerung immer mehr in Mißkredit. Von Anfang an standen die meisten Pemflinger klar auf der Seite des Pfarrers.

Die Gendarmerie beurteilte die Stimmung am 29. 8. 1934:

„Der Geist des NS findet schlecht Eingang in die Menschen... Mit verschwindend geringen Ausnahmen herrscht unter den Leuten noch der frühere Parteigeist. Das hat so recht die Vorbereitung zur Volksabstimmung gezeigt. Der OGL Schmidt hat keine Mühe und Arbeit gescheut, ließ in jedes Haus eine schriftliche Einladung verbringen zur Anhörung der Führerrede am 17. 8. 1934 (in jedem Dorf organisierte er ein gemeinschaftliches Radiohören in einem Wirtshaus, TM). Während die Leute von Kager geschlossen in großer Zahl anmarschierten und auch aus Engelsdorf etwa 80 Leute anwesend waren, und alle übrigen Lokale einen guten Zulauf hatten, waren in Pemfling nur 23 Personen anwesend..."

Pemfling lag mit der Zahl der Nein- und Ungültig-Stimmen (ca. 10 Prozent) — wie bei den Volksabstimmungen und Reichtstagswahlen 1936 und 1938 — in etwa im Bezirksdurchschnitt (Cham 1934: 13,2 Prozent Negativstimmen). Das Beispiel Ränkam in dem anschließenden Beitrag über die Deutschlandberichte der SOPADE zeigt, daß bei der Beurteilung der Ergebnisse auch der Druck untersucht werden müßte, der vor Ort ausgeübt wurde. Bevor wir den Pemflinger Konflikt weiterverfolgen, noch ein kleiner Abstecher nach Grafenkirchen, um die politische Situation in dieser Gegend präziser zu erfassen und um das Schicksal eines Antifaschisten angemessen zu würdigen.

Auch in *Grafenkirchen* stand die Bevölkerung auf der Seite des Pfarrers. „Die war'n ja früher stockkatholisch", erinnert sich Lina Breitschaft, die Witwe des Mitte November 1933 auf dessen Wunsch hin nach Grafenkirchen versetzten Lehrers Hubert Breitschaft, und fügt hinzu: „Mir ham glei gmerkt, daß da koa Nazi-Gsellschaft da is'".

Der Lehrer Hubert Breitschaft (Paßfoto von 1939).

Hubert Breitschaft war ein entschiedener Gegner von Wiederaufrüstung und Wehrpflicht. Er sah, daß das NS-Regime zum Krieg treibt, fühlte sich aber keiner bestimmten politischen Strömung zugehörig.

1937 trat er nach seiner anfänglichen Weigerung doch der NSDAP bei, nachdem ihn Schulrat Putz vorgeladen und ihm erklärte hatte, er könne ihn ansonsten nicht mehr halten, er sei nämlich der letzte Lehrer in seinem Kreis, der nicht in der Partei sei. Der Großteil war übrigens, sofern nicht schon vorher Nazi-Anhänger, unmittelbar nach der Machtübernahme in die NSDAP gegangen. In demselben Jahr wurde Expositus Alois Gigler angezeigt, weil er das Beichtzetteleinsammeln dazu mißbraucht habe, „sich über politische Dinge kritisierend zu unterhalten", berichtete der Regierungspräsident. Auf dem Lande sammelten nämlich die Pfarrer die Osterbeichtzettel von Haus zu Haus ein und nahmen die üblichen Gaben entgegen.

„Wenn ich durch's Dorf gehe, grinst dieses Dorf, ich weiß, daß hier ausgebuttert wird", vermutete der Pemflinger Gendarm und er hatte recht. In mehreren Häusern waren die verschiedenen Teile eines Butterfasses deponiert. Den rigorosen Sanktionen der faschistischen Kriegswirtschaft versuchten sich Teile der Landbevölkerung auch durch gelegentliches Schwarzschlachten zu entziehen — ein in der Kriegszeit hart bestraftes „Verbrechen". Ein Pitzlinger Bauer wurde 1942 z. B. wegen dieses Delikts vom Sondergericht Nürnberg zu einem Jahr Gefängnis verurteilt. Hubert Breitschaft wurde schließlich eine Äußerung des Bedauerns über das gescheiterte Attentat vom 20. Juli 1944 zum Verhängnis. „Es ist doch schad, daß sie ihn nicht erwischt haben, hat uns doch soviel Unglück gebracht", sagte er zu einem mit ihm befreundeten Postbeamten. Seine Frau, die sich nach seiner Einberufung geweigert hatte, die Parteibeiträge weiterzubezahlen, wußte, als sie ihn am 12. 10. im Gefängnis besuchte, daß sie ihn zum letzten Mal sah. Bei einem Bittbesuch in Berlin hatte ihr ein Adjutant Himmlers zuvor erklärt: „Sie müssen das verstehen! Das einzelne Schicksal muß dem Volksganzen untergeordnet sein!"

Johann Kolmer, der Pfarrer von Pemfling.

Am 12. Dezember 1944 wurde Hubert Breitschaft in Hannover erschossen.

Die Eskalation des Konflikts 1937—1939

Zurück nach Pemfling.

Zugespitzt hat sich die Konfliktentwicklung ab 1937 in einer Kette von Ereignissen:

22. 4. 1937: Wegen der erwähnten Predigten erhält Kolmer ein Religionsunterrichtsverbot. Seiner Pfarrgemeinde teilt Kolmer das von der Kanzel aus mit und gibt gleichzeitig bekannt, daß der Religionsunterricht von nun an in der Kirche stattfinden werde.

27. 6. 1937: An Fronleichnam wollen der Krieger- und der Feuerwehrverein von Pemfling mit Fahnen und Musik geschlossen an der Prozession teilnehmen. Die Gendarmerie, unterstützt von Schmidt und Heinlein, unterbindet dies gemäß einem entsprechenden Verbot.

In der darauffolgenden Nacht wird die Parteihoheitstafel, die erst am Tag zuvor am Dorfplatz aufgestellt worden war, ausgerissen und in den Dorfweiher geworfen. Der Täter wird nicht ermittelt. Der Dorfweiher liegt, nur von einer Straße vom Platz und der nahen Kirche getrennt, im Zentrum des Ortes.

Die Wohnküche des SA-Scharführers Heinlein (Polizeifoto; das Bleigeschoß ging durch die Birne der elektrischen Lampe [3] in die Wand [4] der Küche).

10./11.7.1937: In der Nacht werfen Dorfburschen Baumstämme in den Dorfweiher, beschädigen Blumenstöcke und machen allerhand Unfug.
Im falschen Verdacht, auch die Parteitafel einen Monat zuvor ausgerissen zu haben, werden sechs Burschen kurzzeitig festgenommen. Die Bevölkerung ist verärgert.
11.7.1937: Die Hoheitstafel wird wieder feierlich angebracht. NSDAP-Kreisleiter Schlemmer, die Chamer SA und Motor-SA sorgen für einen „angemessenen" Rahmen.
15.7.1937: Schlemmer hält im Schulhaus eine Versammlung, um die Bevölkerung über die Neuordnung des Religionsunterrichts aufzuklären, v.a., damit die angeblich irregeleiteten Eltern nicht mehr glauben, daß in der Kirche der ordentliche Religionsunterricht stattfindet.
Mittlerweile war ein Gesuch der Elternvertretung abgelehnt worden, in dem sie sich bei der Regierung für eine Rücknahme des Unterrichtsverbotes eingesetzt hatten. Bei der Versammlung ergriff die Bevölkerung geschlossen Partei für den Pfarrer und widersprach dem Kreisleiter sehr heftig. Die Leute forderten die Versetzung des Lehrers, dem sie das Verbot anlasteten.
19./20.7.1937: In der Nacht wird in die Wohnküche des SA-Scharführers Heinlein ein Kugelschuß und in das Schlafzimmer des Gendarmen Alt ein Schrotschuß abgegeben. Ganz leicht verletzt durch einen Glassplitter ist lediglich das 1½jährige Kind des Alt. Die polizeilichen Ermittlungen bleiben vorläufig ergebnislos.
September 1937: Einige Dörfler fahren zum Ordinariat nach Regensburg, um darum zu bitten, daß der Pfarrer bleiben dürfe. Offensichtlich war zu diesem Zeitpunkt die Versetzung Kolmers im Gespräch. Nach Möglichkeit wird dies zugesichert. Einer versucht anläßlich des Aufenthalts in Regensburg bei Oberregierungsrat Niedermayer von der Regierung Niederbayern/Oberpfalz, dem früheren stellv. Bezirksamtsvorsitzenden von Cham, Schmidts Versetzung zu erwirken — ohne Erfolg.

Die 21 m lange Geschoßbahn vom Schützen [4] bis zum Fenster [2] des Georg Heinlein.

Das Schlafzimmerfenster [1] des NSDAP-OGL Schmidt, durch welches der Täter [2] aus ca. 13 m Entfernung geschossen hat.

Das Haus mit der Mietwohnung des Gendarmen Alt im 1. Stock (Polizeifoto; in der Mitte das durchschossene Fenster).

Am 5.9. erbringt eine Caritassammlung in der Pemflinger Kirche einen Betrag von 518,— RM. Das ist mehr als die Hälfte des Wertes der Sachleistungen, die von den Bauern bisher durchschnittlich alljährlich im Rahmen des WHW gespendet worden sind, bemerkt der Regierungspräsident als Beispiel für die Stimmung im Dorf. Außerdem weist er darauf hin, daß das Religionsunterrichtsverbot sich als unwirksam, zum Teil sogar als völlig verfehlt erwiesen habe, da die Geistlichen in die Kirche auswichen, wie in Pemfling, und die romhörige Bevölkerung Schadenfreude empfinde.

8.12.1937: Eine Anzahl Eltern weigert sich, an dem abgeschafften Feiertag Mariä Empfängnis die Kinder in die Schule zu schicken. Von 200 Schulpflichtigen fehlen 37. Die Eltern werden vernommen. Sie gebrauchen Ausreden oder erklären, es sei eben Feiertag gewesen. Alle werden vom Schulamt angezeigt und erhalten Strafen zwischen 9,— und 21,— RM.

3.2.1938: Auf zwei Fenster des Schlafzimmers von NSDAP-OGL Schmidt werden drei Schüsse abgegeben. Der Regierungspräsident: „Der Tat liegt zweifellos ein politisches Motiv zugrunde. Schmidt hat sich bei dem größten Teil der Bevölkerung unbeliebt gemacht. Die Bevölkerung ist unter dem Einfluß des Pfarrers kirchenhörig".

5.2.1938: 50 Polizisten führen Untersuchungen größeren Rahmens nach Waffen und Munition durch, der Ort wird zwei Tage von der Außenwelt abgeschnitten. Sechs verdächtige und angeblich als „Hetzer" bekannte Personen werden wegen Verdunkelungsgefahr in Haft genommen und am 15.2. wieder entlassen. Die Ermittlungen bleiben lange ergebnislos. Die Bevölkerung war über die erneute Schießerei verärgert wegen der dauernden Unruhe im Dorf und wegen des schlechten Rufes, den das Dorf im Bezirk immer mehr bekommen hatte.

1.11.1938: Pfarrer Kolmer übernimmt zwangsversetzt die Pfarrei Ascha im Landkreis Bogen. Seine Pfarrkinder vergessen ihn nicht. Zu seiner Beerdigung, lange nach dem Krieg, fahren mehrere ältere

Pemflinger, um ihm die letzte Ehre zu erweisen.
20. 5. 1939: Die Hoheitstafel der Partei wird erneut ausgerissen und in den Dorfweiher geworfen. Angeblich zeigt sich die Bevölkerung sehr entrüstet, und es verlautet, der Täter solle nicht im Dorfe zu suchen sein. Die amtlichen Stellen machen sich diese Version zu eigen und werten die Tat als Antwort auf einen Vorfall in Cham. Dort hatte vor einem Monat ein Gerichtsassessor in einer Gastwirtschaft das Kruzifix entfernt und in den Regen (Fluß) geworfen.
Die Täter blieben lange unbekannt. Erst bei der Beerdigung von Michael Pfeilschifter, dem ersten Nachkriegsbürgermeister des Ortes, lüftete Pfarrer Geith das Geheimnis etwas. Im Namen des Toten entschuldigte sich der Geistliche bei der Bevölkerung dafür, daß beim ersten Mal sechs Burschen aus dem Dorf in Haft genommen worden waren. Michael Pfeilschifter, ein sehr katholischer Mann, hatte nämlich einige junge Männer bei den Aktionen angeleitet. Direkt beteiligt war er, nach Auskunft von Fritz Mauerer (Grafenkirchen), beim Tafelausreißen nicht. 1937 wurde die Tafel — Mauerers Bericht zufolge — von vier jungen Männern ausgerissen. 1939 waren Fritz Mauerer und Franz Pfeilschifter (Stiefsohn von M. Pfeilschifter), die beide bereits 1937 beteiligt waren, die Täter. Die eingemauerte und mit einem Querbalken verankerte Tafel rissen sie mit einem Pferd aus dem Boden. Dem Pferd hatten sie die Hufe mit Lappen umwickelt, um möglichst geräuschlos zu sein.
Fritz Mauerer, zu dieser Zeit Knecht bei M. Pfeilschifter, war 1937 unter den festgenommenen Dorfburschen. Er wurde sechs Wochen im Schwandorfer Gefängnis in Untersuchungshaft behalten. Nach seiner Entlassung kehrte er unmittelbar nach Grafenkirchen zurück, wo gerade eine NS-Feierlichkeit stattfand. Bei dieser Gelegenheit wurde er von einem NS-Aktivisten, den er mit „Grüß Gott" begrüßt hatte, zurechtgewiesen. Verärgert zertrümmerte er noch in der Nacht desselben Tages die soeben in Grafenkirchen gepflanzte „Hitler-Eiche" mitsamt dem drumherumgezogenen Zaun (ca. 2 x 2 m).
Das Resultat: In Grafenkirchen wurde keine Hitlereiche mehr gepflanzt.

Dem erneuten Ausreißen der Hoheitstafel war im Januar 1939 ein aufsehenerregender Prozeß gegen den Schützen vom 20. 7. 1937 und vom 3. 2. 1938 vorausgegangen. Das Urteil (2 x Todesstrafe) wurde von der Pemflinger Bevölkerung in seiner Härte als ungerecht empfunden.

Sondergericht Nürnberg: Todesstrafe für Michael Schlamminger

Am Dienstag und Mittwoch, dem 17. und dem 18. 1. 1939, tagte das Sondergericht in Cham. Der Prozeß gegen Michael Schlamminger und Georg Meier war das Gesprächsthema der Stadt. Von morgens 8 Uhr bis abends 8 Uhr dauerte jeweils die Verhandlung.

Am Abend des 2. Tages gab das Gericht das Urteil bekannt:

> „Wegen zweier Verbrechen gegen das Gesetz zur Gewährleistung des Rechtsfriedens, zweier Versuche des Verbrechens des Mordes, Vergehen gegen das Schußwaffengesetz und der Sachbeschädigung wurde der 60 Jahre alte Michael Schlamminger von Elsing z w e i m a l z u m T o d e und unter Einrechnung einer früheren Gefängnisstrafe von zwei Jahren zu einer Gefängnisstrafe von drei Jahren und sechs Monaten verurteilt... Der 57 Jahre alte Georg Meier von Kreuth wurde wegen Beihilfe unter Einrechnung einer früheren Gefängnisstrafe zu einer Gesamtgefängnisstrafe von drei Jahren verurteilt".
> (‚Bayerische Ostmark', 19. 1. 1939; Hervorhebung im Original)

Vor allen anderen Erörterungen ist die Frage zu stellen: War Schlamminger der Täter? Vieles spricht dafür. Meier gestand seine Beteiligung am 3. 2. und die Täterschaft von Schlamminger. Schlamminger selbst leugnete beim Prozeß die Taten zwar, soll dem obigen Pressebericht zufolge im Verlaufe der Verhandlung aber ein Teilgeständnis abgelegt, dann aber widerrufen haben. Im Gefängnis gestand er, sofern die Polizeivernehmungsprotokolle die Wahrheit wiedergeben, einem Spitzel, den ihm die Gestapo in die Zelle gesetzt hatte, seine Täterschaft.
Zwei Töchter Schlammingers bezweifeln entschieden seine Beteiligung. Für eine „Unschuld" fanden sich allerdings keine Hinweise, dennoch ist Schlamminger, wie jedem Opfer der faschistischen

Terrorjustiz, natürlich eine Unschuldsvermutung zuzugestehen. Eine „Schuld" wäre für ihn, wie wir sehen werden, kein Schandfleck, ganz im Gegenteil.

Zur Person: Michael Schlamminger, geb. 14. 6. 1878 in Kreuth, Gütler und Mauerer, hatte es als geschickter Handwerker zu einem kleinen Wohlstand gebracht.

Vorbestraft war er wegen teils gewerbsmäßiger, teils gewohnheitsmäßiger Jagdwilderei und wegen Schmuggel. Die Polizei ermittelte, daß Schlamminger mit einer Gruppe von Männern aus der Gegend jahrelang gewildert hat. Er galt als guter Schütze und war wohl auch eine harte Natur geworden. 1923 haben die Freischützen — das erzählen sich die Leute noch heute — sogar am hellichten Tag eine Treibjagd abgehalten, als der Jagdherr, der Baron von Waffenbrunn, gerade mit seinen Jägern im entgegengesetzten Teil seines Reviers eine Treibjagd veranstaltete. Diese „Delikte" müssen allerdings auf dem Hintergrund der materiellen Not dieser Zeit, der außerordentlich „günstigen" Lage der Orte Kreuth und Elsing, der Eigentumsverhältnisse und einer langen Tradition des Wilderns in dieser Gegend gesehen werden und sind als rudimentäre Formen sozialen Protestes zu bewerten. Knapp ein Jahrhundert vor unserer Geschichte berichtete z. B. Clemens von Paur, der frühere Waffenbrunner Gutsherr, daß, als im Zuge der Unruhen von 1848 auch die Landbevölkerung in der Chamer Gegend aufbegehrte — in der Stadt war es ruhig geblieben —, die Gerichtsuntertanen sich aufsässig benommen und Holzdiebstahl und Wilderei in erschrecklichem Ausmaß zugenommen hätten. Am 28. 3. 1848 zogen sogar die Bauern aus der Pemflinger Gegend nach Waffenbrunn, stellten dem Gutsherrn Forderungen und lärmten im Schloßhof, heißt es in der Stadtgeschichte von Muggenthaler/Gsellhofer. Die Dorfgeistlichen ergriffen übrigens Partei für die weltliche Herrschaft. Noch auf den Misthaufen sollen sie zu den Bauern gepredigt haben, um „größeres Unheil" zu verhindern. Doch ganz hat ihr Einfluß nicht ausgereicht, das Volk mit der gottgewollten Ordnung zu versöhnen. So wurde es halt mit Gewalt zur Räson gebracht. Um ein erfolglos operierendes Landwehrbataillon zu unterstützen, wurde auf Befehl des Königs ein Freicorps aufgestellt. Die Chamer Bürgerschaft soll sich aber bei der Beteiligung sehr zurückhaltend gezeigt haben, um es sich mit der Landkundschaft nicht zu verderben. Soviel zur Geschichte.

Um die Wilderei nicht romantisch zu verklären, sei noch daran erinnert, daß es in dieser Gegend auch zu Schießereien zwischen Förstern und Wilderern gekommen ist. Der Pemflinger Jagdaufseher Schindler z. B. starb 1948 an den Folgen eines Schusses, der ihn ca. 1933 in ein Bein getroffen hatte.

Doch wenden wir uns wieder dem Prozeß zu und denen, die über Schlamminger zu Gericht saßen. Michael Schlamminger hatte in der Verhandlung keine Chance. Der Fall wurde von den NS als politisches Verbrechen angesehen und mit der entsprechenden Härte geahndet. Betrachtet man die Besetzung des Sondergerichts, eine allgemein als verbrecherisch zu charakterisierende und nicht nach rechtsstaatlichen Kriterien urteilende Institution, wird klar, daß der Verbrecher in dieser Verhandlung auf dem Richterstuhl saß. Elke Fröhlich schreibt in „Bayern in der NS-Zeit" (Bd. 6) über Dr. Rothaug, der über viele Chamer Recht sprach:

> „Das bis zum Frühjahr 1943 von Landgerichtsdirektor Dr. Oswald Rothaug, ab 1. 5. 1943 von Dr. Rudolf Oeschey geleitete Nürnberger Sondergericht erwarb sich vor allem während des Krieges den Ruf eines besonders parteiischen drakonisch urteilenden Tribunals ...
>
> Kaum irgendwo anders im Reich war eine solche Equipe fanatischer oder opportunistischer ns. Juristen an die Spitze der politischen Justiz gelangt wie nach 1933 in Nürnberg. Den Kern bildete das Trio Oeschey, Schröder, Rothaug. Rothaug und Schröder kannten sich schon aus den 20er Jahren aus gemeinsamer Justiztätigkeit in Hof, sie standen beide im völkisch-nationalen Lager (Ludendorffianer), wenn sie auch erst 1937 bzw. 1938 offiziell der NSDAP beitraten, und erhielten 1933, offenbar wohlangesehen bei Nürnberger Parteigrößen, dort wichtige Posten in der Strafjustiz ... Rothaug zunächst (1933 bis 1936) als Erster Staatsanwalt bei der Nürnberger Staatsanwaltschaft, dann von April 1937 — April 1943 als Landgerichtsdirektor und gleichzeitig Vorsitzender des SG beim OLG Nürnberg (später avancierte er zum Reichsanwalt beim Volksgerichtshof in Berlin) ...
>
> Während der Kriegszeit sprach das von Rothaug und Oeschey geleitete SG überdurchschnittlich viele Todesurteile aus, was auch zu besorgten Anfragen des Reichsjustizministeriums führte ...
>
> Während der Nürnberger Juristenprozesse stellte sich heraus, daß Rothaug sich offenbar selbst gerühmt hatte, als Blutrichter oder „Henker von Nürnberg" bekannt zu sein ..."

Der ehemalige Nürnberger Landgerichtsdirektor Dr. Ferber, der sich nach 1945 sehr abfällig über Rothaug äußerte, wie Elke Fröhlich schreibt, war als Staatsanwalt an dem Verfahren beteiligt. Sein Antrag deckte sich mit dem Urteil. Das Gericht scheute keine Infamie, um die Schüsse vom 3.2.1938 und 20.7.1937 als Mordanschläge eines vom Pfarrer verhetzten Verrückten hinzustellen. Trotz aller Denunziationen des Angeklagten als „Psychopathen“ etc. betonte das Gericht den politischen Charakter der „Verbrechen“.

„Aus der Urteilsbegründung“ schreibt die ‚Bayerische Ostmark‘:

> „Diese Art der Mordversuche gehörten zu den raffiniertesten, die man sich vorstellen kann. Der Angeklagte Sch. hat mit voller Überlegung gehandelt. Daß rein politische Gründe zu den Anschlägen führten, ergebe sich allein daraus, daß gerade Sch. nicht den geringsten persönlichen Anlaß zu diesen Verbrechen haben konnte. Seine Anschläge waren ausgerechnet gegen die drei aktivsten NS in Pemfling gerichtet gewesen. Das war kein Zufall. Die Pemflinger Bevölkerung war durch die Predigten des Pfarrers Kolmer völlig verwirrt“.

Sondergericht in Cham (li. Schlamminger; 2. v. rechts: Meier).

In diesem Tenor wurde über das Urteil mit gezielter politischer Stoßrichtung gegen den Katholizismus in der Reichspresse berichtet. Stellvertretend für alle Berichte sei die Überschrift der „Hessischen Landes-Zeitung Darmstadt“ vom 21.1.1939 zitiert: „Der Pfarrer hetzte die Gemeinde auf“, Unterüberschrift: „Anschläge auf Parteigenossen wurden mit dem Tod gesühnt“.

Was waren nun die wirklichen Motive und was die Absicht?

„Damit die nicht zu groß werden, damit die sehen, daß wir auch noch da sind“, gab Schlamminger dem Gestapospitzel zur Antwort auf die Frage, warum er geschossen habe. Im Dorf seien zwei Parteien, die NS und die anderen, die kleinen Bauern, so Schlamminger weiter. Er erwähnte den Vorfall von Fronleichnam und sagte, an diesem Tag habe er sich vorgenommen, gegen die Großen etwas zu unternehmen — die Großen, das waren im Dorf der Gendarm, der Lehrer und der Postbote. Auf die Entgegnung, daß sie gegen die Regierung nichts ausrichten könnten, antwortete er: „Das verstehst du nicht, wir haben es ihnen doch gezeigt, daß sie nicht alleine da sind.“

Die Kinderbeihilfe sei nur eine Falle, um die Kinder in die Gemeinschaftsschule zu zwingen, und dem Pfarrer werde jedes Recht genommen, äußerte er ein anderesmal. „Ich glaub, du bist ein solchener, wenns dich einmal ausfragen, der einen hineingrabt bis über beide Ohren, dir sag ich nichts mehr“ — erklärte Schlamminger dem Spitzel zuletzt — zu spät.

Die ersten Schüsse am 20.7. gab Schlamminger ohne jede Unterstützung und ohne das Mitwissen anderer ab. Gezielt geschossen hatte er nicht. Eine Tötungsabsicht war zweifellos nicht vorhanden.

Auch am 3.2. handelte es sich nicht etwa um einen „Mordanschlag“, wie die NS behaupteten. Georg Meier, den Schlamminger am 3.2. mitnahm, gab in seinem Geständnis am 24.2.1938 an, sie hatten die Absicht, den Lehrer zu schrecken, damit er aus dem Dorf weggehe. Außerdem habe sich Schmidt, so

Meier weiter, wegen seiner gehässigen Äußerungen gegen den Bauernstand bei der Bevölkerung unbeliebt gemacht. Schlamminger war übrigens sehr enttäuscht über das Geständnis von seinem Freund Meier.
Unmittelbar politisch aktiv waren Meier und Schlamminger vor 1933 nicht. Der Zweitgenannte wurde in BVP-Nähe eingestuft, der Erste war eine Zeitlang BBB-Mitglied. Die Polizei urteilte: „Nach dem Umbruch zeigten Sch. und M. so auffällige Interesselosigkeit an dem politischen Geschehen, daß man bei ihnen eine staatsablehnende Haltung vermutete."
Am 11. 4. 1939 meldete die Amberger Zeitung, daß Michael Schlamminger „vom Führer begnadigt" wurde. Die Todesstrafe war in eine 10jährige Zuchthausstrafe umgewandelt worden. Für Schlamminger hatte die „Gnade" der NS nur „aufschiebene Wirkung". Er starb am 9. 10. 1943 im KZ Mauthausen, angeblich an „Herzschlag". Seine Angehörigen erhielten nach dem Krieg keine Entschädigung, im Gegensatz zu Georg Meier, der seine Haftstrafe und die NS-Zeit überlebt hat.

Schlußbemerkung

Der dargestellte Konflikt war kein unmittelbar politischer, auch von organisiertem Widerstand kann nicht gesprochen werden, gleichwohl entwickelte sich hier eine sich über Jahre hinziehende weltanschauliche Auseinandersetzung.
Deutlich steckt der Konflikt die Grenzen der Durchsetzungsmöglichkeiten im „Kampf um die Herzen" ab, den die NS nach dem Kampf um die Macht proklamiert hatten.
Er zeigt aber auch die Beschränktheit der Erfolgsaussichten lokaler Opposition, wie die Grenzen ihrer in der Zielsetzung begründeten Wirkungsmöglichkeiten. Dennoch war sie geeignet, ein Zeichen zu setzen. Sichtbar wird eine Vielzahl von individuellen wie kollektiven Formen von Opposition, von gewagten Taten, über engagierte Parteinahme bis zu kleinen, jedem und jeder zumutbaren Formen der Resistenz.
Pemfling, ein typischer Fall für den Bezirk Cham? Untypisch sind mit Sicherheit der spektakuläre Verlauf des Konfliktes und wohl auch die coura-

Der Pfarrer hetzte die Gemeinde auf

Anschläge auf Parteigenossen wurden mit dem Tode gesühnt

Cham, 20. Jan.

Das Sondergericht für den Bezirk des Oberlandesgerichts Nürnberg tagte in Cham, um die im Juli 1937 und im Februar 1938 in Pemfling bei Cham verübten verbrecherischen Anschläge auf den Stützpunktleiter Hauptlehrer Schmidt, den örtlichen SA-Führer Henlein und den Gendarmerieoberwachtmeister Alt von Pemfling zu sühnen.

Wegen zweier Verbrechen gegen das Gesetz zur Gewährleistung des Rechtsfriedens, eines versuchten Verbrechens des Mordes, eines Vergehens gegen das Schußwaffengesetz und wegen Sachbeschädigung wurde der 60 Jahre alte Michael Schlamminger von Elsing zweimal zum Tode und unter Einrechnung einer früheren Gefängnisstrafe zu einer Gesamtgefängnisstrafe von 3½ Jahren verurteilt. Außerdem wurden ihm die bürgerlichen Ehrenrechte auf Lebenszeit aberkannt.

Der 57 Jahre alte Georg Meier aus Kreuth wurde wegen Beihilfe unter Anrechnung einer früheren Strafe zu einer Gesamtgefängnisstrafe von drei Jahren verurteilt.

Die Beweisaufnahme ergab, daß in der Ortschaft Pemfling durch die Predigten des Pfarrers Kolmmer eine überaus gespannte Atmosphäre geschaffen worden war, aus der allein heraus sich eine Erklärung für das Zustandekommen der verbrecherischen Anschläge finden ließ. Die Beweiserhebung führte zu einer klaren Ueberführung der Angeklagten.

In der Urteilsbegründung wies der Vorsitzende auf die Schwere des Verbrechens hin, das gegen Repräsentanten der Partei und des Staates bewußt verübt wurde. Der Täter konnte in Schlamminger einwandfrei festgestellt werden. Solche Verbrecher aber hätten in unserer Volksgemeinschaft keinen Platz mehr, weshalb die Todesstrafe habe ausgesprochen werden müssen.

gierte Haltung des Geistlichen. Von der Struktur des Ortes ist Pemfling, durch das Fehlen einer sozialistisch orientierten Arbeiterschaft, deren Existenz evtl. zu anderen Ausdrucksformen und einem anderen Verlauf geführt hätte, nur für einen Teil des Bezirks repräsentativ.
Bezeichnend aber für den Bezirk dürfte die Bindung eines großen Teils der Bevölkerung an die Kirche bzw. den Ortspfarrer gewesen sein. Eine Bindung, die die Voraussetzung für die den meisten Orten feststellbare zähe Abwehrhaltung gegen antikirchliche Maßnahmen wie antikatholische Ideologisierung war.
Dörfliche Opposition, wie sie Elke Fröhlich im Bd. 6 von „Bayern in der NS-Zeit" am Dorf Mömbris paradigmatisch herausgearbeitet hat, war übrigens innerhalb wie außerhalb Bayerns in relativ geschlossenen ländlich-katholischen Milieus nicht selten anzutreffen.

1985 erschienen: ein Band mit Aufsätzen und Fotos zur ostbayerischen Arbeiterbewegung.

Leben unter Hitler

Deutschland-Berichte aus Ostbayern

Die geheimen Deutschland-Berichte der Exil-SPD, Sopade genannt, erschienen von April/Mai 1934 bis April 1940, in der Regel monatlich und vermutlich in einer Auflage von 500 (1934) bis 1700 (1940) Stück. 1980 legten der Verlag Petra Nettelbeck und der „Zweitausendeins"-Verlag zum ersten Mal eine vollständige Ausgabe der „SPD-Geheim-Reportagen" (Der Spiegel) vor. Den 7 Bänden mit 8954 Seiten folgt ein detailliertes Register, leider aber fehlen Erläuterungen und Berichtigungen.
Genossen im Reich lieferten die Grundlage: mit regelmäßigen Nachrichten, die von Kurieren über die anfangs noch relativ durchlässige Grenze an die ab Sommer 1933 in den Nachbarländern Deutschlands aufgebauten Grenzsekretariate weitergegeben wurden. Paul Hertz und Erich Rinner stellten diese Grünen Berichte — der Name kommt von dem grünen Vervielfältigungspapier — im Prager, ab 1938 im Pariser Büro des Parteivorstandes zusammen. Die vielen Einzelinformationen, aus verschiedenen Bereichen der sozialen Wirklichkeit, sollten ein möglichst genaues Bild der Lage in Nazi-Deutschland zeichnen. Bestimmt waren diese Berichte v. a. für Presse, Politiker und Arbeiterorganisationen des Auslands. Sie dienten aber natürlich auch der eigenen Arbeit. Die Deutschland-Berichte stellen an sich also eine Form sozialdemokratischen Widerstands dar.
Die große Mehrheit der ehemaligen SPD-Mitglieder und -Funktionäre legten — ohne konkrete Anweisungen der Partei und desorientiert durch die Stillhaltetaktik gegenüber der Machtübergabe an die Faschisten — eine „passive attentive Oppositionshaltung" (Broszat) an den Tag. Man versuchte über Gesinnungsgemeinschaften den persönlichen und ideologischen Zusammenhalt zu wahren.
Der vor dem Krieg von der Sopade inspirierte Widerstand bestand v. a. darin, Literatur ins Reich zu schmuggeln und Verteiler- und Lesezirkel aufzubauen.
Aus der CSR knüpfte der für Nordbayern zuständige Grenzsekretär Hans Dill, ein ehemaliger Nürnberger Reichstagsabgeordneter, seit Sommer 33 ein engmaschiges Literaturverteilungsnetz. Ein Jahr später, von Ende April bis August 1934, fiel nahezu der gesamte Apparat einer Verhaftungswelle der Gestapo zum Opfer. Rund 150 Personen wurden verhaftet, und zwar aus Weiden, Amberg, Schwandorf, Furth, Regensburg, Straubing, Landshut, Nürnberg, Fürth, Würzburg, München und Weißenburg. 45 Leute erhielten insgesamt mehr als 50 Jahre Zuchthaus und knapp 35 Jahre Gefängnis. Für die meisten Verurteilten schloß sich eine langjährige KZ-Haft an die verbüßte Strafe an.
Der Literaturschmuggel wird in den folgenden Berichten nicht thematisiert. Ebenso bleiben Widerstand und Verfolgung der Kommunisten in unserer Region weitgehend unberücksichtigt. Der bekannte Further Kommunist Anton Ohlschmied wurde, um nur ein Beispiel zu nennen, 1935 in Cham verhaftet, wegen des Verdachts, einem fliehenden Genossen in die CSR geholfen zu haben. Ohlschmied wurde, wie alle exponierten Kommunisten, 1933 in das KZ Dachau eingeliefert. Er war erst kurz vor seiner erneuten Verhaftung entlassen worden.
Ingesamt ist festzuhalten: die Arbeiterbewegung war die einzige gesellschaftliche Kraft, die die faschistische Diktatur von Anfang an organisiert bekämpfte. Ihr Widerstand war umfangreicher und konsequenter als der anderer Gruppen, weil er gegen die Grundlagen und Hauptziele des NS-Staates gerichtet war.

Den entschiedensten und opferreichsten Widerstand leistete die KPD. In der überschaubaren Provinz konnten die Nazis aber die wenigen kommunistischen Aktivisten gut überwachen und die KPD als organisierte Kraft leichter zerschlagen als in den industriellen Zentren.

Zurück zu den Berichten. Michael Voges hält sie für eine „einzigartige Sammlung sozialgeschichtlichen Materials" und ordnet sie der aus der Soziologie bekannten Methode der „teilnehmenden Beobachtung" zu. Rinner hatte seinen Informanten nämlich ein festes Schema zur Berichterstattung an die Hand gegeben. Voges kommt bei seiner Analyse zu dem Schluß, daß die Anwendung des Grundsatzes wissenschaftlich-objektiver Berichterstattung „in hohem Maß Glaubwürdigkeit" verdient.

Die Deutschlandberichte sind für die Erforschung der alltäglichen Realität des Faschismus, die meist auf Quellen staatlicher Herkunft angewiesen ist, deshalb so wertvoll, weil sie zu den wenigen vorhandenen Quellen „von unten", genauer: der aktiven politischen Gegner an der Basis, zählen.

Natürlich sind Einschränkungen geltend zu machen. So irrten die Autoren meist, wie der ‚Spiegel' feststellt, wenn es darum ging, Vorgänge auf höchster Ebene zu durchleuchten. Aber auch lokale Gerüchte tauchten mitunter als Meldungen auf. Für die gesellschaftliche Wirklichkeit des Dritten Reiches ist das Berichtete nicht repräsentativ. Dafür liegt zu wenig Material vor. Außerdem ist nicht auszuschließen, daß überproportional Betriebe beobachtet wurden, in denen die SPD vor 1933 über großen Einfluß verfügte. Zudem trübte die politische (auch antikommunistische) Haltung z. T. den Blick der Informanten. Wegen der umstrittenen, einheitsfrontfeindlichen Berichterstattung der Sopade kam es sogar zum Bruch mit dem Karlsbader Grenzsekretariat. Beide warfen sich gegenseitig Manipulationen vor. Die Exil-SPD begründete ihre Ablehnung der Zusammenarbeit mit der KPD u. a. (gestützt auf die Grünen Berichte) mit einer mangelnden Bereitschaft der Sozialdemokraten im Reich. Klaus Mammach und Hartmut Mehringer stimmen allerdings darin überein, daß die meisten an die Sopade gebundenen SPDler gemeinsame Aktionen ablehnten, was wiederum kein Urteil über die Haltung der Sopade bedeutet.

Die folgende über einen längeren Zeitraum für die Bayerwaldregion zusammengestellte Auswahl von Berichten beansprucht demnach auch keine Repräsentanz, kann aber durchaus einen ersten Eindruck vom NS-Alltag vermitteln. Denn es werden schlaglichtartig einzelne allgemein feststellbare Entwicklungen beleuchtet. Eine Überprüfung aller Einzelinformationen war nicht möglich. Die Bestätigung mehrerer Vorfälle (Ränkam, Straubinger Tagblatt, die Entlassung eines Glasarbeiters in Furth im April 36) in den Monatsberichten des Regierungspräsidenten deutet auf eine hohe Zuverlässigkeit auch der anderen Meldungen hin.

Zu einigen Berichten scheinen Zusatz- und Hintergrundinformationen angebracht, um den Stellenwert gewisser Vorfälle genauer zu erfassen. Allerdings können hier nicht alle angesprochenen Themen vertieft werden.

Die erste Nachricht ist bezeichnend für die 1934 überall registrierten Ermüdungserscheinungen der SA durch Überbelastung und unerfüllte Hoffnungen.

Die geringe Popularität der Nationalsozialistischen Betriebszellenorganisation (N.S.B.O.) und der Deutschen Arbeitsfront (DAF) geht aus der vierten Meldung hervor.

Die erwähnten Standorte der Glasfabriken ordnet Mehringer in einer Analyse der bayerischen KPD jenen halbindustrialisierten Bezirken des Bayerischen und des Böhmerwaldes zu (Cham, Regen, Zwiesel, Grafenau, Kötzting, Viechtach etc.), in denen die Arbeiterschaft zwischen 30 und 50 Prozent der Bevölkerung ausmachte und die KPD vielfach überdurchschnittliche Gewinne erzielen konnte. Im Bezirk Regen z. B. erhielt die KPD im Juli 1932 28,5 Prozent, die SPD 10,5 Prozent, (1930: KPD 11,5 Prozent, SPD 24 Prozent). In Furth verzeichnete die KPD im November '32 444 und die SPD 343 von insgesamt 2369 Stimmen.

In diesen Regionen Bayerns erkennt Mehringer einen „gewissermaßen ‚frühindustriellen' Typus von Arbeitern, der ... häufig militanter und rebellischer war, als der ‚erfahrene' großindustrielle Facharbeiter."

Vielfach gab es in diesen Gegenden starke sozialistisch-kommunistische Traditionen, die sich mit Traditionen sozialer Auflehnung berührten. Gerade von 1933 bis 1939 kam es immer wieder zu spontanen

Arbeitsniederlegungen, Streiks und Sabotageaktionen, wie Mehringer weiter feststellt. Mehrere Meldungen unterstreichen diese Beobachtung.
Im Landkreis Regen fehlten z. B. in einer Glasfabrik an einem Tag allein 83 Arbeiter unentschuldigt, meldet der Regierungspräsident am 10. 8. 1939.
Deutlich wird hier auch, daß mit dem Terror gegen die Arbeiterbewegung und der Entrechtung der Arbeiter am Arbeitsplatz eine Verschärfung der Arbeitsbedingungen bei sinkendem Lebensstandard einherging. Auch der Regierungspräsident notierte am 9. 8. 1935 eine gedrückte Stimmung wegen des Mißverhältnisses von steigenden Lebenshaltungskosten und den sehr niedrigen Löhnen. Gestiegen waren die Löhne von 1932 bis 1937 nur in der Rüstungsindustrie. Andererseits waren infolge der gewaltigen Staats-, besonders der Rüstungsinvestitionen die Arbeitslosigkeit allmählich überwunden und somit das Lebenshaltungsniveau vieler Familien angehoben worden.
Zur Sprache kommt in den abgedruckten Berichten auch die Judenverfolgung, die 1935 forciert wurde, um von den durch die erhöhte Rüstungsproduktion entstandenen Versorgungsmängeln abzulenken. Und dies auch in Städten, in denen zu dem Zeitpunkt gar keine Juden (mehr) lebten. In Zwiesel und Bodenmais mußten sich z. B. 1937 die Wirte verpflichten, Juden weder zu beherbergen noch zu bedienen.
Die Vorkommnisse in Straubing und Zwiesel zeigen die Methoden und Instrumente, deren sich die Nazis bedienten, um die BVP-Blätter 1935 endgültig abzuwürgen. Dabei hatten sich diese kaum mehr von NS-Zeitungen unterschieden.
Das Straubinger Tagblatt wurde 1935 vom Phoenix-Verlag übernommen, der zu 2/3 in der Hand des parteieigenen Eher-Verlages war. Der erwähnten Demonstration war die Verhaftung des Herausgebers vorangegangen und ein 2tägiges Erscheinungsverbot gefolgt. Bereits 1933 wurde der Schriftleiter in Schutzhaft genommen, der dann seine Tätigkeit beim Verlag aufgab.

Thomas Muggenthaler

Diese Darstellung basiert auf:

BROSZAT, M., *Bayern in der NS-Zeit, Bd. 1, S. 205, 239, 464 f. und Bd. 5 und 6, S. XV*

FREYBERG, J. v. / HEBEL-KUNZE, B., *Die deutsche Sozialdemokratie in der Zeit des Faschismus, in: v. Freyberg et. al., Geschichte der deutschen Sozialdemokratie 1863--1975, Köln 1975*

MAMMACH, K., *Widerstand 1933--1939, S. 116-139, insb. S. 124, Berlin (DDR) 1984*

MEHRINGER, H., *Die KPD in Bayern 1919--1945 ..., und: Die bayerische Sozialdemokratie..., in: Bayern in der NS-Zeit, Bd. 5, insbes. S. 55-67 und 351-377*

VOGES, M., *Klassenkampf in der „Betriebsgemeinschaft". Die „Deutschland-Berichte" der Sopade (1934--1940) als Quelle zum Widerstand der Industriearbeiter im Dritten Reich. In: Archiv für Sozialgeschichte Bd. XXI/1981 S. 329-383*

ZIEGLER, W., *Die kirchliche Lage in Bayern nach den Regierungspräsidentenberichten 1918--1945, Bd. 4, Mainz 1973, bes. S. 7, 54, 74 f.*

Außerdem wurden noch verwendet:
Der ‚Spiegel' vom 11. 8. 80, „Manchmal mutlos"; Gendarmerieberichte: Staatsarchiv Amberg, Bezirksamt Cham, 5196 u. 5206.

Juli/August 1934

In einer Wirtschaft in Gibacht in der Nähe von Furth i. Wald waren am 24. Juni mehrere Bauern und wie sich bald herausstellte, auch SA-Leute in Zivil. Nachdem man sich längere Zeit allgemein ablehnend über die jetzigen Zustände geäußert hatte, fing einer an, über den unnützen Drill bei der SA zu schimpfen. Er sagte, daß er 34 Monate im Kriege war und genug gedrillt wurde. Jetzt würden sie wieder gedrillt, schlimmer als beim Kommis früher. Dann sagte er zu einem jungen Mann: „Ihr jungen Leute seid ja fein heraus. Ihr könnt zur Reichswehr gehen und bekommt dort Mk. 1,25 pro Tag. Aber wir sind die Angeschmierten." In diesen Worten lag die ganze bittere Enttäuschung eines SA-Mannes, der sich drillen ließ und nun nirgends unterkommt.

★

Eisenstein: Die SA-Leute sitzen in der Wirtschaft und unterhalten sich. Ein mir gut bekannter langjähriger Hitleranhänger sagt: „Endlich hat er durchgegriffen, endlich ist der Röhm entlarvt.

Schon längst hätte da einmal ausgeräumt gehört." Auf die Vorhalte der anderen, daß man das schon lange wisse, sagte der Mann: „Ja, aber Hitler wird halt noch immer geglaubt haben, daß diese Leute sich ändern, wenn einmal der Staat in unserer Hand ist." Man äußerte allgemein die Auffassung, daß Hitler schon weiß, was er tut.

Oktober/November 1934

Die Arbeitsschlacht hat bei uns so gut wie überhaupt keinen Erfolg gebracht. In Zwiesel einer Stadt mit 6000 Einwohnern haben wir heute noch, nach genauen Schätzungen 5 bis 6000 Arbeitslose. In der letzten Zeit werden die Jungen aus den Betrieben genommen und in den Arbeitsdienst eingereiht. Dabei ergeben sich große Schwierigkeiten. Es zeigt sich, daß die für die Jungen in die Betriebe geschickten älteren Arbeiter vielfach nicht die Leistungskraft und Schulung wie die Jungen haben, so daß Störungen in der Arbeit auftreten. Bei den P. . . . er Farbenglaswerken sollten 80 jüngere Arbeiter durch ältere ersetzt werden. Die Betriebsführung erhob dagegen Einspruch und wies nach, daß durch die Hereinnahme nicht genügend geschulter und leistungsfähiger Arbeiter eine so empfindliche Störung des Betriebes eintreten würde, daß Gefahr für den Bestand des Unternehmens bestünde. Der Einspruch hatte Erfolg.

★

Die *Pirnaer Glasfabrik in Zwiesel* fabriziert Hohlglas und hat ca. 400 Mann Belegschaft. Gegenwärtig steht die Fabrik in vollem Betrieb, was auf die Weihnachtsgeschäfte, die jetzt schon in Gang sind, zurückzuführen ist. Der Betrieb hat auch Export, doch ist dieser in den letzten Jahren zurückgegangen. Die Spezialarbeiter hatten vor 4 Jahren einen Wochenlohn von 60 bis 70 Mk., heute haben sie noch 30 bis 32 Mk. Der Betrieb war früher größtenteils freigewerkschaftlich organisiert. Die Arbeiter haben fast durchwegs noch ihre alte Gesinnung. Die Stimmung der Arbeiter ist sehr gedrückt. Sie empfinden den Zwang, haben aber keine Möglichkeit, sich dagegen zu wehren. Wenn die alten Freiheiten der Organisation wieder hergestellt würden, wären die freien Gewerkschaften sofort in der alten Stärke wieder da. Die N.S.B.O. ist nunmehr in der Arbeitsfront aufgegangen. Der N.S.B.O.-Führer ist der Nazi Münchmeier. Er ist ein unfähiger Trottel und dem Wissen des früheren Betriebsrates weit unterlegen. Das hat viel dazu beigetragen, daß die Arbeiter vielleicht mehr als in anderen Betrieben dem Nationalsozialismus einen inneren Widerstand entgegensetzten. Nach außen ist zwar nichts zu merken. Die Arbeiter zeigen sich uninteressiert, vielfach sind sie völlig mutlos und gleichgültig.

★

Glashütte Theresiental hat eine Belegschaft von 400 Mann. Das ist eine sehr alte Fabrik. Hier herrscht Tradition. Schon Großvater und Urgroßvater erwarben sich hier ihren Lebensunterhalt. Die Lohnverhältnisse sind hier geradezu katastrophal. In den meisten Fällen liegen die Wochenlöhne mit 12—15 Mk. unter dem normalen Unterstützungssatz. Der Betriebsführer ist der ehemalige Stahlhelmmann v. Poschinger. Als der Nationalsozialismus die Macht ergriff, glaubten manche Arbeiter, daß jetzt eine Änderung in den Lohn- und Arbeitsverhältnissen eintreten würde. Es kam auch einmal der bayr. Minister Esser und besichtigte den Betrieb. Die Arbeiter wandten sich an ihn um Hilfe. Es gab große Auseinandersetzungen mit Poschinger, wenigstens wurde den Arbeitern das erzählt. Esser versprach Abhilfe und Unterstützung der Bayr. Regierung. Bis heute ist der Herr Minister sein Versprechen schuldig geblieben. Die beschämenden Verhältnisse dauern noch immer an und es besteht keine Aussicht auf Besserung. Herr Esser hat sich auch nicht mehr sehen lassen. Die Arbeiter gingen nach der Gleichschaltung der Gewerkschaften vielfach zum Stahlhelm. Heute herrschen in diesem Betrieb kommunistische Tendenzen vor. Die kommunistische Stimmung ist nichts anderes, als Ausfluß der ungeheueren Not.

★

Glasfabrik Gistl in Oberfrauenau hat 400 Mann Belegschaft. Die Beamten sind dort größtenteils

fanatische Nationalsozialisten. Die Belegschaft ist vorwiegend kommunistisch. Viele sind trotz ihrer kommunistischen Gesinnung bei der SA. Man sagt, daß in Frauenau mehr Kommunisten als Nationalsozialisten bei der SA sind. 3/5 der Arbeiter sind nicht einmal in der Arbeitsfront.

Februar 1935

Als Konkurrenz gegen die christliche Caritas kann man wohl die Einrichtung der NS-Schwestern ansehen, womit im Gau „Bayerische Ostmark" im Dezember 1934 begonnen wurde. Es wurde zunächst für jedes Kreisgebiet eine NS-Kreisschwester eingesetzt, die erste für den Kreis Grafenau in Niederbayern (ein stockkatholisches Gebiet). Diese Schwestern sollen sich hauptsächlich der Krankenpflege widmen und sind dazu ausgebildet. Es soll also der eingefleischte Nazi auf keine Schwester eines religiösen Ordens mehr angewiesen sein. Bis zum 15. Januar d. J. sollen in der Bayerischen Ostmark bereits 25 derartige Schwestern eingesetzt werden und in einem Jahr sollen es mehr als 100 NS-Schwestern sein. „Auf dem Boden der nationalsozialistischen Weltanschauung soll die Volksschwester entstehen, die unter dem Schutz der Bewegung ihre ganze Kraft dem Volke widmen kann und unabhängig ist von allem, was die Volksgemeinschaft stört" — wird in der naziamtlichen Bekanntmachung dazu gesagt. Und an anderer Stelle: „Es gilt, sie alle (die Leidenden z. B.) zurückzuführen in das Heimathaus, das Deutschland heißt."

März 1935

Die deutsche Wehrpflicht kam für uns nicht unerwartet. Schon seit Monaten sprach man davon, daß die jungen Leute bis 30 Jahren einrücken sollen. Was wir aber nicht erwartet haben ist der Zeitpunkt, den die Regierung für die Eröffnung ihrer Absichten wählte. In Regen, Landshut und Straubing war am Tage der Proklamation nichts Wesentliches zu merken. Erst am anderen Tage konnte man an den herumstehenden diskutierenden Gruppen bemerken, daß etwas los ist. Die Leute waren alle gleichmäßig überrascht. Von uns aufgefangene Bemerkungen waren u. a.: „Es ist doch gerade unglaublich, was sich der Hitler alles traut — wenn der so weiter macht, zwingt er die anderen auch noch nieder. Es ist ganz richtig, jetzt kommen wenigstens die jungen Leute richtig in Zucht, das schadet gar nicht — Hitler weiß schon, warum er das getan hat — Hitler hat fertiggebracht, was die anderen 14 Jahre lang nicht fertiggebracht haben usw. usw." Es kamen aber auch besorgte Stimmen zum Ausdruck, die einen Krieg nicht für ausgeschlossen hielten. Die Meinungen über den Ausgang eines solchen Krieges gehen stark auseinander. Viele fürchten, daß Deutschland dem Erdboden gleichgemacht wird, während andere, vor allem die Jugend dahin neigt, die militärische Unbesiegbarkeit Deutschlands als Tatsache anzunehmen. In der Arbeiterschaft sind die Ansichten auch sehr geteilt. Allgemein ist aber in unserem Bezirk keine allzu große Begeisterung unter der Arbeiterschaft zu erkennen. Während der ganzen Tage nach der Proklamation konnten wir feststellen, wie das ganze Volk politisch vollständig unwissend dahinlebt. Die meisten Leute haben gar nicht recht begriffen, um was es sich handelt. Sie glaubten, daß jetzt die Arbeitslosigkeit bald verschwinden wird, weil ja alles zum Militär muß. Die jungen Leute scheinen sehr erfreut zu sein, daß sie einrücken dürfen. Sie erwarten von der Militärzeit eine Abwechslung.

★

(Reisebericht eines Ausländers): Ich konnte feststellen, daß die Begeisterung in München geradezu phantastisch war. In den kleineren Orten wie Landshut, Regensburg und Amberg war nicht diese Begeisterung zu spüren. Überall bestand das größte Interesse für die Wirkungen, die die Proklamation im Ausland hervorgerufen hat. Ein mittlerer Beamter, den ich seit Jahren gut kenne, sagte mir: „Der Gescheiteste von allen ist meiner Meinung nach der Pole." Auf meine erstaunte Frage, was denn der Pole dabei Gescheites zu tun habe, erklärte er mir: „Ja, sehen Sie, der Pole hat begriffen, woher der Wind weht, der geht mit uns, weil er weiß, daß in Europa in Zukunft wir zu reden haben." Dieser Inspektor ist ein Mann mit ca. 50 Jahren und kennt den Krieg. Er ist der typische Kleinbürger. Er überschaut die schwierige Situation gar nicht und wiegt sich in dem Bewußtsein, daß es Hitler schon machen wird. Das kam auch in folgenden Worten zum Ausdruck: „Hitler ist bisher von Sieg zu Sieg geschritten. Schon so oft hat das Ausland gesagt, jetzt und jetzt bricht Deutschland zusammen und Hitler hat es doch gemeistert und ich glaube auch, daß er die kommenden Schwierigkeiten meistert. Er weiß jedenfalls, was er will. Und wir kleinen Leute können das vielleicht nicht alles so begreifen."
Man hört aber mitunter auch sehr ängstliche Fragen. Irgendwie geht der Kriegsgeist gespenstisch um und hellsichtige Menschen ahnen, wohin das führt.

★

In der Glashütte in Furth i. W. ist das Antreibersystem in einer Weise eingerissen, daß sich die Betriebsunfälle entsetzlich mehren. Bei dieser unbeschreiblichen Schufterei und trotz der längeren Arbeitszeit verdienen die Arbeiter kaum mehr die Hälfte von dem, was sie früher verdient haben. Der Höchstverdiener unter den Glasmachern erzielt heute in der Woche Mk. 34,— Bruttolohn, wovon 5 bis 6 Mark Abzüge aller Art abgehen. Er verdiente früher nach Tarif 68 bis 72 Mark in der Woche und hatte nicht die vielen Abzüge. Die Glasarbeiter sagten, daß sie im Vergleich zur Arbeitszeit von früher jetzt noch ein Drittel von dem verdienen, was sie damals verdient haben, wobei sie sich jetzt mehr plagen müssen.

★

In Furth i. W. hat man die Glasfabrikanten, Luitpold und Bruno Oppenheimer, zwei Juden, die aus Fürth stammen, verhaftet, weil sie Luxuswohnungen haben, während ihre Arbeiter in unwürdigen Fabrikwohnungen hausen müssen. Alle Leute wissen, daß woanders die Fabrikwohnungen nicht besser sind als in Furth, aber dort werden die Unternehmer nicht verhaftet, weil es sich um Arier handelt. Im Volke sagte man darum auch: „Vielleicht sind die zwei Juden verhaftet worden, weil sie den anderen einige Aufträge weggeschnappt haben."

Juni 1935

Der Verleger des „Straubinger Tagblattes", Kommerzienrat Huber, wurde beschuldigt, in vertraulichem Kreise folgende Äußerung getan zu haben: „Die jetzigen Verhältnisse können sich nicht halten. Das Ausland macht die größten Schwierigkeiten; wir gehen schlechten Zeiten entgegen. Das Volk weiß gar nicht, wie schlecht es um uns steht. Wir leben in einem förmlichen Trancezustand."
Diese Anschuldigung genügte den Nazis, um eine wilde Hetze gegen den Katholizismus zu entfachen. Das „Straubinger Tagblatt" war als Organ der Bayerischen Volkspartei früher das weitverbreitetste Blatt von Straubing und Umgebung. Die Nazis benützen diese „politische Verfehlung" des Verlegers, um sich ein weiteres Blatt anzueignen. In aller Eile wurde die Bevölkerung zu einer Protestkundgebung aufgerufen. Die Flugzettel hatten folgenden Wortlaut:

Heute abends 7 Uhr
am Stadtplatz
Massenkundgebung
Eine imfame Beleidigung des
nationalsozialistischen Volkes!
Der *schwarze Feind* hat sich demaskiert!
Wir rechnen ab!
Alles heraus! Alles heraus!
Die Kreisleitung.

Huber wurde auf einer Geschäftsreise in München verhaftet.

Juli 1935

Die Kristallglasfabrik Theresienthal hat eine Belegschaft von ca. 100 bis 120 Mann. Besitzer ist der Stahlhelmmann von Poschinger. In dieser Fabrik herrschen ähnliche Verhältnisse wie in der Freiherrl. von Poschingerschen Glasfabrik in Frauenau, über die bereits berichtet wurde. Die Glashütte Theresienthal ist schon sehr alt. Dort ist der Glasmacherberuf über Generationen vererbt. Die Arbeiter sind an Hunger und Elend gewöhnt. Sie haben nie menschenwürdige Verhältnisse gekannt. Wenn sie sich nun zur Selbsthilfe gezwungen fühlen, so zeigt das, wie groß die Not gestiegen sein muß. Alte Arbeiter sagen auch, daß sie wohl schon viel schlechte Zeiten mitgemacht haben, daß es ihnen aber noch nie so erbärmlich gegangen ist wie jetzt. Bei einer Arbeitszeit von 48 Stunden verdienen die Glasmachergehilfen in der Woche 6 bis 7 Mark, die Facharbeiter 12 Mark. Viele der Arbeiter hatten sich von der Machtergreifung der Nationalsozialisten eine Besserung ihrer Lohnverhältnisse versprochen. Nach der Gleichschaltung der Gewerkschaften gingen viele zum Stahlhelm. Unter der Belegschaft sind auch 17 SA-Männer. Auch in dieser Fabrik erschien der damalige bayrische Wirtschaftsminister Esser und versprach den Arbeitern Verbesserung ihrer Lebensbedingungen. Es ist aber seither nur noch schlechter geworden. Angeregt durch die Vorgänge in der Glasfabrik Frauenau sind die Arbeiter Anfang des Monats in einen 3tägigen Streik getreten. Die Arbeiterschaft holte den Betriebsrat und erklärte, daß sie die Arbeit nicht mehr fortsetzen könne. Die gesamte Belegschaft verließ daraufhin die Fabrik. Auch die SA-Leute machten keine Ausnahme. Einer Abordnung ließ der Betriebsführer erklären, daß eine Lohnerhöhung unter keinen Umständen in Frage komme, da die finanzielle Lage des Unternehmens keine weiteren Belastungen ertragen könne. Der Betriebsleiter veranlaßte den Besuch des Kreisleiters der Arbeitsfront Klick aus Regen. In einer Betriebsversammlung erklärte dieser, daß sich die Arbeiter eines schweren Vergehens gegen den Staat schuldig gemacht haben und daß die gesamte Belegschaft nach Dachau komme, wenn sie nicht unverzüglich an die Arbeit gehe. Der Streik sei durch Gesetz abgeschafft und wer sich dagegen vergeht, muß die Folgen auf sich nehmen. Es kam in der Versammlung zu erregten Auseinandersetzungen. Unter Zustimmung der Arbeiter erklärte ein Glasmachergehilfe: „Ich habe keine Angst vor einer solchen Drohung, in Dachau müssen sie uns auch Brot und Wasser geben und mehr haben wir daheim auch nicht." Klick und der Betriebsführer gaben der Belegschaft die Zusicherung, daß sie alles versuchen werden, um eine Lohnerhöhung oder wenigstens eine finanzielle Unterstützung der notleidenden Familien zu erreichen. Diese Inaussichtstellung und die Drohungen haben dann die Arbeiterschaft wieder zur Aufnahme der Arbeit veranlaßt. Bis heute ist nichts weiter erfolgt. Die Erbitterung unter den Arbeitern ist nicht zurückgegangen.

August 1935

Am 6. Juli wurde die SA-Standarte Deggendorf zusammengerufen. Der Standartenführer erklärte, daß der Reinigungsprozeß in der SA noch nicht zu Ende sei. Die SA habe heute noch $2^1/_2$ Millionen Mitglieder, $1^1/_2$ Millionen seien nur nötig. Im Verlaufe des Appells schritt der Standartenführer durch die Reihen der Mannschaften. Er fragte dabei die einzelnen nach ihrem Lohn und nach ihren persönlichen Verhältnissen. Dabei fiel die sehr offene Sprache der SA-Männer auf. Einer z. B. erklärte: „Ich bin 8 Jahre bei der Bewegung und habe heute mit 5 Kindern 14 Mark Wochenlohn." Überall wußte der Herr Standartenführer nur die Antwort: „Habt nur noch ein wenig Geduld, Kinder, wir werden auch das noch fertig bringen." Ein SA-Mann fragte darauf: „Ich glaube nicht mehr an unseren Sieg, Herr Standartenführer."
Einer der Hauptgründe, der die SA noch so zusammenhält, ist die eigens für diese Truppe geschaffene Arbeitsvermittlung. In München muß sich jeder arbeitslose SA-Mann bei seiner Dienststelle melden. Von dorther bekommt er die Arbeit.

★

Bei der Sonnwendfeier in Y. ereignete sich folgender Vorfall: Die Parteiformationen marschierten mit ihrer Fahne durch die Stadt. Die Bevölkerung sah dem Aufmarsch teilnahmslos zu. Kein Mensch grüßte die Fahne. Der Sturmbannführer schrie dauernd: „Ihr werdet die Fahne grüßen!" Auf einmal sprang er aus der Reihe und ohrfeigte einen Mann. Wie sich herausstellte, war es ein Frontsoldat mit einem Fuß. Der schrie den Sturmbannführer an: „Ich habe im Krieg meine Gesundheit für Deutschland gegeben und habe mich zum Krüppel schießen lassen, da sind Sie noch in der Schule gesessen. Heute schlagen Sie einen Frontsoldaten; so werden Sie Deutschland nicht befreien!" Die Bevölkerung nahm für den Kriegsverletzten Stellung (es fiel der Ruf: Banditen!) und die SA-Leute lachten über die Abfuhr ihres Sturmbannführers.

September 1935

Viele Betriebe des Bayr. Waldes haben die Kosten für Freifahrten nach München zum Oktoberfest übernommen. Darunter auch die Glashütte Theresiental, über die schon wiederholt wegen ihrer schrecklichen sozialen Betriebsverhältnisse berichtet wurde. Die Glashütte zahlt einen durchschnittlichen Wochenlohn von 13 Mark, hat sich aber auch an der Gewährung von Freifahrten beteiligt und für 143 SA-Männer die Kosten übernommen. Das macht bei den Arbeitern, die nicht bei der SA sind, natürlich böses Blut, aber auf diese Weise erhält man eine künstliche Kluft in der Arbeiterschaft aufrecht.

November 1935

In Zwiesel war der alte Volksparteiler Dötsch noch immer Inhaber des Verlagsbetriebes Bayr. Waldzeitung. Seit längerer Zeit wurde von den Nazis eine wüste Hetze gegen ihn betrieben. Am 17. 8. wollte man ihn wegen einer angeblich abfälligen Äußerung über einen Demonstrationszug — er soll ihn einem Freund gegenüber Faschingszug genannt haben — verhaften. Dötsch, der rechtzeitig Kenntnis davon bekam, flüchtete. Vor seinem Hause fanden dann am 18. demonstrative Zusammenrottungen statt, die von den Nazis inszeniert waren. Das Kind und die Frau des Dötsch wurden gemein beschimpft, er selbst als ein Landesverräter bezeichnet, der sich feig zu seinen Freunden in die Tschechoslovakei geflüchtet habe. Der Zeitungsbetrieb wurde gesperrt. Dötsch, der bei einem

Geistlichen Unterschlupf gesucht hatte, wurde dort aufgestöbert und mittels Auto verfolgt. Er wandte sich dann nach München und hat sich dort der Polizei selbst gestellt. Er wurde in Schutzhaft genommen und soll inzwischen nach Dachau gebracht worden sein. Sein Zeitungsbetrieb war 3 Wochen gesperrt und wurde dann wieder eröffnet. Bei der katholischen Bevölkerung, in der Dötsch großes Ansehen genießt, hat dieser Übergriff begreifliche Erregung hervorgerufen.

Dezember 1935

Mit „Schönheit der Arbeit" wird auch ein großer Propagandaschwindel getrieben. In X. mußten die Glasarbeiter umsonst alle Fabrikswege etc. herrichten, damit die Fabrik ein schöneres Gesicht bekam. Nun wurde in der Nazizeitung „Bayerische Ostmark" in einem großen Aufsatz über „Schönheit der Arbeit" auch ein Bild von der Bayerischen Spiegelglasfabrik Furth i. W. veröffentlicht. Aber dieses Bild stellte den Garten zur Wohnung des Fabrikdirektors dar, in dem kein Mensch, auch kein Arbeiter von der Glashütte, etwas zu suchen hat.

März 1936

Die sogenannte Ostmarkstraße, die von Passau bis Hof der tschechoslovakischen Grenze entlang verlaufen soll, war als Notstandsarbeit gedacht. In der Nazipresse war mit diesem Projekt eine ungeheuere Reklame gemacht worden, ähnlich wie mit den Autobahnen. Während im vorigen Jahr dort viele Hunderte in Arbeit standen, arbeiten jetzt an den verschiedenen Baustellen jeweils nur ein paar Männlein. Das Geld ist ausgegangen. In der Gegend von Waldmünchen sollten einige Dörfer eine Zufahrtsstraße zu dieser Ostmark-Straße bekommen, und die Arbeiten zu dieser Zufahrtsstraße sollten in diesem Frühjahr als Notstandsarbeiten beginnen. Nun waren schon zwei Versammlungen der interessierten Gemeinden wegen des Baubeginns. In der zweiten Versammlung wurde den Versammelten mitgeteilt, daß man jetzt diese Arbeiten nicht beginnen könne, da kein Geld da sei.

April 1936

Kein Mensch kann sich je auf eine solche Wahlpropagande entsinnen. Die Bevölkerung des Bayerischen Waldes hat auch ihren Unwillen über die ungeheuere Geldverschwendung für diese Wahlpropaganda deutlich zum Ausdruck gebracht. Viele Landbewohner, besonders Bauern, haben geäußert, daß sie zu dieser Wahl gar nicht gehen, so ein Theater machen sie nicht mit usw. In dieser ursprünglichen Ablehnung wurde die Landbevölkerung erschüttert, als einige Tage vor der Wahl in großer Aufmachung in den Nazibättern Stimmen katholischer Geistlicher, die für Hitler eintraten, abgedruckt wurden. (Für das Gebiet der Erzdiözese Bamberg hat der Erzbischof Hauck noch ein übriges getan und „für Deutschlands großes Anliegen, Friede und Heil" am 28. März in allen Pfarreien Bittandachten mit 10 bis 15 Minuten Glockengeläute angeordnet.)
Am Wahltage setzte in den ersten Wahlstunden überall der Terror ein. Kein Mensch konnte sich der Wahlpflicht entziehen. Die Arbeiter mußten teilweise geschlossen, nach Betrieben geordnet, antreten. Dabei mußten die verheirateten Arbeiter gleich ihre stimmberechtigten Frauen mitbringen. Die Wahlschlepper mit Motorfahrzeugen waren sehr oft die Fabrikdirektoren, so daß die Wahlsäumigen schon wegen der Erhaltung der Arbeitsstelle zur Wahl gingen.
Nun glaubten die Leute, daß Stimmzettel, die gar nicht angekreuzt seien, einfach ungültig wären. Nach den Bekanntmachungen in der Presse mußte man das ja auch so annehmen. Wäre dem so gewesen, so würden vielerorts keine 50 Prozent gültiger Stimmen für Hitler zu zählen gewesen sein. Daß viele nicht angekreuzte Stimmzettel abgegeben worden sein müssen, folgert man aus der großen Wut, die viele Nazibonzen nicht verheimlichen konnten. So erklärt sich auch der scheußliche Terrorakt, der in der Gemeinde Ränkam (Bezirksamt Cham) nach der Wahl verübt wurde. In Ränkam waren ein 73jähriger Bauer und seine Frau nicht zur Wahl gegangen. In der Nacht vom 29. auf 30. März wurden ihnen sämtliche Fenster eingeschlagen, auch die Scheiben der kleinen Stallfenster. Der alte Bauer glaubte, wenn er aus der Wohnung herausgehe und Krawall mache, die Rohlinge zu verscheuchen, denn er hielt sie für halberwachsene Burschen. Er nahm zu seinem Schutze ein Stück Eisen mit. Aber der Bauer kam schlecht an. Er wurde niedergeschlagen, das Stück Eisen wurde ihm entrissen, damit wurde er über den Kopf geschlagen, so daß er mit einer Kopfwunde liegen blieb. Die herbeieilende alte Frau wurde ebenfalls niedergeschlagen. Man erzählt sich ganz offen, daß dieser Terrorakt vom jetzigen Nazibürgermeister Ränkam angestiftet wurde, also sozusagen vom verantwortlichen Leiter der Ortspolizei.
Der frühere Bürgermeister von Ränkam ging auch nicht zur Wahl. Um allen Behelligungen aus dem Wege zu gehen, verließ er am Wahltag morgens seine Heimatgemeinde Ränkam. Den ganzen Tag über wurde er von den Naziwahlschleppern gesucht. Sogar mit Motorrädern sind sie in die Nachbarorte gefahren, um ihn auszukundschaften. Als er dann abends, als die Wahlzeit herum war, nach Hause ging, wurde er in Schutzhaft genommen.
In einer Fabrik schrieb ein Arbeiter auf einen alten Kessel „Am Sonntag jede Stimme für Hitler". Ein anderer Arbeiter wischte das weg, wurde von einem früher sehr lauten Kommunisten dabei beobachtet und denunziert, worauf er sofort entlassen wurde, obwohl der Betriebsführer mit der Entlassung nicht einverstanden war.

★

Bei den bewußt Oppositionellen hat der Ausgang der Wahl große Depression hervorgerufen. Obwohl sich eigentlich niemand Illusionen machte und jeder mit einem absoluten Sieg Hitlers rechne-

te, fühlt sich der überzeugteste Hitlerhasser stark betroffen. Bei ihm tauchten wieder die alten Fragen auf: „Was ist eigentlich Faschismus, daß er eine solche Kraft entwickeln kann? Woher kommt es, daß er solche Leistungen zustandebringt, solche Begeisterungswellen aus dem Volk hervorzuzaubern vermag? Ist es nicht ein einziger Weg des Triumphes, den Hitler geht, muß das nicht allein schon überzeugen? Wo sind alle Theorien, alle Perspektiven, die über das rasche Ende des Regimes gegeben wurden? Haben sich nicht alle getäuscht, die vorgaben, den Faschismus erkannt zu haben und Hitler als größenwahnsinniges Quatschmaul bezeichneten? Sicher stimmt etwas bei den Nationalsozialisten nicht und ihre Reden sind Lüge und Betrug, aber wie kommen wir an sie heran, wie können wir sie bekämpfen?"
Berichte aus dem Bayerischen Wald weichen von denen aus den anderen Gebieten insofern etwas ab, als die Stimmung dort dem System gegenüber ungünstiger geschildert wird. Dort bezeichnet man in größeren Schichten der Bevölkerung die Wahl als Komödie und lacht darüber. Hier tut vielleicht die noch überall große Not ihre Wirkung. Man sagt: Hitler hätte keine 50 Prozent der Stimmen bekommen, wenn eine freie Wahl möglich gewesen wäre.
Nach der Wahl ging die Stimmung allgemein rasch zur Alltäglichkeit über. Die Wahlergebnisse haben nicht überrascht. Nachdem die ersten Ergebnisse bekannt geworden waren, interessierte sich kaum mehr jemand dafür. Es war ja selbstverständlich.

*

In Breitenberg bei Passau, einem Ort mit etwa 800 Einwohnern, waren 13 Neinstimmen zu verzeichnen. Am Montag nach der Wahl wurde an der Dorflinde eine Strohfigur mit einem dicken Strick um den Hals aufgehängt. Die Figur trug ein großes Plakat: „So gehört es den 13 Volksverrätern." Eifrig wird nun gemutmaßt, wem das Schicksal des Aufhängens zuteil werden soll. Die Verdächtigungen gegen einzelne Personen haben soweit geführt, daß der Ortsgruppenleiter der Partei einschreiten mußte und eine Bekanntmachung an der Gemeindetafel erließ, in der die Bevölkerung aufgefordert wurde, nicht länger nach den Neinsagern zu forschen, denn sie seien ohnehin gerichtet. Die Bevölkerung komme dabei nur auf Abwege und es könne leicht sein, daß der Haß auf Unschuldige gelenkt würde. Die Neinsager seien der Abschaum des Volkes. In einer Erklärung, die der Kreisleiter Krenn des Kreises Wegscheid bekanntgab, hieß es u. a.:
„In einstigen Kommunistenhochburgen — beispielsweise Hauzenberg, wo bei einer der Wahlen 1932 die Kommunisten an zweiter Stelle standen — hatten sich jetzt nur zwei ungültige Stimmen bei über 100 abgegebenen Stimmen gegen den Führer ausgesprochen. Dagegen zählte Breitenberg, das damals von kommunistischen Strömungen verschont war, 13 ungültige Stimmen. In gesunder Weise reagierte die deutschbewußte Bevölkerung Breitenbergs auf den Verrat der 13. Hoch oben auf der Dorflinde baumelt eine Strohpuppe mit einem Strick um den Hals... Es erregte berechtigten Unwillen unter der Bevölkerung Wegscheids, daß die Firma Nöppl, die doch neben dem allgemeinen Dank des deutschen Volkes an seinen Retter auch sehr viele eigene Vorteile dem nationalsozialistischen Wirtschaftsaufschwung zuzuschreiben hat, es nicht der Mühe wert fand, am Vorabend der Wahl, an dem der ärmste Volksgenosse sein Fenster beleuchtete, ihr Haus zu illuminieren und entsprechend zu schmücken. In manchen Herzen wurde die Frage laut, ob die Größe der gezeigten Hakenkreuzflagge der Lebhaftigkeit gleichkomme, mit der die Herzen dieser Menschen dem Führer entgegenschlagen. In Germansdorf gab es einige junge Bauerssöhne, die sicherlich Wert darauf legen, einmal Erbhofbauer zu werden, die es aber nicht übers Herz brachten, sich durch Gebrauch ihres Wahlrechts zum Volk zu bekennen. Wie diese in der entscheidenden Stunde das Volk nicht kannten, so wird sie einst auch das Volk nicht kennen...".
Die im „Wahlkampf" vorgebrachten Friedensargumente Hitlers blieben dann nicht ohne Widerhall. Frieden? Wer will schließlich keinen Frieden, besonders von denen, die an der Grenze Deutschlands wohnen. Bei der geistigen Vorbereitung auf den Krieg, die durch die vor den Augen des Grenzvolkes sich abwickelnde Armierung stark gefördert

wird, schaut man mit neuer Hoffnung nach jedem Lichtstrahl aus, der Frieden winkt.
Seit so viel von dem Militärbündnis mit Rußland die Rede ist, steigerte sich die Angst vor einem Kriege noch mehr, die Friedensschalmeien Hitlers haben das wieder etwas abgeschwächt, aber das kann nur von kurzer Dauer sein. Jeder sieht doch mit eigenen Augen, daß man alles zum Kriege bereit macht. Allerdings erwarten die Leute einen Angriff von der anderen Seite. Die militärische Allianz Tschechoslovakei-Rußland hat den Respekt vor dem tschechischen Gegner sehr erhöht. Das zeigen schon die tollen Gerüchte, die überall zu hören sind. So z. B., daß die Rote Armee in Karpatorußland Munitionslager und Fabriken errichte, die mit russischem Militär besetzt seien, daß auf den tschechischen Flugplätzen schon russische Militärflieger stationiert worden sind, daß die tschechische Armee in einem Überfall bis Deggendorf vorstoßen muß und dann die Russen in deren Deckung ihre Kampfverbände aufstellen, daß in Klatten eine Flugbasis für russische Flieger errichtet wird usw. usw. Solche Gerüchte wären zu Dutzenden anzuführen. Sie alle zeigen mehr als alle Wahlziffern den seelischen Druck, unter dem das deutsche Volk an der Grenze lebt.
Besucher aus der Tschechoslovakei werden immer wieder gefragt: „Wann kommen denn dann die Tschechen?" — Keine Kriegsbegeisterung, ja vielmehr eine Kriegsangst, aber der Krieg ein unvermeidliches Übel — das ist auch im bayerischen Wald die Stimmung.
Vor einiger Zeit fanden in Zwiesel große Luftschutzübungen mit Einsatz von Fliegerstaffeln statt. Regelmäßig finden jetzt in den Grenzorten Luftschutzkurse für Frauen statt, an denen sich alle Frauen beteiligen müssen. In Perlesreut z. B., einer Gemeinde von 500 Seelen, haben am Luftschutzkurs 107 Frauen teilgenommen, das sind fast alle Frauen des Ortes. Auch in der Schule werden für die Jugend regelmäßig Unterrichtsstunden für Gasschutz abgehalten. Der Jugend wird auch im einzelnen die Wirkung der verschiedenen Granaten erklärt.
Im Grenzgebiet geht man jetzt daran, die Telephonleitungen alle unterirdisch zu legen. In die kleinsten Weiler hinaus, in denen eine Telephonzentrale ist, legt man unterirdische Kabel.
Kurz hinter Neukirchen bei Furth werden betonierte Unterstände angelegt. Die Arbeiten werden vom Arbeitsdienst ausgeführt. An den zur Staatsgrenze führenden Straßen wurden Sprengkanäle eingebaut. Der Bevölkerung hat sich ob dieser Vorbereitungen, die nun schon seit Wochen dauern, eine große Unruhe bemächtigt.

*

Die bornierten, politisch gedankenlosen Hitlernachläufer sind die einzige Volksschicht, die zufrieden ist. Für sie ist es auch eine feststehende Tatsache, daß „Adolf Hitler der kommende Herr von Europa" ist. Das sagen sie selber überall und bemerken dazu: „Die anderen haben schon verspielt; am schlechtesten wird es bei der Abrechnung den Tschechen gehen." Diese Leute beurteilen die Zukunft nur unter dem Gesichtspunkt der militärischen Vorbereitungen an der Grenze. Diese Vorbereitungen sind auch wirklich so, als wenn es in den nächsten Tagen schon losgehen sollte. Nach Y. kommt ein Bataillon Infanterie, Y. bekommt eine Kaserne, in Mühlbach vor Eger wird ein Panzerturm gebaut. Auf der Autobahnstrecke von Oberfranken nach Nürnberg wird seit kurzem fieberhaft gearbeitet. Man sagt, daß die Autobahn für diesen Abschnitt bis zum August halbseitig fertig sein muß. Sie genüge auch halbseitig den Anforderungen. Das sind aber nur die äußerlich sichtbaren Rüstungen, daneben gehen die unsichtbaren einher. Die 45jährigen, auch die Kriegsteilnehmer, müssen zur militärischen Ausbildung einrücken. Sie werden hauptsächlich im Pionierdienst geschult und mußten deshalb nach Grafenwöhr und Ingolstadt einrücken. Unter diesen immer deutlicher werdenden Zielen der Hilterpolitik zerfällt das Volk allmählich in zwei Gruppen: Die Denkenden und darum Besorgten und die stupiden Nazis, die auftrumpfen und Begeisterung zeigen, weil sie glauben, es handle sich um einen Spaziergang. Diese Nazis wissen auch schon die Reihenfolge der Ereignisse: zuerst das Memelland, dann Österreich und die Tschechoslovakei.

Dezember 1936

Die Reichsbahndirektion Regensburg hat den nach dem Juden Bettmann benannten Bahnhof Bettmannssäge mit Wirkung vom 1. September 1936 in „Regentalsäge" umbenannt.

Februar 1937

In Lam in der Bayerischen Ostmark erklärte ein Metzger in der Wirtschaft, daß er bei 5 Pfg. Preisspanne, die er noch beim Pfund Fleisch habe, nicht mehr lange weiterbestehen könne. So schlecht wie heute, sei es noch bei keiner Regierung gewesen. Früher habe man wenigstens die Leute noch leben lassen, heute richte man alle zugrunde. Der Metzger wurde angezeigt und ist wegen zersetzender Reden in Schutzhaft genommen worden. Sein Geschäft wurde gesperrt.

April 1937

Der Bürgermeister von Zwiesel, Pg. Prims, hat eine Eisenhandlung, die vor der Machtergreifung vor dem Konkurs stand. Nur mit Mühe und Not konnte er sich damals vor der Versteigerung retten. Heute blüht sein Geschäft. Dafür hat der Bürgermeister seine Privatwohnung als Sitzungslokal für die Parteiführung zur Verfügung gestellt. Auch für seinen Sohn hat er gut gesorgt. Dieser ist stellvertretender Standartenführer der SS mit einem Nettomonatsgehalt von 350,— RM. Alle diese Tatsachen sind der Bevölkerung bekannt, die nicht wenig schimpft über diese Sauwirtschaft, die nur Bankrotteuren zu fetten Pfründen verholfen hat und die breite Masse hungern läßt.

Mai 1937

Die Stimmung im Bayr. Wald ist den Nazi noch nie günstig gewesen, heute ist sie direkt feindlich geworden. In der letzten Zeit wurde im Vorjahre ein Braunes Haus gebaut, in dem die Nazibeamten wohnen und die Amtsräume untergebracht sind. Im Volksmund heißt dieser Bau die Bonzenburg. Die Lasten werden immer größer, die Preise steigen und die Bonzen werden immer frecher. Wer muß alles bezahlen? Das Volk. Trotz aller Bemühungen und großen Reden, die gehalten wurden, trotz aller Ministerbesuche in den Elendsbezirken des bayerischen Waldes, die Nazi haben sich gut eingenistet und sitzen in guten Stellungen, aber das Volk steckt noch genau so im Elend wie vorher. Viele Arbeiter, auch Familienväter, sind zu Straßenbauten in andere Teile des Reiches gekommen, Frauen wurden zum Landdienst verschickt. Aber alles hat nichts geändert. Im Gegenteil: die Zwangsverschickten schreiben erschütternde Briefe, wie man mit ihnen umgeht, wie man sie ausbeutet. Die Familienväter können keine Unterstützung heimschicken, weil sie selbst nicht mit dem Geld auskommen. Die Frauen laufen mit ihren Kindern zu den Schaltern der Behörden und der Partei und werden dort fast immer abgewiesen. So ist es nur erklärlich, daß die Haßgefühle immer stärker werden. Diese Stimmung wird auch nicht gemildert durch die Tatsache, daß man in Regen und Grafenau sogenannte Gesundheitshäuser zu errichten beabsichtigt, die der Hebung der Volksgesundheit dienen sollen. In der Bevölkerung überzeugen solche großspurigen Ankündigungen nicht. „Wieder ein neuer Schwindel", das ist die Meinung aller. Die Kluft zwischen der Partei und dem Volke wird immer größer. Heute ist es schon so, daß selbst das Gute, das die Nazi doch auch hin und wieder machen, um sich den Schein eines sozialen Regimes zu geben, niemand mehr zu überzeugen vermag. Das Wort Schwindel, das im Kriege vor dem Zusammenbruch so oft gebraucht wurde, ist wieder in aller Munde.

Juli 1937

In Zwiesel ist vor kurzem ein jüdischer Reisender auf offener Straße angepöbelt und genötigt worden, den Ort mit dem nächsten Zug zu verlassen. Überall kann man jetzt in diesem Ort Schilder lesen: „Juden sind hier unerwünscht." Dabei ist die Bevölkerung keineswegs fanatisch antisemitisch.

Arbeitslager Lichtenthal bei Zwiesel und Hindenburgsiedlung

November 1937

In Zwiesel hat sich der „alte Kämpfer" und WHW-Beauftragte, Steuerinspektor von Vogelstein, der verheiratet ist und selbst Kinder hat, an mehreren 11- bis 14jährigen Mädchen vergangen. Er ist von Zwiesel versetzt worden. Von einer Strafverfolgung ist bis jetzt nichts bekannt geworden. Bei der Haussuchung fand man ganze Stöße von Nacktaufnahmen, die er von den Mädchen gemacht hatte. Im Zwieseler Ostmarkhaus hat sich ein Jungbannführer des Jungvolkes an Buben vergriffen, die ihm unterstellt waren. Er ist abgesetzt worden.
In Cham hat sich ein Fähnleinführer des Jungvolkes unsittliche Handlungen mit Jungvolk-Jungen zuschulden kommen lassen. Er wurde verhaftet.

August 1938

Zu den militärischen Vorbereitungen ist auch das Hunderttageprogramm der bayerischen Ostmark zu rechnen. Danach werden im ganzen Grenzgürtel alle strategisch wichtigen Verbindungsstraßen verbreitert, der Unterbau verstärkt und Brückenanlagen erneuert. Dazu gehört auch die Anlage von doppelgleisigen Bahnstrecken durch den Bayerischen Wald bis an die tschechische Grenze. Dieses Bauprogramm muß bis 1. Oktober beendet sein. Trotz der enormen Arbeiterzahl, die aus der Tschechoslowakei herüberkommt, fehlt es noch immer an Arbeitskräften. So ist man jetzt dazu übergegangen, auch die Frauen in den Bahnbau mit einzubeziehen. Ein Frauenlager im Bayerischen Wald wurde geschlossen für den Arbeitsdienst mit herangezogen. Die Frauen bekamen Arbeitskleidung und müssen mit der Schaufel leichtere Arbeiten beim Bahnbau verrichten. Der Arbeitseinsatz ist in der Bayerischen Ostmark so umfassend, daß die Bauern keine Arbeitskräfte mehr haben, um die Ernte hereinzubekommen. Alle Vorstellungen bei den Arbeitsämtern sind erfolglos.
In der Bayerischen Ostmark hat man um den 20. August mit Manövern begonnen. Es operieren Tankabteilungen und Artillerie. Die Manöver konzentrieren sich auf das Gebiet um Lam am Fuße des Osser.

Siegfried Zimmerschied

Wahlversammlung in Hidring

Wahlredner Da Rode Da Schwoaze Da Letschad

W: Meine lieben Wähler, wenn wir so gemeinsam auf die letzte Legislaturperiode zurückblicken, stellen wir doch fest...

R: ...daß de Schwarzn oiwei no s Mei aufreißn und nix dean, owa scho a.

S: Du reiß de fei zam, du roda Deife do drim, du boaniger.

R: Dei Wampn host a blos weist bei da richtign Partei bist, du schwaza Hund du.

S: Dein roden Osch host blos vom vuin sitzn.

R: Und du dein Bostn bei da Hypo Bank...

L: A guade Bank.

R: Und du host den Bostn a midm Rosenkranz dabet, du Kuttenpolitiker, du g'weihraucherter.

W: ...Legislaturperiode zurückblicken, stellen wir doch fest, daß uns doch einige Dinge...

S: ...sauwa in d'Hosn ganga san. (Lachen.) Jawoi soge.

W: ...einige Dinge, wenn auch nicht zu aller Zufriedenheit...

S: Sehr guat.

W: ...so doch vor allem dank...

L: A guade Bank.

W: ...dank unseres Engagements gelungen sind. (Wischt sich den Schweiß ab.) Wenn wir nur an den Terrorismus denken...

S: Nua a doda Terrorist kann nimma befreid wean, sog i.

R: Do muaß i eam recht gem. Do wardts scho a weng z'lasch.

S: Oiwei scho. Des is scho bei der antiautoritiven Erziehung losganga. Mia ham an Schilift dahoam, früha hams gwart, glaubst heid mog se no oana asteyn. Do gähda a, da Terrorismus.

R: Wos sogst iatzt do, Abgeordneter, do hoda Schwarze do recht.

W: Das läßt unsere Demokratie nicht so einfach zu.

S: Demokratie, Demokratie, früha hammas glei ins Loch oda aufghengt. Heid miaßnses east no vahaftn, dann weans ins Gfängnis gschpeat, wos an Radio und a Fernseh ham, dann hamms an Haufa Vateidiga, brauchts ois ned, wo do in da Bild-Zeidung eh scho gschtandn is, das schuide san.

R: Du bist jo ned schwaz, du bist jo braun.

S: Ja kannst ma du song wos des is zwischn am fanga und an verurteiln. Kimmt des seybe aussa ois wennses glei aufhenga dadn und kost an Haufa Geyd.

R: Segstas, des is, des is Demokratie.

W: Immerhin sitzn in Stammheim...

S: Oiwei no zweng. Und übahaupt. Bistoin hams, an Funk hams, wie gibts denn des? Do san zweng vahaft woan.

R: Ja hädn's etz an Betonmischer von der Firma, der Stammheim baut hod, a no vahaftn soin.

S: A Scheifal Sand, a Scheifal Beton, a Scheifal Bistoin, ja do legst de nieda. So weid samma scho.

R: Iatzt deafst owa stad sei gey.

S: Dua ned lang aufschnein, du Terroristenbazi, du lumpada.

R: Du Nazi du.

S: Du... du Student du.

R: Oiso des losama ned gfoin. Ois kannst song, owa Student des geht a weng zweit.

W: Bitte keinen unnötigen Zank...

L: A guade Bank.

W: Eben, gerade kommunalpolitisch haben wir

doch mit dem Baustopp für die Hypobank, (schnell) die eine gute Bank ist, eine weitere Vernichtung der Grünflächen ...

S: ... S Geyd habts vadriem, kimmt jo koana mea hea zu uns.

R: Ja mechatst am End no daß uns a soa Atomgaudi heasteyn.

S: Iatzt deafa da amoi oans song: A soa Atom des liefert an Haufa Strom. Ja, ja du mid deine zehn Hena brauchst koan, weist das eh olle seyba frist ...

R: Und du mid deine heazichtn Penezilingickerl mochst uns olle krank ...

L: A guade Bank.

R: I dat amoi vasuacha, vielleicht kannst da so an Henaosch, der da Oa legt, aloa heazichtn, dea nimmt no wenga Blotz weg.

S: Du keast jo ins vorige Jahundert.

R: Do kanne nix song drauf, wey wemma lauta sechane wie die ham, gibts des nexte Jahundert eh scho nimma.

W: Meine Herren, es gibt Spielregeln der parlamentarischen Diskussion ...

R: Scho, Herr Abgeordneter, owa kennan sie oam parlamentarisch dischkriern, dea seine Henna in so kloane Kastl eischpert und dea, Herr Abgeordneter (leise zu Ihm) dea sauft jo ... no meara wiea der Pfarrer.

S: Hobs scho kheat, weilst du ned saufst, du Bierdampf, du lebendiger.

R: Des hod scho da Reiterbauer z'Geem gsogt. De Schwazn liang und steyn wia de Dachl.

S: Sog des noamoi!!

R: Liang dats. (Beide raufen)

W: Aufhören.

R: Ea hod agfangt.

W: Das ist doch undemokratisch.

S: A in da Demokratie fangt oana oiwei a.

R: Blos de andan miaßnses dann gfoin loßn. Owa di dawische scho amoi.

W: Meine Damen und ...

S: D'Weiba hoidns Mei. Auf gähts gem'ma.

W: Aber ...

R: Und mia gem'ma a.

W: Sie können doch nicht ... ich habe doch ... nochgarnicht. Können Sie mir sagen?

L: Des kanni scho. (Klopft Pfeife aus.) Wissns bei uns in Hidring gehen de Uarn ned anders, do sans stehbliem. Und a jeda deas aufziang mecht, brichtse entweder an Finger oda d'Fedan von da Uhr.

W: Sie gehen auch?

L: I muaß auf d'Bank, an Tausendmarkschein wechseln, sonst moanas alle no, i war a Terrorist. Pfüd God, Herr Abgeordneter. (Geht ab.)

HARALD GRILL

waldhügel im regen

die blaßblauen rücken der wale

stumm halten sie ihre richtung

eines tages werden sie stranden
mit ölverklebten atemlöchern

man wird gerüchte erfinden
von ihrem selbstmord

Die Standlfrau Fanni Dorfner.

Anka Kirchner

Das christliche Zählwerk

Über die Rosenkranzkettlerin Ida Maurer

22. Oktober 1980

Ich habe tatsächlich alle Wege wiedergefunden, die ich mit dem Pfarrer gefahren bin, damals auf der Suche nach Totenbrettern; sogar die Abzweigung zu der kleinen Kapelle mit den Hinterglasbildern. Ich bin wiedereinmal im ‚Hinteren Wald' unterwegs, das ist der hintere Bayerische Wald, früher hat man Böhmischer Wald gesagt.
Oben auf der Hügelkette zwischen dem Arber und dem Kaitersberg liegen Einödhöfe. Von einem Hang zum anderen kann man die alten Rodungsinseln noch erkennen. Wenn die vielen Bäume nicht wären, müßte man von hier aus bis zur Donau hinunterschauen können, und nach Norden zu in den Lamer Winkel hinein. Der Lamer Winkel soll zweimal, jeweils von Tirol aus, besiedelt worden sein. Nach der Pest und dem dreißigjährigen Krieg hat in dieser Gegend fast niemand mehr gelebt. Weiter im Süden nennt man die Leute aus dem Lamer Winkel heute noch manchmal ‚Tiroler'.
Lamer Winkel, toter Winkel? Die nahe Grenze ist überall zu spüren. Es ist die Grenze zur Tschechoslowakei. Je näher ich ihr komme, desto verlassener wirkt die Gegend. An den Wegen überall Sackgassenschilder. Dann stehe ich wirklich davor, die Grenze sieht hier eher harmlos aus, nicht so hermetisch wie die deutsch-deutsche weiter im Norden.
In einem Wirtshaus hat mir einer erzählt, daß noch immer geschmuggelt wird; der Mann hatte einen Mordsrausch. Doch ich weiß aus anderen Gesprächen, daß früher das Schmuggeln hier Ehrensache war. Noch vor 50 Jahren hat man ganze Viehherden heimlich über die Grenze getrieben, von Böhmen nach Bayern. In der Gegenrichtung wurden Tabak und Zucker verschoben. Um die Mitte der Dreißiger Jahre hat dann ‚der Hitler' die Grenzkontrollen drastisch verstärkt. Damals saßen viele der sonst unbescholtenen und angesehenen Bauern in Straubing im Gefängnis. Das ist auch der Grund, warum diejenigen, die wirklich etwas darüber zu sagen wüßten, übers Schmuggeln nicht reden; — und schon gar nicht vor Fremden.
An den Berghängen stehen noch Getreidemandln, handgebunden mit gedrehten Strohschnüren.
Am späten Nachmittag klingle ich, wie schon einmal vor einem Jahr, an der Tür zum Pfarrhof im Wallfahrtsort Neukirchen beim Heiligen Blut (Neukirchen b. Hl. Bl. steht in der Straßenkarte). Die Haushälterin ist nicht begeistert über meinen Besuch. Der Herr Pfarrer muß um sieben eine Messe halten und soll vorher noch zu Abend essen. Der Pfarrer Murr kennt sich gut aus in seinem Kirchensprengel. Er kümmert sich hier ein bißchen um das, was man gemeinhin Heimatpflege nennt und gibt den NEUKIRCHNER BILDERBOGEN heraus. Soll ich ihm sagen: Sie erinnern sich vielleicht, damals kam ich wegen der Totenbretter, heute interessiere ich mich für Rosenkränze?
Ich möchte einen Film über die Heimarbeit der Rosenkranzkettlerinnen in dieser Gegend machen und stehe ziemlich dumm da. Doch der Herr Murr ist sehr freundlich, gar nicht ‚pfarrherrlich' und kramt aus seinen Schubladen eine ganze Sammlung von alten Familien- und Hochzeitsfotos, auf denen die Frauen jeweils einen Rosenkranz in der Hand halten. Er erzählt mir dabei vom Ursprung und dem Bedeutungswandel des ‚christlichen Zähl-

werks' und übergeht souverän die Anzeichen von Mißbilligung und Ungeduld, die die Köchin draußen im Flur von sich gibt. Schließlich öffnet er noch einen grauen, stählernen Panzerschrank, greift hinein und wickelt zwei wunderschöne, alte Rosenkränze um seine Hand, um sie mir besser zeigen zu können. In diesem Tresor sind die kostbarsten Stücke aufbewahrt, die sich im Laufe der Jahrhunderte in der Wallfahrtskirche angesammelt haben. Früher hängten die Gläubigen ihre Rosenkränze als Votivgaben über das Gnadenbild. ‚An einem Rosenkranz kann man die Armen Seelen aus dem Fegefeuer ziehen' — so war der Glaube. Am Rosenkranz, diesem ‚Bindfaden zwischen Himmel und Erde', hängt in dieser Gegend ein ganzes Gewerbe.

Der Pfarrer hat mir einen Gasthof für das Abendessen empfohlen. Die Wirtsstube ist fast leer, nur um den Stammtisch sitzen Männer, junge und alte beim Bier. Zu essen gibt es Leberkäs mit Ei oder Bratwürst. Ich setze mich in eine Ecke und breite meine Notizen und Bücher auf dem Resopaltisch aus; für einen Moment von den anderen erstaunt taxiert. Möglicherweise sitzen dort drüben am Stammtisch die wichtigen Männer vom Dorf. Aber ich habe keine Lust hinüber zu gehen und zu fragen: wer macht bei euch Rosenkränze, wer handelt damit, wer kauft sowas?

29. Oktober 1980

Nach einem großen Bogen über den Steinwald und das Fichtelgebirge bin ich wieder zurück nach Neukirchen b. Hl. Blut gekommen. Ich habe erfahren, daß es hier einen Mann gibt, den man den ‚Rosenkranzkönig' nennt. Er ist einer von nur noch zehn Unternehmern, die Aufträge zum Ketteln von Rosenkränzen an Heimarbeiter vergeben. 53 509 Menschen verdienen nach Angabe des Bayerischen Staatsministeriums für Arbeit und Sozialordnung ihr Geld mit Heimarbeit; davon sind 92,4 Prozent Frauen. Sie sticken und klöppeln, binden Besen und Bürsten, schreiben Adressen, bauen Musikinstrumente, flechten Körbe.

Für jede Sparte gibt es einen „Heimarbeiterausschuß". Eingesetzt werden diese Ausschüsse entweder vom Bundesarbeitsministerium (wenn sie für die ganze Republik zuständig sein sollen) oder von den Arbeitsministerien mehrerer Länder, manchmal auch nur eines einzigen Landes. In den Ausschüssen sitzen drei Vertreter der Auftraggeber und drei der Heimarbeiter; die zuständige oberste Arbeitsbehörde bestimmt den Ausschußvorsitzenden, in der Regel einen Referenten aus dem Ministerium. Da oft keine Tarifverträge vorliegen, setzt der Ausschuß die Mindestlöhne fest. Diese „bindenden Festsetzungen" haben die gleiche Wirkung wie Tarifverträge. Außerdem regeln Gesetze die Pflichten des Arbeitgebers gegenüber „seinen" Heimarbeitern: einmal durch vorgeschriebene Information über Unfall- und Gesundheitsgefahren, einen offenen Aushang der festgesetzten Stücklöhne und die gewerbliche Anmeldung der Beschäftigten; zum anderen bestehen Vorschriften über Arbeits- und Gefahrenschutz, über Steuerabführung und Sozialversicherung. Die Einhaltung der Mindestlöhne wird vom Gewerbeaufsichtsamt überwacht. Die herumreisenden Entgeltprüfer können gegebenenfalls die Unternehmer zu Nachzahlungen zwingen. Nach der Statistik zahlt jeder vierte Heimarbeitvergeber zu wenig aus. Die amtlichen Lohnnachforderungen für das Jahr 1981 liegen allein in Bayern bei 1,1 Millionen Mark.

In der Branche „Rosenkränze und Gebetsketten" sind nur noch 120 Menschen in Heimarbeit beschäftigt.Das Geschäft geht zurück. Rosenkränze aus Japan und Hongkong werden manchmal um 50 Prozent billiger angeboten. „Und die Kirche läßt jede ideelle Unterstützung vermissen; Rosenkränze kommen ganz einfach aus der Mode", klagt Josef Neumeyer, der Rosenkranzkönig. Zu ihm bin ich an diesem Morgen als erstem gegangen. Er ist sehr reserviert und mißtrauisch. Er hat schon einmal schlechte Erfahrungen mit Leuten vom Fernsehen gemacht.

Vorne im Laden hängt ordnungsgemäß die Liste mit den Namen der beschäftigten Arbeiterinnen, samt geltendem Stücklohn und den gesetzlichen Zuschlägen, der Rosenkranzler weist mich auch gleich darauf hin. Wir reden über die Talfahrt der Rosenkranzindustrie, das stimmt ihn nicht vergnügter. Ich möchte gern einige der Heimarbeiterinnen besuchen und bitte ihn um Hilfe und Rat; da

wird er freundlicher. Nach einem Gang durch das Geschäft — „mei, früher haben wir hauptsächlich ins Ausland geliefert, an Missionsstationen, aber die verschenken heute auch keine Rosenkränze mehr an Neger“ — fahren wir in das Dorf Lamberg. Er vorneweg mit seinem Mercedes, ich mit dem VW hinterher. „Unsere Ida wird Ihnen schon was übers Rosenkranzketteln erzählen, die ist nicht auf den Mund gefallen.“ Der Herr Neumeyer geht laut und jovial mit seinen Leuten um. Er fühlt sich als Vater einer großen Familie, die auf Gedeih und Verderb verbunden ist. Wir stehen vor der Haustür der Ida Maurer. Sie hat uns kommen sehen und trocknet sich noch schnell die Hände an der Schürze ab. „Ida, was macht die Gesundheit? Wie geht's den Enkeln? Ist der Mann wohlauf? Ich bringe eine Frau vom Fernsehen, die möchte mit dir reden.“ Er hat wenig Zeit, ist schon wieder weg.
Ich bin mit ins Haus gegangen. In der kleinen Küche saß ihr Mann neben dem Herd auf einem Sofa. Wir beide haben der Frau beim Rosenkranzketteln zugeschaut; den ganzen Nachmittag lang. Danach notiert: Ida Maurer, 55 Jahre alt. Schönes Gesicht, mit schnellen, klugen, braunen Augen, wie man sie in der Oberpfalz so häufig sieht. Sie „kettelt“ noch; die neuere Methode ist das Knüpfen, geht schneller, wird besser bezahlt. Hat mit zehn Jahren angefangen mit der Heimarbeit. Vier Geschwister. Die Eltern haben einen kleinen Hof gekauft, konnten damals gerade die Notarkosten auf den Tisch legen, alles andere mußte im Laufe der Zeit abgearbeitet werden. Der Vater hat als Holzfäller dazuverdient, die Mutter machte die Landwirtschaft und besorgte den Krämerladen, eine kleine Bäckerei gehörte auch noch dazu. — Als junges Mädchen hat die Ida Maurer alle Möglichkeiten, Geld zu verdienen, wahrgenommen. Neben dem Rosenkranzketteln Hopfenzupfen in der Hallertau und Erntearbeit im Gäuboden. Ist immer zu Fuß gegangen, um das Fahrgeld zu sparen. Den Lohn bekam die Mutter; die kaufte ihr die notwendigen Kleider. 1946 geheiratet, ohne einen Pfennig, ohne Aussteuer. Ihr Mann sollte das Anwesen in Lamberg erben, aber damals lebten seine Eltern noch. So hat sie halt weiter gekettelt. Der Mann ist „hinaus“gefahren zum Arbeiten, als Pendler; Sonntagabend weg, Freitagnacht zurück (Erlangen, Straßenbau). Zwei Kinder; als die nicht mehr ganz so klein waren, hat sie oft fünf Dutzend Rosenkränze am Tag gekettelt. Das bedeutet zehn Stunden konzentrierter Arbeit; und daneben die Landwirtschaft: 13 Tagwerk, fünf Kühe, Schweine, Hühner, Äcker mit Hafer, Gerste und Kartoffeln; die Schwiegereltern waren inzwischen alt. So hat sie jeden Tag durchgearbeitet, bis zwei oder drei Uhr morgens, nur wenige Stunden geschlafen, immer allein. An den Wochenenden, wenn der Mann da war, haben sie gemeinsam das Haus umgebaut — über Jahre hin. Sie sagt: „Es war hart, aber wir sind gesund; jetzt, wo wir endlich beieinander sein können, wollen wir noch nicht so bald sterben.“ — Ein Sohn lebt im Haus, arbeitet wiederum als Pendler (Nürnberg, Baggerführer), eine Schwiegertochter ist da, zwei Enkelkinder. Doch um die noch immer

HERMANN LENZ

Dort hinten

Du solltest schreiben so wie
  Wespen schrieben
Und tollwütige Hunde, wenn
  sie's könnten,
Obwohl das durchdringende Mittagslicht
Die Wiesen und die Täler, Böhmen zu,
Erhaben aufbaut in der hellen Weite.

Froh bist du, weil du hier bist,
  eine Weile noch
Das Vogelschnarren hörst,
  das Tannenrauschen,
Am Grenzstein dürre Gräser
  glänzen siehst,
Metallisch und sich rührend, so als ob
Sie höher wären als die fernen Berge.

gleich große Landwirtschaft kümmern sich die beiden Alten. Der Mann ist jetzt 63, in Rente, krankgearbeitet.

14. November 1980

Ich wollte mir die Devotionalienstandeln bei der Wallfahrtskirche anschauen; sie liegt etwas außerhalb von Neukirchen b. Hl. Blut. Aber da war alles vernagelt. Wahrscheinlich ist im November die Saison vorbei. „Da geht überhaupt nicht mehr viel, seit die Böhmen nimmer rüberkönnen." Hinter mir steht der Pater Gabriel. Er kommt gerade von seinem morgendlichen Rundgang durchs Dorf zurück, freut sich, mit jemandem reden zu können. Er zeigt mir die Kirche und, soweit zulässig, auch das kleine, einfache Kloster, den Garten. Drei Patres leben noch da und zwei Laienbrüder; Franziskaner. — Die Fanni Dorfner solle ich doch mal besuchen, das sei die älteste Standelfrau im Ort, ein Original. Die Frau Dorfner war nicht daheim.

17. November 1980

Es riecht nach Schnee. Ein wilder Himmel; alle Schattierungen von Wolkengrau, dazwischen blaue Löcher. Die Leute von meinem Team sind unterwegs, um die Zimmer in den einzelnen Gasthöfen auszukundschaften. Ich habe die Frau Dorfner in ihrem Haus unterhalb vom Pfarramt angetroffen. Ein kleines, verhutzeltes Weiberl, 86 Jahre alt. Sie nickt nur immer zu allem, was ich sage, und lacht. Ob sie überhaupt verstehen kann, worum es geht? Immerhin möchte ich von ihr, daß sie ihren Devotionalienstand bei der Kirche für unsere Aufnahmen noch einmal öffnet, wenigstens einen Teil der Ware wieder hineinräumt. Ich bin selber ganz verwirrt, weil mir während des Redens erst klar wird, was für eine Mühe das für die alte Frau bedeuten muß; biete an, sie und die Sachen in meinem Wagen hinüber zu fahren. Sie lacht nur und nickt wieder. Wir verabreden uns für den nächsten Tag.

18. November 1980

Die Rosenkranzkettlerin Ida Maurer hat den Küchentisch abgewischt. Draußen ist es regengrau, innen knallhell von unseren Lampen. Sie packt aus verschiedenen Tüten das Arbeitsmaterial aus. Silberdraht und silberne Ketten, kleine Herzen und rosa Plastikperlen; dahinter ihr hellblauer Küchenkittel mit einer bunten Borte, geblümte Gardinen, eine karierte Wachstuchtischdecke.

Der Tonmann hat uns kleine Mikrofone umgehängt, die Kamera läuft.

„Also, das sind jetzt erst einmal die Vorbereitungen?" — „Ja, von dene Ketterl muß ich die Zwischenglieder herrichten; das da sind die Herzerl, die kommen auch in den Rosenkranz, jetzt grad hab ich Plastikperlen, manchmal sind es Glasperlen, dann wieder Holzperlen oder Wachsperlen, je nachdem; es geht nicht mit allen gleich gut."

Sie ordnet das Material in einzelnen Haufen auf dem Tisch, — Kindergeschrei von draußen. „Sind das Ihre Enkelkinder, die draußen weinen?" — „Ja, weil's die Mutter nicht reinlassen will." — „Hocken die oft bei Ihnen hier in der Stube?" — „Die sind viel bei mir." — „Ja, verziehen die Ihnen nicht die Ketten und Perlen?" — „Doch, da muß ich höllisch aufpassen; das ist so eine Verführung für die Kinder, die wollen alles anlangen." Sie zwickt mit einer schönen, rhythmischen Bewegung jeweils zwei Kettenglieder ab. „Was haben Sie in dem Kastl da?" „Das ist Abfall; das sind kaputte Perlen und so Abfallstücke, das muß ich alles wieder retour geben." — „Warum?" — „Weil das Gewichtssache ist, das geht alles nach Gewicht." — „Ihnen werden die Materialien abgewogen?" — „Ja." — „Und nachher die Rosenkränze wieder gewogen, die Sie abgeben?" — „Ja, und das Material, das übrig bleibt." Sie hängt Kettenglieder an die Herzen. „Sie biegen da jeweils ein Glied auf?" — „Das muß ich aufmachen, dann gehört das Herz da rein, und dann muß ich's wieder zumachen und das nächste wieder aufmachen." — „Daß Sie das noch so sehen!" — „Nur mit dem Augenglas; anders geht's nimmer. Die Augen gehen am meisten kaputt bei der Arbeit, und dann zittre ich manchmal schon." Sie schiebt einen Haufen Perlen vor sich hin, schüttelt den gerollten Draht auf und streift ihn über den linken Arm. „Warum schütteln Sie den so?" — „Damit er auseinanderläuft, sonst verhängt er sich nachher beim Ketteln." — „Da nehmen Sie jetzt die Perlen schon mal in der Reihenfolge auf den Draht auf?" — „Ja, immer zehn." — „Das sind die Ave-Perlen, gelt?" — „Die zehn, das sind die Gegrüßet-seist-du-Maria, dann kommt der Vaterunser." — „Wenn Sie da immer noch die Landwirtschaft machen, ich mein, dann ist es doch schwierig mit den Fingern bei so einer Arbeit." — „Ja, da hab ich schwere Händ, weil das Gefühl net da ist. Wenn ich den ganzen Tag die Mistgabel oder den Rechen in den Händen halt, ist natürlich die Zange ein Dreck dagegen; die ist dann so leicht, die spür ich kaum, da geht alles langsamer." — „Und was ist jetzt das?" — „Das ist das Zwischenstück, das Herzl, das den Rosenkranz zusammenhält. Dann kommt ein Vaterunser, dann ein Zwischengliedl, dann drei Gegrüßet-seist-du-Maria, dann wieder ein Gliedl, dann ein Vaterunser und dann der Schlußhaken. Jetzt hab ich ihn soweit fertig, jetzt könnt ich ihn runterketteln." — „Und das Kreuz, das meistens noch dranhängt am Rosenkranz, machen Sie das nicht hin?" — „Das wird in der Firma gemacht." — „Müssen Sie eigentlich das Material selber holen, oder wird Ihnen das gebracht?" — „Das muß ich selber holen und auch selber abliefern; außer es ist recht eilig, dann holen sie es manchmal dazwischen."

Das Haus der Familie Maurer liegt etwas außerhalb von Lamberg an einem Hang. Von hier aus kann man weit in den Hohenbogenwinkel hineinschauen. Zweimal in der Woche radelt Ida Maurer mit ihren Rosenkränzen nach Neukirchen b. Hl. Blut. Das sind fünf Kilometer; eine Bus- oder Bahnverbindung gibt es nicht. Wenn Schnee liegt, geht sie zu Fuß. „Was verdienen Sie nun eigentlich?" habe ich gefragt. „Ach", hat sie gemeint, „da komm ich net recht hoch; für ein Dutzend Rosenkränze, so wie sie da sind, krieg ich 4 Mark 79, und dazu brauche ich gute zwei Stunden."

60 Frauen arbeiten so für die Firma Neumeyer; die meisten in ähnlichen Verhältnissen wie die Ida Maurer. Von einer kleinen Landwirtschaft kann man bei dem kargen Boden in dieser Gegend nicht leben. Sie sind auf einen Verdienst in der näheren Umgebung angewiesen. Andere Arbeit gibt es nicht, also müssen sie auf jede Bedingung eingehen. Herr Neumeyer, der Rosenkranzkönig, in dessen Laden die Frauen die fertigen Rosenkränze abliefern: „Diese Frauen wären arbeitsmarktmäßig sowieso nicht unterzubringen; bei uns verdienen sie gutes Geld..." Laut Aushang zahlt er korrekt: 3 Mark 88 pro Dutzend für die Grundform (59 Perlen, ein Zwischenstück) zuzüglich 22,9 Prozent für Urlaubsgeld, Feiertagsgeld, Krankengeld und Unkosten.

Im Hintergrund wartet die Frau Maurer, daß man ihr das neue Material zusammenstellt. Dann radelt sie davon. — Wir haben es auch eilig; wollen noch die Aufnahmen beim Devotionalienstand drehen. Ich fahre die Dorfstraße hinunter, um die Standlfrau abzuholen; dabei bin ich mir gar nicht so sicher, ob da überhaupt was zu machen ist. Vor dem Haus steht ihr Mann; er hat ein verschmitztes Gesicht und einen gezwirbelten weißen Schnurrbart. Er erkennt mich erst, als ich aus dem Auto steige, geht wortlos vor mir her bis in die Küche: „Mutter, die Frau ist da." Die Fanni Dorfner wartet schon im Mantel. Sie hat zwei Heiligenbilder und das Familienkreuz in Plastiktüten eingepackt. Wir steigen ins Auto; der Mann bleibt zurück. O weh, habe ich mir gedacht, mit den zwei Heiligenbildern und einem Kreuz wird der Stand ganz schön kahl aussehen. Doch es kam ganz anders. Der Stand war eingeräumt, ein Heizofen eingeschaltet, Kaffee wurde gebracht, der Pater Gabriel kam zufällig vorbei, bereit, vor der Kamera mit der Standlfrau zu scherzen. Ich war so verblüfft, daß ich einfach alles hab laufen lassen, wie es kam. Der Pater hat dauernd geredet, und die Frau Dorfner hat schnurgerade ins Objektiv geschaut. „Was kostet so ein Rosenkranz?" Ich habe einen aus hellblauen Glasperlen vom Nagel genommen; ein Preisschild war nicht daran. „Eine Mark fünfzig, gute Frau", sagt sie freundlich lächelnd. — So also geht das, wenn man es laufen läßt. Bei dem Verkaufspreis, das muß doch jedem Fernsehzuschauer einleuchten, werden die Rosenkranzkettlerinnen ja geradezu fürstlich bezahlt.

DM 2,40 in der Stunde hat die Ida Maurer 1980 verdient (Zeitpunkt der Filmaufnahmen). Aus den Unterlagen vom Münchner Ministerium für Arbeit und Soziales ist zu ersehen, daß nicht nur ein Mindeststück- bzw. -dutzendlohn, sondern auch ein Mindeststundenlohn bindend festgesetzt ist. Der lag im Jahr 1980 bei 4,50 DM. Mittlerweile sind die Löhne um ca. 14 Prozent angehoben worden; das Mißverhältnis von Mindestdutzendlohn und Mindeststundenlohn beim Rosenkranzketteln ist das gleiche geblieben. Im Ministerium konnte man mir diese Diskrepanz auch nicht erklären. Da können sich eigentlich nur die behördlichen Zeitnehmer verhauen haben, die bei ihren Berechnungen von einer durchschnittlichen Leistungsfähigkeit des Heimarbeiters ausgehen müssen. Denn viel schneller als die Ida Maurer mit ihren 40 Jahren Routine kann man Rosenkränze nicht ketteln.

Ein Jahr später. 24. November 1981

Brief von Herrn Josef Neumeyer an das Bayerische Fernsehen (24.11.81):

„Grüß Gott, Ihr Damen und Herren, zu Ihrer Sendung im 1. Programm am 24. 11. 1981, um 19.15 Uhr erlaube ich mir, Ihnen den Kommentar einer unserer Heimatzeitungen inclusive meiner Meinung zu senden. Bei manchen Eurer Leute ist nicht nur das Gesicht, sondern wahrscheinlich auch die Seele geschminckt. Wenn man sich in eine fremde Gegend begibt, dann sollte man sich immer von der besten Seite zeigen. — — — Das Allergemeinste ist ja — Ihr sogenannten Sittenapostel — daß dieser Film in ganz Bayern ausgestrahlt wurde, und wir können nur im Regionalbereich aufschreien. Wo ist da Gerechtigkeit? Wir sind ja heute schon so tolerant geworden, daß wir jedes Unrecht hinnehmen. Wundert es da noch jemanden, wenn Unrecht ins Verbrechen gesteigert wird. Sie haben uns und den Leuten keinen Gefallen getan. Die sind nach wie vor zufrieden. Sie werden für ihre Leerlaufzeit, weil sie in einen Arbeitsprozeß nicht eingereiht werden können, rechtens bezahlt. Wenn Sie ihnen keine besser bezahlte Arbeit geben können, dann lassen sie die Leute besser in Ruhe. Was das Auge nicht sieht und das Ohr nicht hört, macht das Herz nicht schwer. Ein ehrliches Grüßgott, Ihr Josef Neumeyer, der Rosenkranzler.

P.S. Ihr könnt wohl keine friedliche, seriöse Welt mehr sehen. Wollt Ihr denn lauter Schwabinger- und St. Pauli Duft."

Mittelbayerische Zeitung/ Kötztinger Umschau (26.11.81):

„In der Abendschau den Rosenkranz falsch gebetet?

Im Bayerischen Wald, vor allem dort, wo er hinter dem Hohen Bogen steht und grünt, kann die Welt, auch wenn sie es wäre, ganz einfach deswegen nicht in Ordnung sein, weil dann gewissen Leuten von Funk und Fernsehen der Stoff für Geschichten über Hungertuchnager und andere Notleider ausgehen würde. — — — Mit Spannung wurde im Hohenbogenwinkel auf die Sendung über ‚das christliche Zählwerk' gewartet, am Ende standen Betroffenheit, Unmut und Enttäuschung. Die Beteiligten sind mit dem, was Anka Kirchner zu diesem Thema zu sagen hatte, nicht einverstanden. Ida Maurer, offensichtlich daran interessiert, ob ihrer Äußerungen nicht Repressalien ausgesetzt zu sein, meldete sich sofort bei ihrem Chef und versicherte, vieles andere, und vor allem positive über diese Art der Nebenbeschäftigung vor Mikrofon und Kamera gesagt zu haben. Gebracht wurde allerdings nur, was in das Bild paßte, was sich die Autorin machen wollte. — — — Josef Neumeyer kreidet Anka Kirchner an, daß sie wichtige Hintergrundinformationen schuldig geblieben sei. Er schreibt: es ist rührend zu sehen und zu hören, mit welcher Inbrunst sich hochbezahlte Leute um die schlechten Augen und die Kreuzschmerzen unseres Hohenbogenwinkelvolkes kümmern, nur nicht um Beschäftigung für diese Leute im Grenzland. Will vielleicht Frau Anka Kirchner mit ihrer eleganten Tränentour und mit Hilfe des honorarzahlenden Fernsehens zurück zum Proletarismus? Frau Kirchner hat mit ihrer leutseligen Biederfrau-Tour von uns Vertrauen erbeten und es in ganz unverschämter Weise mißbraucht. — — — Durch solch schlechte Imagepflege wird unser Grenzland so verrufen, daß sich nicht einmal mehr der Urlauber wohlfühlt. Ich möchte an alle, die Verantwortung spüren und die Möglichkeit haben, sich zu wehren, die Bitte richten zusammenzustehen, damit nicht jeder x-beliebige Klugscheißer unser Nest besudeln kann'."

Ida Maurer und ihr Mann.

Christine Blumschein

„... d Mannaleid hams scheena ghabt."

Ein Leben als Magd im Bauerndienst

„Franziska Meier hat bei mir wieder volle 6 Jahre mit sehr großem Fleiße gedient. Dieselbe war willig, treu, ehrlich, fleißig und pflog ein gutes und sittliches Betragen. Sie verdient volles Lob und Anerkennung und kann jedermann aufs wärmste empfohlen werden."
Das schrieb der Bauer und Gastwirt Anton Laumann vom Jägerhof seiner Dienstmagd Franziska Meier am 2. Februar 1926 ins Dienstbotenbuch. Dieses Dienstbotenbuch enthielt alle Dienstplätze und Zeugnisse der Dienstherren, dazu die Dienstbotenordnung. Ohne Vorlage dieses Buches durfte kein Dienstbote eingestellt werden. Die bis Anfang des 20. Jahrhunderts gültigen Gesindeordnungen gingen davon aus, daß der Dienstbote mit Abschluß des — meist mündlichen — Vertrags, dem Dienstherrn seine Arbeitskraft „vermietet", ihm „zur Verfügung" stellt. Im Wesentlichen enthielten die Gesindeordnungen einen Katalog moralischer und ethischer Normen, die Herrschaft und Dienstbot auf ihre sozialen Rollen festlegten. Der Dienstbote war dem Herrn „zum Gehorsam, zum Fleiße, zur Treue, Ehrerbietung, Vorsicht, Wahrhaftigkeit, Ordnung und Reinlichkeit verpflichtet", hatte sich der Hausordnung, „wie sie vom Dienstherrn bestimmt wird", zu unterziehen, mußte „Befehle, Ermahnungen und Verweise des Dienstherrn ... mit Ehrerbietung und Bescheidenheit annehmen". Daneben war er verpflichtet, alle Dienste „nach Anordnung des Dienstherrn pünktlich und unverdrossen zu leisten". Von der Herrschaft wurden regelmäßige Lohnzahlungen verlangt, sie sollte auch „dem Dienstboten nicht mehr und nicht schwerere Arbeiten aufbürden, als derselbe nach seinen Kräften zu leisten vermag".
Wer im Bauerndienst war, kannte freie Zeit oder Urlaub kaum. Die Mägde arbeiteten auf den meisten Höfen als Stalldirn und halfen bei Ernte- und Feldarbeiten, denn in der Küche war ja die Bäuerin selbst. Wenn in der Woche nach Lichtmeß, den „Schlenkeltagen" allgemein etwas weniger gearbeitet wurde und die Burschen ihren kurzen „Urlaub" genossen (zur Stallarbeit mußten sie wieder zurück sein), putzte die Magd erst noch die Küche und den Hausgang — und dann wars schon bald wieder Zeit zum Stallgehn, wie die jetzt 82jährige Mina Hofbauer, die in einem Oberpfälzer Altenheim lebt, sich erinnert. Auch am Sonntagnachmittag war sie oft noch mit Arbeiten für ihren Dienstherrn beschäftigt: „D Sonntag bin i dahoam blim, na hone an Radio aufgmacht und ho nembei d Kinda ghobd und de kloana Hendla gfiaddad ... und na howe gflickt und d Handschuah gstopft fian Winta wida und d Strümpf gstopft und gflickt ... d Mannaleid hams scheena ghabt ..."
Zehn Mark im Monat hat sie verdient 1917 und bis zur Frührente 1950 brachte sie es auf 30 DM im Monat. Damit erhielt sie neben freier Unterkunft und Verpflegung etwa um ein Drittel weniger Barlohn als ein Knecht, obwohl sie die gleiche schwere Arbeit verrichtete: „... Meistens bin i halt der einzig weibliche Dienstbot gwen ... na bin i halt

allweil alloa in Acka drauß gwen ... wenn oans alloa in Acka drauß is, da sichst ned vül, da muaßt de grod odoah. Na Mittag hod ma na Kälwa zum Saugn hi doa mian und die Kiah Sträih richtn, na hod ma wida auße miassn, hod ma midde Rechan heign miassn, gell, und Kartoffl hacka und Runckl hacka, wos halt fia a Orwat do gwesn is.... Bin meistns um halwa fünfe aufgstandn, meistns. Und im Somma mal uma viere a scho, weil wenn da Baua zum Mähn nausganga is, gell, na howe schaua mian, daß e min Fiaddan ferti wer und daß e ausse kum zum Gras ausanandastrahn. Da hod ma se scho umdua miassn mei liawa...."

Und zur Brotzeit zwischendurch gabs dann, was von Mittag übriggeblieben war oder „a Bröckel gselchts Fleisch und a Brot" und auf d Nacht „a Mülchsuppn und a Brot eibrockt".

Von ihrem wenigen Verdienst mußten sich die Dienstboten, je nach Freigiebigkeit der Herrschaft, Kleidung, Schuhe, Wäsche und „Luxusgegenstände" wie etwa eine warme Decke, ein Fahrrad oder Toilettenartikel kaufen. Für ein Fahrrad hätte Mina Hofbauer damals mehrere Jahre sparen müssen. Mit ihrem Geld ist sie immer gut ausgekommen:

„... weil i hob nix kauft, alles zamagflickt, d Strümpf bsetzt und Holzschuah oghabt allawal ... im Herbst howe ma guade Holzschuah kauft und de howe na an ganzn Winta oghabt, na hans so zamgschloaft gwen, na hans im Summa leicht worn, de howe no in Summa inda Arnt drauß oglegt. Mei des bissl Geld, da host ned viel kauffa kenna, gell."

Außer der Reihe sich etwas kaufen wäre ohnehin schwer gewesen, denn die Arbeitszeit war von morgens 6 bis abends 8 Uhr. Für eine Verbesserung der Lohn- und Arbeitsbedingungen, für die Einbeziehung der Dienstboten in die gesetzliche Arbeitslosenunterstützung und gegen ihre rechtliche und soziale Benachteiligung gegenüber anderen Arbeitnehmern traten die verschiedenen Dienstbotenvereine ein, die aber erst nach 1918 die abhängigen Landarbeiter „in Kost und Wohnung" mit Erfolg ansprechen konnten. In Bayern gab es den „Deutschen Landarbeiterverband", den „Zentralverband der Landarbeiter" und den „Katholischen ländlichen Dienstbotenverein". Sie setzten sich auch für die Bildung und Weiterbildung der Landarbeiter ein — wurde doch Bildung für die „unteren Schichten", zu denen die Söhne und Töchter kleiner Bauern, Handwerker und Tagelöhner gehörten, die fast ausnahmslos die Berufsgruppe der Dienstboten stellten, in manchen Kreisen als unnötig, wenn nicht gar als schädlich angesehen.

„Das Wichtigste für ein Mädchen ist die Gewöhnung in eine Arbeit, welche der Phantasie keinen Spielraum läßt" schrieb 1906/07 die „Modenzeitung fürs deutsche Haus" und der „Mährisch-Schlesische Volksbote" mahnte: „... für die untersten Schichten genügt die Schule des Lebens.... Den gleichen Unsinn, als ob man jedes Stückchen Boden kultivieren könnte, betreibt man in der sozialen Welt. Alles muß kultiviert sein, man muß lesen und schreiben und zeichnen und Naturkunde betreiben. Wenn alle Welt hochkommen will, dann darf man sich nicht wundern, daß es an echten Knechten und Mägden fehlt. Es muß dann der Herr Baron seine Senkgrube selber ausschöpfen und die Frau Baronin ihre Küche mit eigener Hand reinigen; denn Leute, welche moderne Schulbildung haben, mögen dies nicht tun." (Etwa um 1883).

Noch 1957 beklagte der „Arbeitskreis Landarbeitsverfassung", daß die Ausbildung der Landarbeiter völlig im argen liege. Die fehlenden Möglichkeiten beruflicher Qualifikation im Zusammenhang mit den Einschränkungen der persönlichen Freiheit der Dienstboten führten zum nahezu vollständigen Aussterben dieses Berufsstandes: so verringerte sich die Zahl der Landarbeiter in Bayern insgesamt (Dienstboten und Tagelöhner) von 1956 bis 1978 von 140 800 auf 43 900. Die Abwanderung in andere Berufe, räumlich gesehen in die Städte, vollzog sich am stärksten im Gesindebereich, der noch 1957/58 zwei Drittel aller Landarbeiter ausgemacht hatte.

Kopfsteinpflaster

Lebenserinnerungen aufgezeichnet von Max Bauer

Mit einem Vorwort von Max von der Grün und einem Nachwort von Dieter Adelmann

Max Bauer

Wie das „Kopfsteinpflaster" entstanden ist

Über die Autobiographie eines Arbeiters

„Memoiren werden veröffentlicht von Politikern, Generälen, Fürstlichkeiten, Schauspielern und vielen anderen Persönlichkeiten. Lebenserinnerungen jedoch von einem Menschen der unteren Schicht des Volkes, so stelle ich mir das vor, gelangen kaum an die Öffentlichkeit. Trotzdem versuche ich, obwohl ich nur die Volksschule besuchte, meine Vergangenheit wahrheitsgetreu wiederzugeben."
So kündigte der Arbeiter Max Bauer aus Hauzenberg-Jahrdorf in der Einleitung seines Buches seine Lebenserinnerungen an.
So wie er diese Erinnerungen einige Jahre nach seiner Pensionierung in ein Rechenheft geschrieben hat, so ehrlich und so genau hat er mir in seiner gestochenen Handschrift einen Brief geschrieben: wie es zu seiner Autobiographie „Kopfsteinpflaster" gekommen ist, was das Buch bewirkt hat.
„Es ist erstaunlich, 52 Jahre habe ich gearbeitet, einschließlich Arbeitslos, Krieg und Gefangenschaft und niemand hat etwas gemerkt. Jetzt habe ich ein paar Zeilen geschrieben, schon stürzt das Haus zusammen."
Das Haus, das sich der Max Bauer ein Leben lang erarbeitet hat.

J. B.

Fahrdorf, Dezember 1983

Lieber Herr Berlinger!

Recht vielen Dank für Ihren Brief. Es ist mir ein Vergnügen, Ihnen
einen kleinen Einblick in den Werdegang meines Buches zu vermitteln. Das
schreiben an und für sich bereitete mir sozusagen keine Schwierigkeit. Ich hatte
meine Vergangenheit weit zurück im Gedächtnis. Nur der Anfang sowie der
Schluß machten mir den meisten Kummer. Wie soll ich Beginnen, wie Enden?
Ich bin kein routinierter Schreiber, das Wort Schriftsteller höre ich, auf mich
bezogen, garnicht gerne, obendrein verfüge ich über einen lückenhaften
Wortschatz. Oft legte ich den Kugelschreiber beiseite und spazierte durch
mein Refugium um für einen bestimmten Satz die richtige Formulierung
zu finden. Ich hatte ja Zeit, viel Zeit. Es ging nicht darum schnell et=
was aufs Papier zu kritzeln, nur in kleinen Absätzen konnte ich ans

Ziel gelangen, dazu bedurfte es eines intensiven Nachdenkens. Meine Überlegung ging dahin, daß, wenn ich meine Erlebnisse zu Papier bringen würde, eine bunte Geschichte daraus entstehen könnte. Den Anstoss zum schreiben habe ich in der Einleitung im Buch „Kopfsteinpflaster" angedeutet. Es sind die „Großkopfeten". Eigentlich war das Ganze nicht für die Öffent=lichkeit gedacht, vielmehr wollte ich meine Erlebnisse nur meinen engeren Verwandten hinterlassen weil ich der Meinung war, daß meine Ver=gangenheit den Wert hätte, sie der Nachwelt nicht vorzuenthalten. Ich konnte mir nicht vorstellen daß sich für meine Aufzeichnungen, jeweils jemand Anderer interessieren würde. Nun, das Gegenteil ist richtig. Nachfolgend werden Sie es gleich erfahren.

Wie es schließlich zur Drucklegung kam, muß ich, um einen Überblick geben zu können, weiter ausholen. Die Voraussetzung dafür, war eine tragische Begebenheit.

Bei einen gelegentlichen Besuch von einer meiner Nichten mit ihrem Mann, gab ich ihnen als Lektüre ein Heftchen mit meinen Aufzeichnungen. Dieser Mann, Karl Demmel, überlebte bei Arbeiten am Funkturm in Frankfurt einen, beinahe 30 m hohen Absturz. Wie das so ist, wurde er, (Demmel) von einem Journalisten, (H. Droege) über dessen Hergang befragt. Bei dieser Gelegenheit übergab, Demmel, ebenso als Lektüre an Herrn Heinrich Droege, das Heft. Herr Droege wiederum, überreichte es den ihm befreundeten Herrn Vito von Eichborn. Natürlich wußte ich von Alledem nichts bis ich aus Frankfurt v. 7. 10. 77 von Herrn Eichborn diesbezüglich ein Schreiben erhielt mit dem Hinweis er wolte einen Verlag gründen und meine Erinnerungen als Buch herausgeben, weiter, ob ich bereit wäre dieses Angebot zu akzeptieren. Wegen Mangel an Erfahrung auf diesem Gebiet, holte ich mir Rat bei den mir befreundeten Herrn Helmuth Haller Druckerei-Besitzer in Hauzenberg. Auf Grund seines positiven Gutachtens, gab ich meine Zustimmung. Nun entwikelte sich eine lebhafte Korrespondenz. Verschiedene Fragen mußten geklärt werden, z.b. Gestaltung und Titel des Buches, auch ev. Namensänderungen wurden erörtert. Eines

rages besuchte mich Herr Eichhorn in Jahrdorf. Um nicht in ein ungewisses Abenteuer zu stolpern, lehnte ich beim Vertragsabschluss jedes eventuelle Risiko ab. Fürwahr, es war ein langer Weg bis zum erscheinen des Buches. Die Überraschung kam am 18. April 1981 in Form eines Pakets mit Inhalt von 12 Gratisbüchern. Mein Lebenswerk also, lag gedruckt vor mir. Welches Gefühl mich dabei beschlich, ist nicht zu erklären. Wie ging es weiter? Um als Verfasser von „Kopfsteinpflaster" nicht gerne Eigenwerbung zu betreiben, trat ich sehr zaghaft in den Vordergrund, lediglich meinem Freund Haller überreichte ich einen Prospekt.
Der Rummel ließ nicht lange auf sich warten.

Die erste Lesung fand im Juni 1981 im Pfarrsaal in Hauzenberg statt. Ich selbst trat nicht ans Pult, die Lesung übernahm zu meiner Entlastung Herr Karl Schlager. Es war ein voller Erfolg. In der Meinung des Publikums, ich müßte, weil ich ein Buch geschrieben habe, auch ein glänzender Redner sein, ist eine Täuschung. Ich hatte in meinem Leben wenig, oder garnichts zu sagen, deshalb auch keine Rednergabe. Im Laufe der Monate hagelte es Briefe, Einladungen und Ehrungen aus allen Schichten der Bevölkerung. Arbeitskollegen, Geschäftsleute, Lehrer, Prälaten, selbst Regierungsmitglieder bekundeten ihre Anteilnahme. Es kamen Personen zu Besuch die ich länger als ein halbes Jahrhundert nicht mehr gesehen hatte. Zwei Höhepunkte verdienen eine besondere Erwähnung: 1. Die Verleihung des Ehrenbriefs mit Silbermünze der Stadt Hauzenberg, 2. Der Film im bayerischen Fernsehen mit meiner Wenigkeit als Hauptdarsteller. Es ist erstaunlich, 52 Jahre habe ich gearbeitet, einschließlich Arbeitslos, Krieg und Gefangenschaft und niemand hat etwas gemerkt. Jetzt habe ich ein paar Zeilen geschrieben, schon stürzt das Haus zusammen. Ist das nicht paradox?

Zum Schluss einige Namen von Männern die zur Verbreitung des Buches beigetragen haben: Herr Helmuth Haller, Herr Karl Schlager, Herr Hans Günther, Herr Herbert Knödlseder, dazu noch viele namhafte Persönlichkeiten. Sie haben, bildlich gesprochen, mit einer Handvoll Kopfsteinen einen Pfad gepflastert der sich innerhalb eines Jahres ausdehnte über Länder und Meere, nach Schweden, Afrika, und Amerika.

Allen denen, sowohl auch den Verfassern von Vor – und Nachwort, Herrn Max von der Grün und Herrn Dieter Adelmann, sei gedankt.

Lieber Herr Berlinger, sollten Sie in meinem Bericht einen brauchbaren Satz finden, würde ich mich sehr freuen.

Ich wünschte mir ein Exemplar vom geplantem Buch.

Mit Gruß Ihr

Max Bauer

Albert Sigl

Heimat is des nimma

Ein Pendler beschreibt seinen Alltag

Dahoam

I bi vo Cham und oarwatn dua e in Minga. Am Freitog oarwat e ollawaal bis um halbe fünfe oda aa länga, waal de Autobahn München—Nürnberg, de is total zua, do stehngans ewig, i sog ollawaal, wenn e a Stund späta wegfoahr, dann bin e um a Stund eha dahoam. Waal dou is einfach de Stoßzeit.
I foahr iatz in da Woch 550 Kilometa und des kost me rein an Benzin mindestens achtzg Mark, ned, und des mal via, wennsd via Wochn rächnast im Monat, 320 Mark rein an Benzin, dou deafsd awa s Auto und des olles no goa ned rächnan. Des Auto hob e ma nei kaaft und iatz hob e vo März '83 bis Januar '84 27000 Kilometa drauf und dou san 20 bis 22000 rein fürs Pendln. Kimmsd am Freitog um holbe achte hoam und wias ausschaut muaßd dei dreckate Wäsch glei in d Waschmaschin haua. Des macht mei Frau.
Wos hold dann kimmt, is am Freitog da ganze Streß, den d Frau ghabt hod dahoam mitm Buam und des wiad hold dann entweda glei am Freitog obgloon oda am Samstog, des bleibt nia aus. Kaam hods d Tüa auf, dann kimmt des scho auf di zua. Du selba host ja aa Probleme iagendwann und dann gibts Crash.
Mei Bua is mittlerwaale frouh, dea is zwölf Joahr old, da Krippl, wenn e ned dou bi. Dann geht eam olls duach. Vo mia kriagt a hold doch Vabote, ja ja, dou lachst du, des is fei schlimm, ächt. Dou konnst da voastölln, wenn i am Samstog, waal unta da Woch konna doch aufbleim, und i bin dann doch oana, wo sogt, wenn i also um zehne sog, iatz is Schluß, daß i dann allawaal bled dosteh, dou stehsd schlächt do.
D Schwiegerleid und d Enkelkinda, dou sehngs es dann doch a weng lockara. De eigenen Kinda hams zwar aa druckt, awa da Enkl deaf alles.
Da Bua is dann so, dea haut dann ab am Samstog in da Früah, bevor e aufsteh, geht zo seine Freind. I moan recht vüül Zeit hosd a sowieso ned, es hod hold jeda seine eignan Probleme. Entweda kemman meine Probleme dro oda de vo da Frau. Bloß iagendwann sogsd dann aa, geh steig ma doch am Huad, muaßd hold sölba schaun daßd as hibringst. Jeda is auf seine eignan Entscheidungen angwiesn, du konnst koane Rücksprachn macha unta da Woch und muaßt deine eigenen Entscheidungen treffa. Meistens iss dann falsch und paßt dem andan ned.
Samstog hob e eigendle ganz seltn Lust, daß e wos untanimm, d Frau muaß scho wieda d Wäsch und s Zeug herrichten, am Sonntog wüll s es aa ned macha. Am Samstog schlaf e bis um zehne halbe ölfe, wenns grod pressiad. Nammedog schau e an Buam zua im Fußballverein, um viere oda um fünfe spülln dann mia, de Altn Herrn. Des is eigendle des oanzige, wos e no in Cham hob, de gegnerische Mannschaft und de Altn Herrn, de sitzn se im Wirtshaus zamm. Umara achte schau e, daß e wieda dahoam bi. Am Sonntog gehma hold dann zom Essn und nammedog zo de Schwiegaleid oda zo

Arbeitsplätze für Techniker waren und sind im Wald rar.

meine Leid und des is dann eigendle s Wochenende. Es gibt vüül, de am Sonntog scho affa foahrn, waal eana des am Montog z vüül is. De foahrn am Sonntognammetog weggat und do is dann nadialich da Sonntog aa kaputt.

Furt

In München zohl e füa oa Zimma mid Kochnischn dreihundert Mark. Am Montag kimmst her, dann oawatsd, dann auf d Nacht muaßd schaun, daßd a weng wos zom Essen kaafst und da Montag is dann eigendle glaffa. Dienstog geh e furt. Studentnlokale, bin e eigendle scho z alt dafüa, Pülskneipn. An Anschluß in dem Sinn hosd ja eigendle ned. Drei Tog geh i furt. Dienstog, Mittwoch, Donnerstog. Eigendle weads scho immer spät. Also nach zwölfe auf jedn Fall. Ab und zua geh i scho zom Essn, aba die Regel is, daß a ma selber wos mach. A Leone hoaß macha, an Senft, an Solot und a Brot. Des langt ma. Voa ölfe konne s goar ned aushaltn in dea Bude. Dej Leid dou, wo e wohn, ganz seltn, daß ma de sehgt, waal, wenn i hoamkimm, san de scho im Bett und in da Friah sans no ned auf.

I bin ned scharf auf an Feanseh, scho wegan Krach in da Bude. Owa ab und zua waas hold ned schlecht, hockst de in an Sessl eine und schaust. Waal vüül lesn duar e ja ned. I ko me hold ned aufraffa, daß e a Buach heanimm und les. Noch da Oarwat gehne in Marienplotz in a Bierkneipn oda sowos und in Somma schaune, daß e nauskimm, in Englischn Gartn oda in an See. Sunst hau e me in d Falln nei und schau, daß e d Wocha umme bring.

Dou herom bin e nadialich frei iatz. Wenn heid da Schef sogt, du foahrst iatz auf Österreich, dann foahr e hold auf Österreich, waal i leb sowieso bloß ollawaal aus da Taschn, kimm goar ned dazua, daß e wos in Kastn einepack. I bin hold koan Rechnschaft schuldig. Koana braucht mitm Essn auf mi wartn. Vo da Arbatszeit her bin e frei.

Arbat

Nachm Studium hob e ois Ingenieur in Regen garbat und do woar e fünf Joahr und dann hods ma vom Fachlichen her nimma paßt, waal i wollt ollawaal in de Computertechnik, freiprogrammierbare Steuerungen. Dann war a Angebot in Forchheim om und des hob e in Kauf gnomma, waal irgendwann hob e doch gmoant, daß ma umziang.
Owa dann war do a Konkurs und mittlerweile iss hold so, daß auf dem Fachgebiet in unsam Raum do übahaupt nix mehr lafft. Dann war e oarwatslos. Und dann hob e de Stell in München gnomma. Des Gebiet gfollt ma, awa daß e dou ned ewig herom bleib, des konn a ma scho vorstelln. Wenn do mit da Arwat wos is, dann bin e scho furt. Obwohl ma se des eigendle gor nimma leistn ko. I bin zwoaradreißg und des is mei vierte Arbatsstell, kimmt no da Konkurs dazua. Wennsd heid amol fünfadreißg oda vierzg bist, konnsd echt aufhean zom Wechsln, waal du host echt koa Schans nimma, es nimmt di koana mehr, dea nimmt an Junga, den konna aufbaun und braucht eam ned des zoin. Mei Hoffnung is BMW in Regensburg.

HERMANN LENZ

Marchhäuser

Zur böhmischen Grenze gehören
Schwärme zirpender Vögel,
Haferfelder und Krähen.

Das Gras an den Hängen der Berge
Ist lang gewachsen und gelb.

Beim grauen Holz eines Stadels
Hörst du deine eigenen Schritte,
Als ob du anderswo wärst.

Dea mid mia midfoahrt, dea hod einfach gsogt, ea mog nimma, geht nimma, dea is fünf Joahr aufagfoahrn, dea sogt: D Schnauzn voll. Dea hodse oawatslos gmeldt, dea sogt, dann dua e hold Schwoazoarwatn und zohl mei Krankenvasicherung sölba. Des Pendln hoda jedenfalls satt ghabt. Da Untaschied vo mia zo de Oarwata is dea, daß de in da Gruppn affafoahrn. Waal dou de Baustöll is. De ham natüalich nach außenhin iwahapt koa Bindung, de ham des goar ned nötig, waals aaf d nacht zamhocka und koatnspülln. Dou san ollawaal de gleichen Leid beinand und dou kinnan a Freundschaften entsteh. Waal de echt ned bloß en da Oarwat zamm san, sondan aa aaf d Nacht en da Bude. Dou ko ma aa redn midnand. De han dou unta sich und bleim aa unta sich und wolln aa unta sich bleim. De gehngan goar ned vüül in Lokale auf Montasch. Fünf oda zeha Joahr tretns hold kürza und lem in de Barackn. Owa unta wölchö Bedingungen hold mitm Waschen und so. As ganze Joahr in da Baubude lem.
I hob des aa amal a Zeit lang gmacht, dou fühlst de nia a so, daßd amol alloa bist, dou han de zeha Leid auf da Baustöll und dann hocka de zeha im Wirtshaus und dann ham de Einheimischn Schwierigkeiten, daß an de rokemman. Do hosd eigendle nia des Gfühl, Mensch, leck me doch an Oarsch, hengst wieda alloa umanand.
Wennsd a so a Arbat host wia i, bisd eigentlich doch a Einzelkämpfer.

Zwischenwelten: Furt

Wennsd heid a Gsellschaft suachst, de wo aaf d nacht rumhengt und sauft, a sechane hosd jeda Zeit. Owa wennsd des heid ned suachst, dann hosd echt Schwierigkeiten. Anschluß in dem Sinn hosd ja eigendlich ned. Waal des is ned a so wia in an kloana Nest, in Minga hosd hold jedn Tog andane Gsichta und do konnsd ned sogn, am Montog is dea wieda do und dea wieda, des is olls ned drin. Des wechslt olls ziemlich durch. Es is schwierig, ohne Familie, daßd üwahaupt an Anschluß findst. Trinksd a poor Bier, sitzd hold irgendwo, quatschd hold a poor Weiba o, des is olls.

Mia von Boarischn Wold wean ja sowieso als de Bleedn ogschaut, waal a jeda sogt, wo wohnstn, wo kimmstn hea und dann sogda, Mensch, des is doch nix.
Und drum paßt ma se mid da Sprach aa o. En da Oarwat auf jedn Fall, do gehts ja gor ned. Des geht sogor soweit, wiare in Franken goarwat hob, dou foahr e amol en Arba affe zon Schifoahrn und dou sogt aafaramal oane, ob i vo Nürnberg bi. Ja bluatssackra, sog i, soweit kanns a na dengascht ned saa. Nadialich hengsd an da Sprach. Wennsd iagendwo einekimmst und heast oan redn, vom Wold oda vo Niederbayern, do sogsd nadialich scho, Mensch, wo kimmstn du her. Do hosd eher a Gesprächsthema.
Aufn Oktoberfest, do quatscht de a jeda o. Aba den hosd dann zom letzten Mal gsehng aa. Konnsd sogn: Kimm aufn Arba zom Schifahrn. Sogt ea: Leck me doch, do fohr i lieber auf Hintertux.

JOSEPH BERLINGER

A lange Wanderung

Zeasd bin e
owe
na
int umme
eant vire
voan affe
om hintre
hint eine
drin one
om ausse
draussd owe
und int wieda affa

Wos moisd
wäi mäid daß i äitz bin

Und dann bin e, des muaß e dazuasogn, aa ned da Typ dazua, dea wos se mit iagend an Wüldfremdn dou lang und broad untaholt üwa wos woaß i. Ma is vialleicht ned so aufgschlossn, vialleicht komma aufgschlossn gor ned sogn, ma is zruckhaltender, waal wos duasd iatz mid an so an Wüldfremdn, mit dem wosd eigendle koa Vabindung host. Wenn s Wichtigste gsagt is, vaflachts auf jedn Fall. Mia bleim hold unta uns.
I hob amol an Bekanntn ghabt, vo dem hods ghoaßn, dea find koan Anschluß ned, des hobe ma goar ned voarstölln kinna und etz siehg es sölba, daß des echt schwierig is. Mia kanntn scho nach Minga ziang, awa füa mei Frau kannt a ma des echt schlimm voarstölln. Wennsd in Minga in so am Bau drinhockst, dann hosd ned amal a Beziehung zo deim Nachbarn. Am Land is des doch no a bissl bessa, do hosd doch no a Beziehung zo de Leid, wennsd vorbeigehst und duasd an Schmaatz, waal a grod sei Goatndial streicht. Des gibts do üwahaupt ned, dou holtns de wahrscheinlich füa bled, wennsd oan oredst.

Zwischenwelten: Dahoam

Dea wo vo Waldmünchen mit mia mitfoahrt, dea sogt des aa, dea sogt, des glaubt da koana, du bist in München isoliert und dahoam aa, beziehungsweise du isolierst de fast selba dann iagendwie. Du host einfach des Gfühl, du bist de ganze Woch ned do, de redn üwa iagend wos, du konnst einfach nimma mitredn, waal du eigendle gor nimma woaßt, wos eigendlich so laaft. Daß da Sepp a neis Auto hod oda wos woaß i. Wennsd hoamkimmst, dann muaßd easchd amoi zuahean, du gheast eigendlich gor nimma dazua und dann sogt oana, Mensch, wo bist denn wieder gwen de letztn drei oda vier Wochan.
Fremd wead ma nur durch des, waal Bindungen valoan gehngan. Du gheast nimma dazua.
In Regen, dou hob e an echtn Anschluß ghabt. Ma waa bei de Vereine, wallsd unta da Woch dowarst. Und mit meim Buam is ma nadialich mit de andan Eltern zammkemma. Daß ma mid da Familie zamm irgendwos untanimmt unta da Woch, des geht iatz total ab.

In Regen wennsd Abteilungsleiter bist, dou bisd nach außen der gemachte Mann. Und do warsd aa iagendwia anerkannt. Wennsd in Minga sogst, du bist Ingenieur, dou bisd da höchste Trottel. Bei Siemens, dou bisd echt a Nummer, des woar ma klar, daß ma dou neamd mea is.
Mia ham früaha ziemlich vüül Bekannte ghabt in Cham. Awa duach des, daßd allawaal ned dou bist, kimmsd total aussa und iagendwann sogst da: Geh steigts ma doch am Huad. De Vareine ham eanane Treffen unta da Wocha. Du host koa Schans, daßd zo an Varein gehst. Beim TSV Waldmünchen bleib e hold, dou spüll e bei de Alten Herrn. De Probleme sehng de hold ned, dahoam, wos ma hod, wenn ma pendlt. Des oanzige is füa de, daßd hold de ganz Woch ned do bist.
Wos ma dahoam hod, is, daß ma do geborn is, meine Eltern wohnan do, meine Schwiegerleid, obwohl, sogoa de familiären Bindungen wern ollawaal schwächer. Meine Eltern, de wohnan iatz zwanzg Kilometer dou weg vo Cham und am Samstog bisd eh erscht dahoam und dann foahrst ned scho wieda dou hintre und dann foahrst am Sonntog aa ned und am nächstn Sonntog foahrst dann wieda ned. Wennsd dahoam bist, dann foahrsd hold amol unta da Wocha hintre. Dou iss a so, daßd amal wos macha sollst, s Liacht legn, und dann soge hold, i bin bloß am Samstog dahoam, i mächt mei Ruah. Zwoa Kilometer foahr i naus, na hob i mein See und wenn e amal an Waldlauf macha mächt, na geh e hold fia d Haustür ausse. In Minga foahrt olls an Starnberger See und du bist hold in da Masse drin. Bei uns bisd hold no Individualist, mehr oder weniger. I hob amol an Bauantrag gstellt. Aber dou hams me ned baun lassn. In München ko e ned baun, weil e s Grundstück ned zoin konn. Und dahoam häd es vo meine Eltern. In Minga hosd aa de Bekannten ned oda Gschwistara, wos da helfan. Da Umzug vo Regen nach Cham, zwoa Schwogan, mei Brouda, und de Sach is glaffa. Dou in München, dou hülft da koana.
Von meina Seitn aus kannt ma schon nach Minga geh, aber die Kinder ham hold doch Nachteile. De Freind und d Schul. Und mei Frau und da Bua, de ham a recht a intensive Beziehung zo de Schwiegerleid. Wenn ma wo andas waan, dann daad ma aa olle viazeha Tog hoamfohrn und des is dann aa wieda mit Kostn vabundn.
Mia ham uns scho amal überlegt, daß ma dou de Politiker spitz macha solltn, waal es gibt so vüül, de wo vo Cham, Roding und Kötzting auf Minga affa foahrn.
Tausendvierhundert Mark hob i zusätzlich. Und dreihundert konn e durch d Steier bloß ersetzn. Üba tausend Mark trogst sölba. Des muaßd erscht amol vodiena. Gottseidank konne Überstundn macha. Füa de Pendler soitn de Politiker mehra doa. As Lebn kennas da sowieso ned ersetzn, awa wenegstns as Finanzielle.
In da Firma gfallt s ma iatz eigendlich scho und muaß me hold damit obfindn, waal s is ned des Lebn eigendle, wos a ma voagstöllt hob.
Dahoam bin e hold in Cham. Awa Heimat, so wiasd as normal vastehst, des is Cham wahrscheinlich nimma, waalsd einfach aa vapflichtet bist, daßd iagendwo higehst zom Oarwatn.

Hermann Lenz

Die Waldlaterne

Erzählung

Die Dörfer haben rostige Blechdächer, die gleißen, wenn sie neu sind; es gibt auch mit Farbe bemalte, grün- und rotstumpfe, und Schindeldächer, die wie ein Mauspelz glänzen; das sind die silbergrauen oder braunen Dächer, alle aus Tannenholz. Der Wald ist kilometerweit schwarzgrün, er hat moosflechtenrauhe Felsen, deren Gestein gefleckt ist und im Bruch glimmerig glitzert. Die Straßen sind gelbsandig, die Wege wie mit grauem Salz belegt, die Pfade unter Riedgras versteckt, das zäh ist und Schmele heißt, ein uraltes Wort.

Schmelen und Silberdisteln gehören zur Laterne, die aus Tannenholz gemacht ist und ihre Scheiben als eine Zierliche spiegeln läßt. Holznägel halten sie zusammen; unterm Weidenrutenhenkel hat sie eine Blechkappe, damit die Finger vor dem Biß der Kerzenflamme geschützt sind, und früher war sie bei Herrn Schmöller in Freyung/Bayerischer Wald daheim.

Schmöller wohnte damals nicht weit vom Schloß Wolfstein in einem einstöckigen Haus, das sich behäbig streckt und vor hundertzwanzig Jahren gebaut wurde. Nach hinten zu hat das Haus eine Galerie und Treppen, die zum Garten mit Hasenställen und einem Schuppen führen. Dort roch's an heißen Tagen nach durchwärmtem Holz, und wenn man auf den Klingelknopf im Gang gedrückt hat, ist Schmöller von unten heraufgekommen, ein Mann mit schwarzem Schnauzbart, das Schläfenhaar weißstruppig. Er hatte sich in der Nachmittagswärme hingelegt gehabt und war drum zunächst wortkarg; aber dann sagte er: „Ah, der Wandersmann ... Woher kemman 'S heut? Von Hinterschmiding? Ah so, von Grainet."

Er führte mich in die Zimmer nach der Straße, wo Spinnräder von der Decke hingen und die Fenstergesimse mit Lampen und hinter Glas gemalten Heiligenbildchen verstellt waren. Zur Stube mit den Pfeifenköpfen, den Jagdmessern, den Stiletten, ging's zwei Stufen tiefer; dort gab es auch noch abgewetzte Gebetbücher, und Schnupftabakdosen hielten auf dem Tischchen unterm Kruzifixus eine Tagung ab. — „So eine", sagte Schmöller, „haben früher die Rekordschnupfer in einem Tage leergemacht".

Er strich sich über sein kurzgeschnittenes Haar. Mir fiel ein, wie es gewesen war, als ich zum erstenmal zu ihm gekommen bin. Auf der Bank vor dem Haus hatte eine Hirschhornspitze mit rauchender Zigarette gelegen. Ich läutete an der Tür, über die in schwarzer Schnörkelschrift „Schmöller" gemalt war. Schmöller kam nicht. Ich ging nach hinten und klopfte. Dort saß dann eine dicke Frau an einer Nähmaschine und war bis zur Brust mit einem weißen Vorhang zugedeckt. Sie sagte, ich solle vorne rechts klopfen, die Leute wüßten, wo er sei. Vorne rechts lag eine magere Frau mit großen dunklen Krankenaugen brettflach auf einer Couch, und ein Mann, der Schmöller glich, saß neben ihr am Tisch. Das Wachstuch auf dem Tisch war an den Kanten abgewetzt; darauf waren Tarockkarten in gerader Reihe ausgebreitet. Auf dem Radioapparat stand die Photographie eines jungen Mannes in Heeresuniform, wie ich sie auch einmal getragen habe. Dunkel und langsam sagte die Frau: „Bitte, nehmen Sie doch Platz."

Vor Schmöllers Haus geht die Straße nach Heldengut und von dort nach Herzogsreut, Philippsreut

und Bischofsreut. Sie kommt von Hinterschmiding und von Grainet. Als ich heuer im Juni vom Wald herunterkam, war's heiß, und überall klapperten Mähmaschinen. Hühner liefen farbenfederig im Gras beim holzverwitterten und leeren Hofe unterm Wald, der dunkel hersah; dazu der Ausblick in die Wiesenweite mit ihrem dunstigen Französischgrün, das verwischt und wie von unten her durchschienen aussah, sanft und warm gedämpft. Oberhalb Grainet war ein Haus im Rohbau fertig. Ein Mann fingerte sich eine Zigarette aus seiner blauen Leinenhose, schaute mich, wohl meines Rucksacks wegen, oder weil ich kurzbehost war, kurios von der Seite an und fragte, woher ich sei. — „Aber ganz z'Fuaß herglaafa von Stukkart san S' doch net? No, olsdann..." Und er blinzelte und zog die Nase hoch, er wischte sich die stoppeligen Lippen, schob mit dem Handrücken den Hut aus der Stirn und erzählte von einem Fräulein, das beim Schneeschaufeln vom Dach gefallen und seitdem gelähmt sei, demselben Fräulein, für das dieses Haus hier gebaut werde. Zwei Burschen kamen dazu, er sagte: „Jo, nach Groanat, do gehn S' jetzt obi, dann kemman S' beim Gutsmiedl außi, und nocha gehst nach Groanat eini. Also fehlgeh kennan S' net." Und ich hörte hinter mir sein Lachen sich mit dem Gelächter der zwei Buben mischen.
In Grainet stand dann „Huf und Wagenschmiede des Max Gutsmiedl 1688—1950" an einem Haus, vor dem klares Wasser aus einer Eisenröhre in einen Granittrog rann. In der Werkstatt zischte ein Schweißbrenner, Mopeds drängten sich beim Brunnen, und ein junger Mann im blauen Monteurskittel kroch unter einem Lastwagen hervor. Auf einer Bank saßen zwei Mädchen und hatten blonde Zöpfe...
Aber nun brachte Schmöller die Laterne, und ich fragte, wieviel er dafür haben wolle. — „Sagen Sie doch was. Dann sehn mer schon, ob mer weiterkemma." — „Vielleicht zehn Mark?" — „Also, da sind wir ganz genau beisammen." Er wiederholte diesen Satz und fragte, woher ich sei. — „Ah so..." sagte er und erzählte von Weilimdorf, wo er gewohnt, und vom Stuttgarter Bahnhofsplatz, an dem er gearbeitet habe: „Das Schloßgartenhotel haben wir dort gmacht. Und sonst noch viel in Stuttgart." Er wiederholte das Wort „viel" und deutete mit dem Arm hinaus, als zeigte er mir eine weite Fläche. Er hatte dort auf dem Bau geschafft. Ich dachte, jetzt könne er nicht mehr bei Wolfer und Goebel schaffen, weil er eine Herzgeschichte oder sonst etwas habe; doch blieb dies ungesagt; ich reimte es mir nur zusammen, weil er mich wissen ließ, daß ihm dies Haus gehöre und er mit seinem Auto bis ins Österreichische hinunterfahre, um alte Sachen aufzukaufen: „Das wird gebraucht für Bauernstuben, die sich die Leut einrichten. Viel geht an den Starnberger See." Und ich stellte mir vor, wie er mit seinem Wagen, einem „Schnackerl" herumfuhr, auf die Dachböden stieg und abgelegten Hausrat sammelte.
Später ging ich zur Omnibushaltestelle nicht weit von der frisch vergoldeten Maria des Marktbrunnens, und hielt die hölzerne Laterne wie ein Kind im Arm. Ich stand unter den Leuten, die den Omnibus erwarteten, während in der Straße Autos rappelten. Eine Frau, der unterm Kopftuch graues Haar klebte, stand im schwarzen Kleid bis zu den Knöcheln neben mir und sah mich an. Sie machte ein Gesicht, als ob sie etwas Widerliches sähe, bis sie sagte: „So an olts G'lump... Wia mer dees bloß kaafa ko... So ane Latern hob i in Wold außig'schmissn."
Im Omnibus suchte ich meine Seh-Freundin vom letzten Mal. Auch heute war sie da und schwatzte bereits mit dem Fahrer. Sie hatte Haar, schwarz wie ein Teerpappedach, und schmale Augen, die aus den Lidspalten glitzerten, als wären's Silberpapierschnitzel; dazu einen festlippigen Mund. Eine Böhmische, die auf dem Polstersitz hin und herruckte, die Beine übereinanderbog, die Ärmchen hob und den Kopf auf die Seite legte, damit sich der Pullover über ihren Apfelbrüsten spannte. Im Nacken waren ihre Haarschwänze feucht, und ich erwartete, daß sie auf die Haut abfärbten, doch hielt die Haarfarbe den Schweiß aus. Ihre Kopfhaut stellte ich mir hitzig kalt vor. Eine Laufmasche im braunen Strumpf ließ eine weiße Hautrille durchscheinen. Die Gesichtshaut war unter einer gelblichen CremeMaske versteckt, ihre magern Händchen hatten um die lackierten Nägel einen schwärzlichen Belag, und die Nagelhäute waren so scharf

ausgeschnitten, daß die Ränder wund erschienen. Sie kramte in ihrem weißen Kunststofftäschchen und sagte zum Fahrer, einem massiven Kerl: „Am Sonntag fohr i zu aner Hochzeit. Im Goggomobil." — „Jo schamst di do net: im Goggomobil?" — „Jo scho. Do wern mer uns dann halt zwerchs außi drucka zum Dreisessel." Der Chauffeur sagte, am liebsten gehe er zu Fuß; wenn ihn sonntags einer mitnehmen wolle, sage er: „Naa, dank schön."
In Herzogsreut stieg ihr Bursch zu, ein Hübscher, das Haar angepappt, der Anzug städtisch dünn. Sie setzten sich zusammen. Sie legte ihm ein Bein über das Knie und schlang den Arm um seinen Nacken. Ich wußte, daß sie die Tochter des Schlosser-Nikl und Friseuse in Freyung war, eine, die so stark rauchte, daß sie, wenn der Bus hält, „außi geht und sich a Zigarettn ozünd. Immer hot's an solchen, der ollaweil a andre hot". Also eine Praktikable.
Ich schaute im Fahren hinaus. Ich dachte an die kleine Graineter Kirche und sah ihre frisch verputzte Gestalt. Nicht weit von der Seitenpforte, wo es hinausging in die Hitze, war ein hoher Glockenblumenstrauß auf den Steinplatten gestanden, und ein heiliger Sebastian hatte seine Pfeilwunden gezeigt. In der Sakristei war ein Missale aus dem Jahre 1931 aufgeschlagen gewesen, ein Kleiderbügel hatte aufs Meßgewand gewartet und ein Waschbecken ein frisches Handtuch gehabt; durch ein Spitzbogenfenster hatte der Friedhof hereingesehen, der ebenerdig sich ausstreckte, und in den der Chor der Kirche eingesenkt war. Ich dachte an den Wiesenpfad, den ich, von Sonne durchglüht, abwärts gegangen war, und wo Erdbeeren zwischen graumoosigen Steinen warm geschmeckt hatten. In Hinterschmiding hatte ich eine Laterne mit einem Petroleumbrenner hängen sehen, und das Dorf war durchleuchtet gewesen. Ich ging zum Heldengut, legte meinen Rucksack, der im Lauf der Zeit verschwitzt und speckig geworden ist, an die Straßenböschung und wartete, während Kühle herkam und Kreuzberg mit seiner Kirchturmspitze vom Kegelberg herunterschaute, auf den Omnibus, der mich zum Wald hinauftrug. Dunkelblau kam der Wald her und hatte grüne Feuer. Der Omnibus bohrte sich in die Fichtentiefe. Baumspitzen waren mit Licht belegt, und wenn ein Waldrücken hereinsah, drängte ein Wolkengebäude hinter ihm herauf. Es wurde hell. Wiesen legten grüne Wogen aus, und eine Siedlung hatte rostige Blech- und graue Schindeldächer. Mit drei bleichen Gesichtern schaute eine Häusergruppe her. Der Omnibus hielt vor Fenstern, die mit Holzlegen ummauert waren, und hinter einem Fenster sah die weiße Röhre eines Bettgestells heraus. Das war in Philippsreut. Es ging nach Schwarzental hinunter. Die Straße stieg, ich sah den Weg zum Schnellenzipf abbiegen, wo ich auf dem Bulldog geschüttelt worden bin, als wir vom Heuen heimgefahren sind. Ich sah nach Böhmen. Die Höhen waren aufgebaut und machten einem nebelblauen Tale Platz. Das Licht war unvermischt; es ruhte in der Höhe und es glühte hinterm Steinkopf, diesem Granitgebäude, wo Rosa und Gold heraufwuchs, ein Belag, wie eingeschmolzen in das Blau, dessen Ränder sich eisig grün veränderten, während Tannen und Steinklötze wie eingepreßt ins Gold aussahen. Noch einmal schauten Täler her, als wären sie aus grünem Silber. Ein schindelbraunes Haus duckte sich an der Straße, und hinter ihm floß Nebelmilch zwischen den Böhmhängen, wandelte sich in blinde und ovale Schalen oder Schüsseln, und der Kubany zeigte in der Ferne seinen Wisentrücken.
So sah ich es in Bischofsreut, so spiegelte es sich in der Laterne, die ich ins heuduftende Haus des Schneidermeisters Madl trug. Madl hatte einen Zigarrenstummel in den Lippen und ein maliziöses Lächeln in der linken Backe; nein, ein belustigtes. Ich erzählte von der alten Frau in Freyung, die über die Laterne gesagt hatte: „So an olts G'lump", und Madl sagte: „Dees denk i aa." Wir lachten. Er tippte auf die Blechkappe unterm Henkel: „Aha, damit's ihm net z'hoaß wird an der Hand, wann d' Kerzen hoch is!" Und zu seiner Frau: „Do hot er aber hamisch ei'kaaft heut, wos, Annerl?"

Manfred Böckl

Bilder von der böhmischen Grenze

I — Tal der Chamb

Anfahrt durch die Further Senke; harsche historische Erinnerungen. Dagegengestellt: Der schmale Kopf einer im Skoda vorausfahrenden Tschechin. Doch die Hussen lagerten und wüteten tatsächlich hier, im so leicht begehbaren Flachtal der Chamb. Hier wurzelten sie ihre gefürchteten Wagenburgen in die saure Grasnarbe, denselben Weg nahmen später der Eisenfresser von Sattelbogen und der vom Autor des Drachenstichs zum Feigling gefärbte Pfleger von Chamerau; sie ritten nach Taus zum Gemetzel. Jenseits der Grenze strudelten in grenzenlosem Haß durcheinander die Kelche der Kalixtiner, die taboritischen Geißeln und die nagelbesetzten Morgensterne der Katholiken.

II — B 20

Die Furcht an der geographischen Grenze und an derjenigen der Vernunft auch nach fünf Jahrhunderten nicht ausgeräumt. Die Tschechin im Skoda befährt übervorsichtig die deutsche Bundesstraße; pedantisches Blinken um jeden Radler herum, auch außerhalb der Ortschaften nie mehr als 60 Stundenkilometer.
Das Überholen schwierig, Zwang zum mühsamen Kriechen; auch nach fünfhundert Jahren noch aufsteigende Aggressionen; durch hastiges Zigarettenrauchen kaschiert.
Es ist etwas Seltsames um diesen Strich Land, das Adrenalin wird unruhiger im Zollgrenzbezirk.

III — Zollstation Furth

Zerfallendes Land. Armselige Katen und Protzbauten an den Hängen durcheinander in bestaunenswertem Gemenge. An den Bergflanken Bauernhöfe, stets nach Süden hin geöffnet, durch quergestellte Scheunen und Nebengebäude sich abriegelnd gegen Böhmen hinüber.
Großkotzig die Zollgebäude, das Tal sperrend. Barackenflach einander belauernd. Nur das Schwarz-Rot-Gold Deutschlands und das Grün-Weiß-Rot Böhmens wehen einträchtig im selben föhnigen Südwind.

IV — Zwischenspiel

Kaum dreihundert Meter vor der Grenze ackert noch ein Bauer mit hochsterzigem Pflug und falbem Roß. Lebendiger Anachronismus vor der Drohung der Maschinenpistolen.
Mensch und Tier rasten oft, und wenn das Gespann steht und der Mann zufällig hinter dem Roß verschwindet, wirkt der Falbe wie ein Wildtier aus anderen Zeiten.
Roß und Bauer ziehen dem nächsten Hof zu, sind verschwunden: Mittagsstille. Eine seltsame träge Ruhe nun über diesem Streifen Land aus Senken und eher flächigen Bergen. Ein Hügelschwung, großzügig, hinüber und herüber.
Es ist nicht das Land, das hier eine Grenze meißelt.

V — Auf dem Holzweg

Im niedrigen Gang auf einem Holzweg nach Osten. Zur Linken verwitterte Marksteine, bepinselte Pfähle, „Attention Please!" und „Achtung!". Alles nur wenige Meter von der schmalen Straße entfernt im dünnen Wald, der trotz allem ungeteilt stirbt. An den Grenzbezirken des Lebens, so unsäglich willkürlich und dumm: Die Grenze.

VI — Neukirchen Hl. Blut

Ein Kreuzweg zieht sich von der Kirche in sieben Stationen hinauf zur Bergkapelle.
Mittagessen auf windgeschützter Bank: Handwurst und Roggensemmel.
Die Kreuzwegstationen: Brandkacheln, rostblutig, auf verwittertem Granit. In der Nacht zuvor ein Bauer erschossen von einem Polizeibeamten.
Auch dies Flaggfarben und Markzeichen der Grenze.

VII — Hindenburgkanzel

Östlich von Lam, den kühnen First des Osser noch im Gedächtnis, einparken zu Füßen der Beobachtungskanzel. Der Aussichtssockel auf mittelalterlich anmutender Steinschichtung; verschneit, vereist, verkrustet.
Der Schlächter von Tannenberg dem Waldtal ins Fleisch gepfropft wie ein unguter Wassertrieb. Es rasen vorbei zwei amerikanische Army-Jeeps mit peitschenden Antennen.
Hindenburgs Granitvisage reicht über die Zeiten hinaus.

VIII — Bayerisch Eisenstein

Am Ortseingang ein wuchtiger Stadel mit Holzschindeldach, alterszerfressen und löchrig. Die erste Frage, nun wieder mit freiem Blick hinüber nach Böhmen: Wie füllen sie noch die Scheuern an der Grenze, was fahren sie ein?

Der „Gasthof zur Brücke", wo es längst keine Brücken mehr gibt. Zwei Autos auf dem Parkplatz daneben; vor der Zollstation beklemmendes Nichts.
Weiter rechts, einem Hügel fremd angeklebt, steingraue, kasernenartige Blocks. Darüber flügelt, mißtrauisch und hornissengefährlich, ein Helikopter.
Dies Land aus Eisen hier und Stein dort wirkt so tot wie nach einem radioaktiven Niederschlag.

IX — Entkommen

Von Süden fällt Regen ein.
Den Wagen wenden, der Grenze im trüben Tag die blutroten Schlußlichter zeigen.
Wie eine Flucht.

JOSEPH BERLINGER

An da tschechischn Grenz

Mia schauma
midn Fernglasl umme

de vo eant schaund
midn Fernglasl umma

b Vegl en da Lufd
pfeifand

uns aus

Ludwig Zehetner

Der Bayerische Wald als Dialektlandschaft

Von einem so großen Gebiet, das sich in fast 200 km Länge über gut zwei Drittel der nördlichen Ostflanke Bayerns erstreckt, ist nicht zu erwarten, daß es in sprachlicher Hinsicht eine Einheit darstellt. Wie „der Wald" politisch zu den Regierungsbezirken Niederbayern und Oberpfalz gehört, nimmt er auch sprachlich teil an den in diesen Gebieten vorherrschenden Unterdialekten des Bairischen, nämlich dem Mittel- und dem Nordbairischen. Darüberhinaus kennt das „Wäldlerische" aber auch Eigentümlichkeiten, die nirgends sonst in Bayern vorkommen.

Im großen und ganzen läßt sich „der Wald" in drei deutlich voneinander unterscheidbare Mundartlandschaften gliedern. Da ist

— im Norden der Oberpfälzer Wald,
— im Südosten der Untere Bayerische Wald
— und dazwischen das Gebiet um den Oberlauf des Regens.

Der Norden — das ist in etwa das Gebiet der ehemaligen Landkreise Vohenstrauß, Oberviechtach, Waldmünchen, Neunburg vorm Wald — gehört eindeutig zum oberpfälzischen Dialektraum oder — korrekter gesagt — zum Nordbairischen. Dieser nördlichste Unterdialekt des Bairischen ist vornehmlich durch zwei Besonderheiten gekennzeichnet:

Zum ersten sind es die sogenannten „gestürzten Zwielaute" **ou** und **äi**, die sonst üblichem **ua** und **ia** entsprechen. So heißt es nordbairisch **Kou, Käi, Brouda, Bräida, Bloud, gräing, Bräif, mäissn** (Kuh, Kühe, Bruder, Brüder, Blut, kriegen, Brief, müssen). Die Grenze zwischen **ou/ua** verläuft für das Wort „Bruder" etwa von Bodenwöhr über Neukirchen-Balbini und Rötz und zieht dann in einem nördlichen Bogen zur Landesgrenze. In den Wörtern „Kuh, Brief" erscheint die **ou/ua** — bzw. **äi/ia**-Linie weiter nach Süden verschoben (Straubing — nördlich von Deggendorf — Regen —Bayerisch Eisenstein). (Siehe dazu die Kartenskizze!). Charakteristisch für das Nordbairische ist aber auch der Zwielaut **ou** für altes langes **â**, z. B. in **Houa, lou(ss)n, schlouffa** (Haar, lassen, schlafen) und **äi** für langes **ê** bzw. **ô**, z. B. in **wäi, Schnäi, bäis, schãi** (weh, Schnee, bös, schön).

Zum zweiten ist es die Erhaltung des Konsonanten l in Stellungen, wo dieser Laut im Mittelbairischen, also etwa im Dialekt Ober- und Niederbayerns, zu i verwandelt erscheint. Das nach Vokalen erhaltene nordbairische l klingt dick und schwerzungig und färbt auf den davorstehenden Vokal ab, indem es ihn rundet, trübt oder gänzlich in sich aufsaugt: **Gald, Huulz, schnöll, Büld/Blld** (Geld, Holz, schnell, Bild).

Die „gestürzten Zwielaute" und das „dicke l" sind es vor allem, die von den südlicheren Stammesgenossen als Merkmale des „Pfälzelns" bespöttelt werden.

Daneben gibt es aber noch weitere Eigentümlichkeiten des Nordbairischen. In der Gegend von Eslarn/Waidhaus sagt man zum Beispiel **Luuch, Ufa, Isl, Kiin** für „Loch, Ofen, Esel, Kette"; noch weiter nach Norden zu heißt es dann **Luach, Uafa/Uafm, Iasl, Kian**. Zwischen Cham und Kötzting verläuft die Grenze zwischen nördlichem **mocha** und südlichem **moga** (mager). Nördlich von Cham und Furth im Wald lautet „Stein" **Schdoẽ** oder **Schduẽ**, südlich hingegen **Schdoã** wie im größten Teil Altbayerns. Typisch nordbayrisch ist auch die Lautform **niad** gegenüber südlichem **ned** (nicht) und die Form **deds** für sonst übliches **es** als Fürwort der 2. Person Mehrzahl (ihr).

Der Dialekt des Unteren Bayerischen Waldes — das ist in etwa das Land links der Donau von Deggendorf abwärts, also die nördlichen Teile der Landkreise Deggendorf und Passau und die ehemaligen Landkreise Grafenau, Wolfstein und Wegscheid (heute Freyung-Grafenau und Passau) — ist eindeutig mittelbairisch geprägt. Großenteils geht er mit dem rechtsdonauischen Niederbayern konform. In den genannten Beispielwörtern werden die mundartlichen Entsprechungen der mittelhochdeutschen Zwielaute **uo, ie/üe** in mittelbairischer Art als **ua** und **ia** gesprochen: **Kua, Kia, Bruada, Briada, Bluad, griang, Briaf, miassn.** Und statt der Zwielaute für altes **â, ê/ô** stehen einfache Vokale: **Hoa/Hor, lossn, schloffa; wä, Schnä, bäs, schẽ.**

Noch eindeutigeres Kennzeichen für die Zugehörigkeit zum mittelbairischen Unterdialekt ist aber die Auflösung des **l**. „Kalt, Geld, Brille, Holz, Apfel" lauten im Niederbayerischen **koid, Gäid, Bräin/Bruin, Hoiz, Opfe**: Der Konsonant **l** erscheint also vokalisiert zu **i** oder **e**.

Die l-Vokalisierung ist allerdings nicht im gesamten Unteren Wald in gleicher Weise verwirklicht. Im äußersten Osten verschmelzen **el, il** zu **ö** bzw. **ü**: **Gööd, schnöö, Fösn, Brüün, Opfö** (Geld, schnell, Felsen, Brille, Apfel). Der Landstrich gegen das Dreiländereck um den Dreisesselberg zu verdient überhaupt besondere Beachtung, da er sich sprachlich vom Normalniederbayerischen abhebt und mit dem angrenzenden österreichischen Mühlviertel eine Einheit bildet. Neben der eben erwähnten Besonderheit im Zusammenhang mit der l-Vokalisierung findet sich als weitere Eigentümlichkeit die mundartliche Entsprechung für altes langes **ô**, das dort nicht als **ou**, sondern als **eo** oder **eou** auftritt: **Breoud, deoud, Eousdan** (Brot, tot, Ostern). Eigenwillige Formen der Vokalisierung von **l** und **r** sind dort übliche Lautungen wie **Nu'u, Rà'u, Ka'u, Schdiu** (Nudel, Radl, Karl, Stier).

Eingespannt zwischen den nordbairischen Oberpfälzer Wald und das eben umrissene Gebiet des Unteren Waldes liegt in der Mitte der Landstrich zwischen Cham und Regen/Zwiesel, die ehemaligen Landkreise Cham, Kötzting, Viechtach, Regen und Teile von Roding und Bogen umfassend (heute zu Cham, Regen oder Straubing/Bogen gehörig). Wohl nicht zuletzt deshalb, weil dort die bekanntesten Gipfel liegen (Arber, Osser, Lusen, Großer Falkenstein), wird diese Gegend von vielen als das Kernstück des Bayerischen Waldes angesehen, und der dortige Dialekt, die sogenannte Oberregentalmundart, ist es, was von manchen als das eigentliche „Wäldlerische" bezeichnet wird. Es handelt sich dabei um eine typische Übergangsmundart, die in sich mittel- und nordbairische Merkmale vereinigt, allerdings bereichert um spezifische Eigenheiten. Bereits der große bayerische Sprachforscher Johann Andreas Schmeller hat in seiner 1821 erschienenen Darstellung der Mundarten Bayerns dieses Gebiet als eine eigenständige Dialektlandschaft gekennzeichnet.

Das Oberregentalische ist besonders reich an Selbstlauten, deren nuancenreiche Fülle auf 33 beziffert wird, davon 21 Zwielaute, d. h. mindestens vier mehr, als in jeder anderen bairischen Mundart vorkommen. Dies ist nicht überraschend, da sich dort ja Elemente des Mittel- und des Nordbairischen miteinander verquicken. An ein und demselben Ort findet man etwa die **l**-Vokalisierung (wie in Niederbayern) und die fürs Oberpfälzische charakteristischen „gestürzten Zwielaute" (vgl. die Textprobe).

Die auffälligste Kennlautung dieser Mundart ist allerdings die Aussprache (dunkles) **a** statt sonst üblichem **au** in Wörtern wie **Has, as, Grad** für „Haus, aus, Kraut" und (offenes) **è** (bzw. **ä**) statt **ai**, z. B. **Häsa, Hä, glä, Zäd, schnẽ** für „Häuser, Heu, gleich, Zeit, schneiden". (Die Kartenskizze zeigt die Verbreitung dieser eigentümlichen Lautung in waagrechter Schraffur.) Man fühlt sich an das Wienerische und die davon abhängige österreichische Umgangssprache erinnert; im Bayerischen Wald dürfte sie allerdings bereits viel älter sein als in Wien, wo diese Lautung erst im 19. Jahrhundert aufkam.

Anstelle weiterer theoretischer Erläuterungen soll eine Sprachprobe aus Moosbach bei Viechtach stehen, die dem Bändchen „D' Waldlersprach'" von Michael Kollmer (1978) entnommen ist (gekürzt). Da nicht alle lautlichen Feinheiten des Dialekts mit den Buchstaben der normalen Schrift darstellbar sind, müssen einige Sonderzeichen verwendet werden: **à** steht für offenes, überhelles bairisches **a** (wie in **Kàs** „Käse"); einfaches **a** bedeutet das dunkle bairische Normal-**a** (**Vadda** „Vater"); **ò** bezeichnet offenes, dem **a** angenähertes **o** (**ea hòd** „er hat"). Man beachte, daß **ei** und **ai** deutlich voneinander zu unterscheiden sind: **ei** klingt wie der Vokal in englisch „make, play"; **ai** setzt sich aus dunklem **a + i** zusammen (z. B. **ai** „alle"). Nasalisierung des Vokals wird durch übergesetzte Tilde angedeutet (**dã** „getan").
Die hochgestellten Ziffern geben an, für welchen Unterdialekt die im davor stehenden Wort vorkommende Lautung charakteristisch ist:
1 = mittelbairisch, 2 = nordbairisch, 3 = oberregentalisch.

Dar Exbosi

Mia hamar an Exbosi ghòd, dear is ned gròd gwen, swei[2] p Pfàra sisd hànd. Ea hòd gschmàtzt mid de Lèd[3] wei[2] an eida[2]. San Deisd[2] hòd a gheara bmòcht. Ea hòd dàfft um Bèchd[3] ghead, sa Mess ghoitn[1] e da aia[1] Frei[2], am Sunta sa Amp gsunga und sa Brede ghoitn[1]. Eime[2] hòd a vom Oidòr[1] as[3] b Bòuma[2] gschimpft, wens unràwe gwen hànd, und à zo de Boaschn hinta gschrian, dass ẽna[3] gengand un k Keachadia zoumòchand[2]. Ea hòd Bradlèd[2] ẽgsengd[3] und d Lèd[3] voseng und ẽgròm. Ea hòd à vei[1] Schui[1] ghoitn[1], i hãn èãm gean zouglusd[2], wen a glè[3] eime[2] rècht siare woan is, wem b Bòuma[2] ògschmò woan hànd. Na hòd a èã òwa gschède[3] Datzn òwaghad[3], dass gwuisld hamand. Mia hòd ar amoi[1] zwou[2] Datzn gem, i woas nimma woarum, òwa des woas e nã, das e rècht gleid hãn, wàr e bmãid[3] hãn, ea hòd ma unrecht dã. Ea hòd s Bia[1] gean ming und is à òft ens Weatshas[3] ganga, am Ent, wàr a von an Weatshas[3] assa[3] is gwen, ned wèd[3] vo Veida[2]. Ea hòd mid de Baan[3] drunga und Kòatn gschbeid[1] und gschridn und gràfft, das a eime[2] mid èã hintan Disch is gleng...

Übersetzung

Der Expositus

Wir haben einen Expositus (= Geistlicher auf Nebenstelle) gehabt, der ist nicht gerade gewesen, so wie die Pfarrer sonst sind. Er hat „geredet" mit den Leuten wie ein jeder. Seinen Dienst hat er gehörig gemacht. Er hat getauft und Beicht gehört, seine Messe gehalten in aller Früh, am Sonntag sein Amt (= feierliche Messe) gesungen und seine Predigt gehalten. „Gelegentlich" hat er vom Altar aus die Buben geschimpft, wenn sie „unruhig" gewesen sind, und auch zu den Burschen nach hinten geschrien, daß sie „herein" gehen und die Kirchentür zumachen. Er hat Brautleute eingesegnet und die Leute (mit den Sterbesakramenten) versehen und eingegraben. Er hat auch viel Schule gehalten, ich habe ihm gerne „zugehört", wenn er gleich „ab und zu" recht „zornig" geworden ist, wenn die Buben „frech" geworden sind. „Dann" hat er ihnen aber gescheite (= kräftige) Tatzen (= Stockschläge auf die Hand) „herunter" gehauen, daß sie „gewinselt" haben. Mir hat er auch einmal zwei Tatzen gegeben, ich weiß nicht mehr warum, aber das weiß ich noch, daß ich recht „geheult" habe, weil ich gemeint habe, er hat mir unrecht getan. Er hat das Bier gern mögen und ist auch oft ins Wirtshaus gegangen, am Ende (= wohl deshalb), weil er von einem Wirtshaus „heraus" ist gewesen, nicht weit von Viechtach. Er hat mit den Bauern getrunken und Karten gespielt und gestritten und gerauft, daß er „manchmal" mit ihnen hinterm Tisch gelegen ist...

Schon ein knapper, auf ein paar wesentliche Besonderheiten der Lautgeographie beschränkter Streifzug durch den Bayerischen und Oberpfälzer Wald zeigt, daß es sich um eine reich differenzierte Mundartlandschaft handelt, die dem Laien wie dem Forscher eine Fülle von interessanten Funden bietet. Die erwähnte Dreiteilung läßt sich demonstrieren etwa an der Aussprache des Wortes „Geld": Im Norden heißt es **Gald** mit rundem oberpfälzischem **l**, im mittleren Wald findet man die Lautung **Gäid**, im Unteren Wald hingegen **Gööd**. Als weiteres Beispiel kann das Wort „tief" dienen: Der gemeinbairischen Lautung **diaf** steht im Norden **däif** gegenüber, in der Mitte **duif**, im Südosten **doif**; ähnlich auch **schäissn** — **schuissn** — **schoissn** („schießen", gemeinbairisch **schiassn**).
Insgesamt ist den Mundarten des Waldes bemerkenswerte Konservativität eigen, ein hochgradig beharrsamer Zug: Altertümliche und eigenwillige Laut- und Wortformen haben sich in dem lange Zeit verkehrsfeindlichen und als abgelegen geltenden Waldgebirge besser erhalten als in verkehrsoffenen Landschaften (wie etwa im Donautal oder in

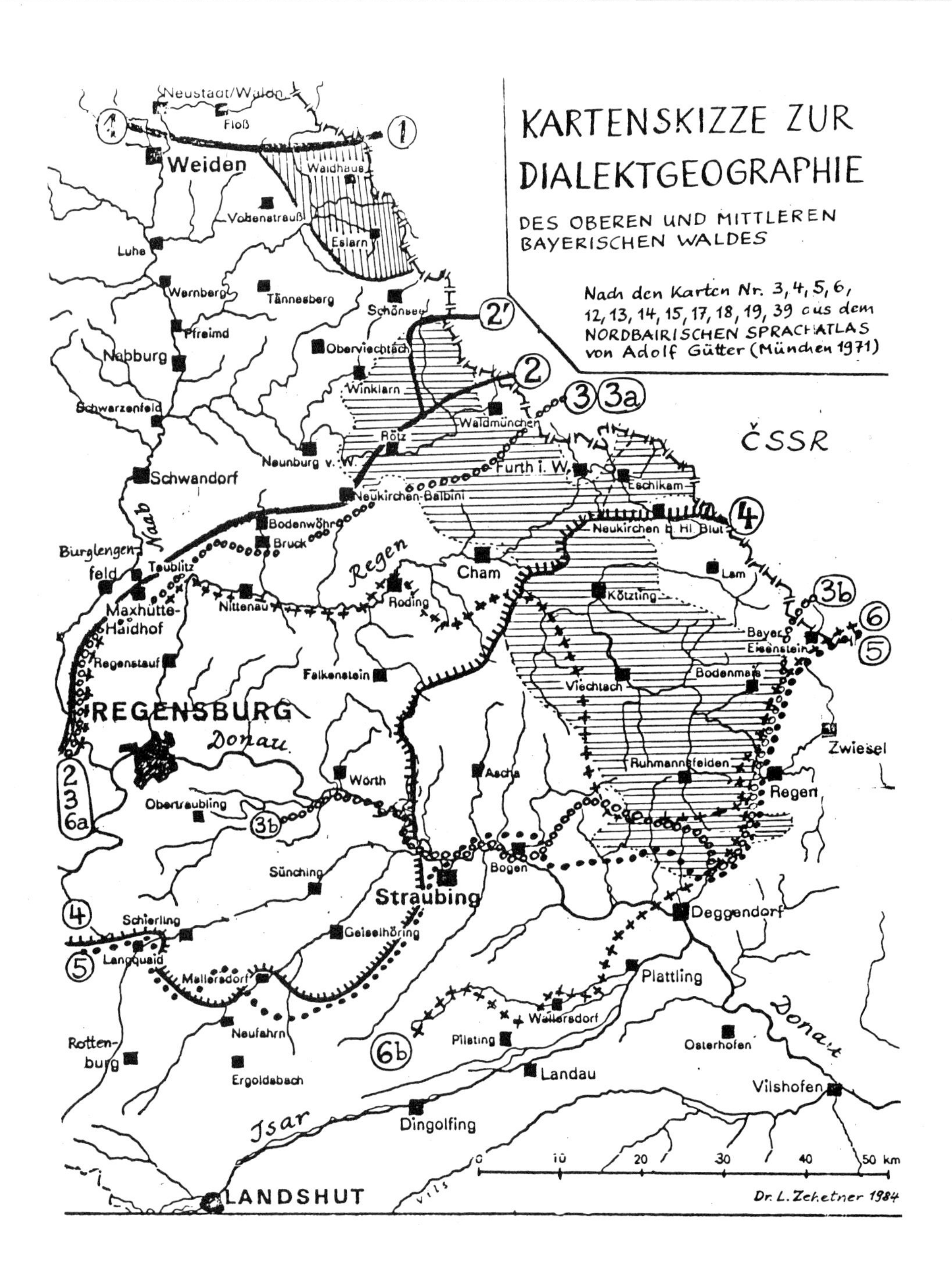
KARTENSKIZZE ZUR DIALEKTGEOGRAPHIE
DES OBEREN UND MITTLEREN BAYERISCHEN WALDES
Nach den Karten Nr. 3, 4, 5, 6, 12, 13, 14, 15, 17, 18, 19, 39 aus dem NORDBAIRISCHEN SPRACHATLAS von Adolf Gütter (München 1971)
ČSSR
Weiden
Floß
Waidhaus
Vohenstrauß
Eslarn
Luhe
Wernberg
Tännesberg
Schönsee
Pfreimd
Nabburg
Oberviechtach
Winklarn
Schwarzenfeld
Waldmünchen
Rötz
Neunburg v. W.
Furth i. W.
Eschlkam
Schwandorf
Neukirchen-Balbini
Neukirchen b. Hl. Blut
Naab
Bodenwöhr
Bruck
Burglengenfeld
Teublitz
Regen
Cham
Lam
Maxhütte-Haidhof
Nittenau
Roding
Kötzting
Bayer. Eisenstein
Regenstauf
Falkenstein
Bodenmais
Viechtach
REGENSBURG
Donau
Zwiesel
Wörth
Ascha
Ruhmannsfelden
Regen
Obertraubling
Bogen
Sünching
Straubing
Deggendorf
Schierling
Langquaid
Geiselhöring
Mallersdorf
Plattling
Wallersdorf
Neufahrn
Pilsting
Osterhofen
Rottenburg
Ergoldsbach
Landau
Vilshofen
Isar
Dingolfing
LANDSHUT
Vils
0 10 20 30 40 50 km
Dr. L. Zehetner 1984

Erläuterungen zur Karte:

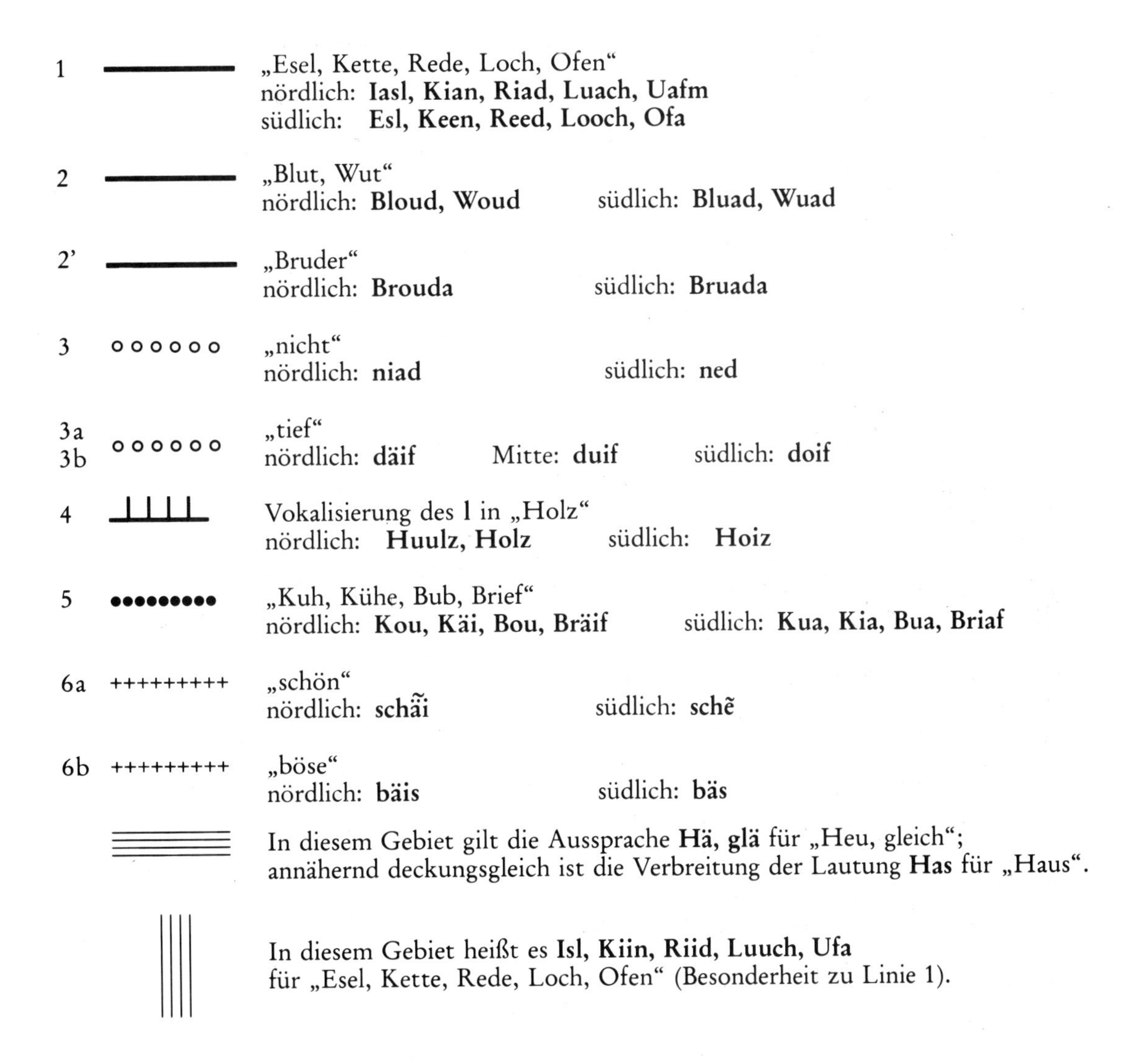

1 — „Esel, Kette, Rede, Loch, Ofen"
nördlich: **Iasl, Kian, Riad, Luach, Uafm**
südlich: **Esl, Keen, Reed, Looch, Ofa**

2 — „Blut, Wut"
nördlich: **Bloud, Woud** südlich: **Bluad, Wuad**

2' — „Bruder"
nördlich: **Brouda** südlich: **Bruada**

3 — „nicht"
nördlich: **niad** südlich: **ned**

3a, 3b — „tief"
nördlich: **däif** Mitte: **duif** südlich: **doif**

4 — Vokalisierung des l in „Holz"
nördlich: **Huulz, Holz** südlich: **Hoiz**

5 — „Kuh, Kühe, Bub, Brief"
nördlich: **Kou, Käi, Bou, Bräif** südlich: **Kua, Kia, Bua, Briaf**

6a — „schön"
nördlich: **schä̃i** südlich: **schẽ**

6b — „böse"
nördlich: **bäis** südlich: **bäs**

In diesem Gebiet gilt die Aussprache **Hä, glä** für „Heu, gleich";
annähernd deckungsgleich ist die Verbreitung der Lautung **Has** für „Haus".

In diesem Gebiet heißt es **Isl, Kiin, Riid, Luuch, Ufa**
für „Esel, Kette, Rede, Loch, Ofen" (Besonderheit zu Linie 1).

weiten Gebieten Ober- und Niederbayerns), die sprachlichen Veränderungen und Nivellierungen viel zugänglicher waren. Dies gilt selbstverständlich nur für die bäuerliche Basismundart, also die grundständigen ländlichen Dialekte des Waldes. Die städtischen Verkehrsmundarten hingegen, deren Gebrauch sich zunehmend ausweitet, sind weitgehend dem Gemeinbairischen angeglichen (das sich am Münchnerischen orientiert). Dennoch ist die Scheidung in die drei genannten Regionen unbestreitbar vorhanden.

Zahlreiche Ausdrücke, die der älteren Generation selbstverständlich und alltäglich waren, sind heute oft nicht mehr Bestandteil des aktiven Wortschatzes der Jüngeren, deren Sprache im Zuge eines großräumigen Ausgleichs an die gemeinbairische Verkehrssprache angepaßt erscheint und deswegen der Schriftsprache näher steht als dem ursprünglichen, kleinräumig begrenzten Regionaldialekt früherer Generationen. Einige Beispiele aus Freyung sollen das illustrieren. Altes **aft** (gesprochen: **oft**) wird verdrängt durch **danach (danoch, danad, nachad, na)**, **Erdapfel** durch **Kartoffel**, **Rau(ch)-fangkiara** durch **Kaminkehrer**, (Kleider) **anlegen (ãleng)** durch **anziehen (ãzoing)**, **Wehtum (Wädam)** durch **Schmerzen**, **der Weil haben/lassen** durch **Zeit haben/lassen**, **Rockenreise (Roggaroas)** durch die (aus dem Rundfunk bekannte, aus Oberbayern stammende) Bezeichnung **Heimgart (Hoãgaschd)**. Die altbairischen Wochentagsnamen **Ertag (Iada)**, **Midicha**, **Pfingsda** werden immer seltener gebraucht, und an ihre Stelle treten die schriftsprachlichen Entsprechungen **Dienstag**, **Mittwoch**, **Donnerstag**. Eine Liste solcher Veränderungen ließe sich beliebig fortsetzen.

Bemerkenswert ist allerdings, daß es die heutige mittlere Generation ist, also Menschen zwischen 25 und 45 Jahren, deren Sprache am weitesten vom Dialekt der Ahnen entfernt zu stehen scheint, während die jetzige Jugend dazu neigt, im Zuge einer gefühlsmäßigen Rückwendung zum Altüberlieferten auch Lautungen und Wörter ihrer Großeltern wieder aufzugreifen und ganz bewußt zu verwenden. Man kann dies im Rahmen der sogenannten Nostalgiewelle sehen, die demnach auch im sprachlichen Bereich zum Tragen kommt, oder im Zuge des in ganz Europa erstarkenden Regionalismus. Daher ist es verfehlt, vom Verschwinden des Dialekts zu reden, den sogenannten Dialektabbau zu beklagen. Denn eben dadurch, daß sich der Dialekt wandelt, beweist er, daß es sich um eine lebendige Sprachform handelt, an der sich ein ganz natürliches Stirb-und-Werde vollzieht.

JOSEPH BERLINGER

Lamerer Hausnaam

da Siggraschneida Kaal
s Schmidgagei Maal
da Staadmichl Franz
d Hoal Rosl
da Buazlhofa Max
d Müihna Headdl
da Scheibfohra Hans
d Andresn Maare
da Figgal Naaz
d Weisgaawa r Anna
da Gvere Schoosch
d Soofeier Aamal
da Houwawidra Franz
d Ginglmüihna r Elis
da Fächdaschousda Gvere
d Seilmichei Maare
da Brandldonesäbb
s Zanschgawaawal

Heimrad Prem

Wie denkt der Maler?

(Geschrieben am 24. Januar 1977)

Wenn man aus einer interessanten Unterhaltung heraus vor die Leinwand tritt, dann weiß man zunächst nicht so recht, was man tun soll, denn mit der Sprache wird ein mehr logischer, mehr materieller Sinn des Menschen angesprochen. Die Sprache ist in einem mehr äußeren Bezirk der menschlichen Persönlichkeit angesiedelt (die Dichtung ausgenommen).

Die SPRACHE ist das wichtigste Kommunikationsmittel, und daher vorwiegend ein Gebrauchsgegenstand.

Anders das Bild: Auch Bilder werden oft als Gebrauchsgegenstände benutzt. Ein Glas Bier mit frischem Schaum, groß auf einem Plakat vorgezeigt, kann Durst vermitteln. Im Stummfilm zum Beispiel können aneinandergereihte Bilder auch eine Art Kommunikation hervorrufen, aber dennoch ist klar, daß die Sprache das mehr angenommene Kommunikationsmittel ist.

Am besten kann ich den Unterschied zwischen Sprache und Bild an einem Beispiel erklären:

Ich liege im Bett und kann nicht einschlafen; ich denke an die Eindrücke der letzten Stunden, und alles, was ich so denke, denke ich mit Sprache. Sicher denkt man sehr schnell, und man begnügt sich nicht damit, alles in Worten zu denken; man setzt auch Bilder ein, wenn man das Wort nicht zur Hand hat.
Ich aber liege im Bett und kann nicht schlafen, so lange sich mein Denken logisch begründen will.
Also versuche ich in eine tiefere Schicht meines Ichs zu steigen; dort sehe ich einzelne Bilder, die in keinem logischen Zusammenhang miteinander stehen. Da taucht ein See aus den Tiefen meines Bewußtseins, dann sind es einige Sonnenblumenkerne, dann sehe ich das Gaspedal eines Autos, dann ein Gesicht.
Wo die Bilder herkommen und welchen Sinn sie haben, weiß ich nicht, und es bekümmert mich auch nicht.
Ich liege im Bett und bald werde ich schlafen.

Wer dieses kleine Beispiel begriffen hat, sieht, daß ich hier einen Bewußtseinswechsel aufzeigen will. In dieser mehr äußeren Schicht meines Wesens, wo noch Sprache und Logik ist, haben die Gedanken noch einen Sinn, und mir ist auch der Sinn, der darin liegt, sehr wichtig, während in dieser tieferen Schicht des Bilderdenkens direkt empfunden wird; also sinnlos oder mit einer anderen Logik als der verbalen.
Das Bild kommt aus einer tieferen Schicht des sich selbst Bewußtseins der Persönlichkeit.
Erst wenn man die logische Denkweise überwunden hat, kann man malen. Malen und Sehen befinden sich auf einer anderen Ebene des Bewußtseins. Hier gilt nicht die Logik; hier ist das Sehen das Seherische.

Heimrad Prem um 1964.

Heimrad Prem

Mein Problem / Selbstfindung

Ursprünglich sind es zwei verschiedene Gefühle, die mich immer wieder zum Pinsel greifen lassen, und zwischen welchen ich hin und her gerissen bin. Das Lyrische und das Dramatische.
Wenn ich mich ganz für nur eine Seite entscheide, also den Rat guter Freunde befolge, dann ist es so, daß nach einer Zeit der Treue eine Zeit der Langen Weile kommt, die in eine Anödung ausartet. Und so wie mein Gefühl, so sind auch die Produkte, also meine Bilder. Nun kommt eine Zeit, in der ich gar nichts zu Stande bringe. Mit meiner ganzen Willenskraft bleibe ich bei dem eingeschlagenen Weg. Ich sage mir:

„All mein Tun ist sinnlos, wenn ich nun schon so lange in diese Richtung gegangen bin und nun genau wieder in die entgegengesetzte Richtung gehe."

Um den eingeschlagenen Weg beizubehalten, versuche ich mir das Spiel durch andere Materialien und andere Techniken wieder spannend zu machen. Das amüsiert mich ein Weilchen, und ich gehe auf diesem Weg noch weiter in die mir selbst auferlegte Richtung. Aber auch dieses Selbsttäuschungsmanöver verliert an Reiz. Und ich bin wie gelähmt. Die Vernunft sagt mir, daß alles sinnlos war, wenn ich nun wieder den entgegengesetzten Weg einschlage. Aber das Gefühl bleibt stehen und schaut zurück. Gefühl und Vernunft kämpfen nun miteinander, und beide sind gleich stark. Irgendwann aber liegen Gefühl und Vernunft erschöpft da, und ich traue keinem mehr. Zur Vernunft sage ich:

„Warum vernichtest du das bißchen Gefühl nicht? Die ganze Welt wird auf Dir aufgebaut, die Welt der Zukunft soll eine Welt der Vernunft werden, und du liegst nun genau so schlaff da wie das Gefühl, welches längst in die Vergangenheit verbannt sein soll!"

Nach einiger Zeit kriecht das Gefühl zurück in die Richtung, aus der es kam, und die Vernunft hängt sich schweigend dran.
Die entgegengesetzte Richtung hat jetzt Magnetisches.
Das Malen macht wieder Spaß.
Irgendwann aber hört die Anziehungskraft auf, und der entgegengesetzte Pol wird zum Magnet. Einfacher läßt sich dieser Vorgang so formulieren: „Ich kämpfe, also bin ich."

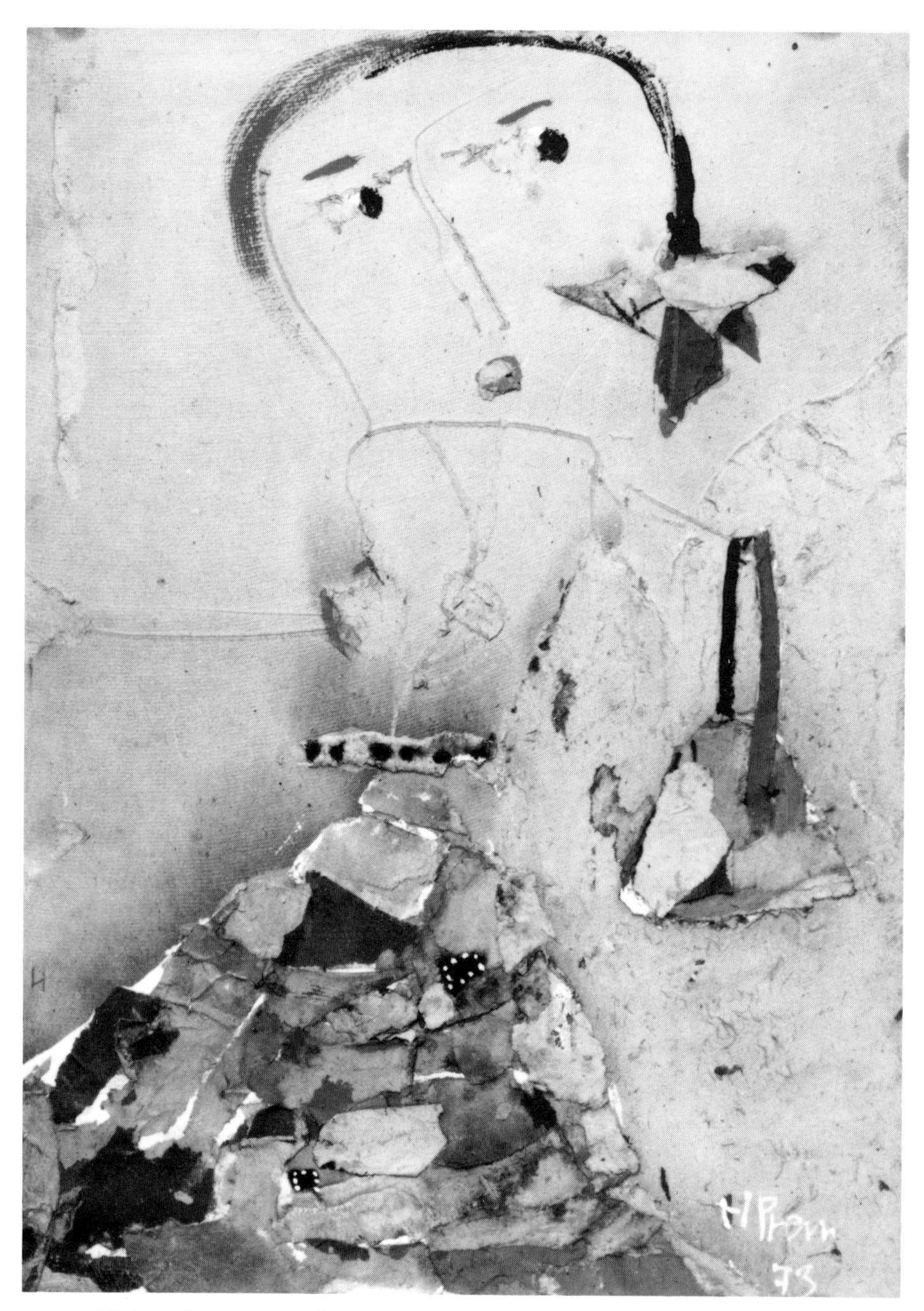

Heimrad Prem: Mädchen mit Korb; 1973. Sammlung der Stadt Cham.

Sebastian Roser

Heimrad Prem — ein Maler für den Bayerischen Wald?

Nach dem ersten Durchlesen der beiden Texte von Heimrad Prem wird man unvermittelt wohl wenig Bezüge zu seiner Herkunftsregion spüren. Es sei denn, man gäbe ganz oberflächlichen Assoziationen nach: Die eines frisch eingeschenkten Bierglases als „Gebrauchsbild" mag typisch für „Bayern" sein — aber nicht unbedingt nur für den Bayerischen Wald. Es ist schwierig, wenn nicht überhaupt unmöglich, ein Klischee zu finden, von dem sich ein Bild des Malers Heimrad Prem abziehen läßt.

Nüchtern betrachtet, verlebte er den größten Teil seiner kurzen Lebensspanne in einer Großstadt, in München. Sein Interesse galt mehr den übernationalen Verbindungen der bildenden Kunst, mit dem Ziel, der Provinzialität deutscher Nachkriegskunst zu entkommen. Er lebte vom Beginn seiner Studienzeit (1952) bis zu seinem Lebensende (1978), abgesehen von Studienaufenthalten in Skandinavien, in München.

Prem ist sicher kein Wunschkind des Bayerischen Waldes. Er verbrachte nur Teile seiner Kindheit und Jugend dort, andere mit seiner Mutter in Berlin. Nach der Volksschule absolvierte er in Schwandorf eine Malerlehre und hatte während dieser Zeit schon das Ziel vor Augen, „Kunstmaler" zu werden. Es ist dabei wichtig zu wissen, daß sein Vater Viktor Prem neben seiner handwerklichen Tätigkeit als Erzähler, Musiker und nicht zuletzt als Maler konventioneller Bilder beliebt war.

Ganz im Gegenteil: Abfällige Äußerungen einheimischer Politiker angesichts der SPUR-Prozesse (1962, es ging um den Vorwurf der Blasphemie und der Pornographie) denunzierten die ‚Söhne' der Region (nämlich H. Prem aus Roding und H. Sturm aus Furth).

Die Verbindung Heimrad Prems mit Roding, mit der Landschaft ‚Bayerischer Wald' sind anderer Art als die eines direkten ikonographischen Bezuges. Es existiert zwar ein Aufsatz[1]), in dem Prem direkt auf sein Verhältnis mit dem ‚daheim' anspielt, doch diese Beschreibung des Vaters repräsentiert sicher nicht das einzige und prägende Erlebnis. ‚Ohne Malverbot' beklagt die Enge des Nach-Hause-Kommens aus München in die Kleinstadt. Der Vater ist enttäuscht über den vermeintlichen (kommerziellen) Mißerfolg des Sohnes und kleidet seinen Ärger darüber in klassenkritische Äußerungen („... etwas besseres werden wollen wie der Vater"). Der häuslichen Szene folgt die Flucht aus dem warmen Zimmer in die unwirtliche, kalte Winternacht. Prem läßt die Rückkehr zwar offen, aber sie hat letztlich wohl doch stattgefunden, wenn auch im krassen Widerspruch zur Enge der Herkunftssituation, in sozialer wie regionaler Hinsicht. Seine Verstrickungen mit der Oberpfalz sind der Art, die für das moderne, oder besser: aktuelle Lebensbild des Pendlers und Region-Flüchtigen gilt. Die Lebensart des dörflich-kleinstädtischen Roding war sicher prägend, jedoch stießen die Beschränktheiten und Bedingtheiten dieses überschaubaren und festgelegten Sozialgefüges ab, so daß die Flucht in die (genau besehen) viel engere Umgebung einer Kunsthochschule und einer Künstlergruppe als Chance erschien. Aus dieser Spannung sind viele Bilder entstanden, und gerade die Bearbeitungen von konventionellen Thematiken wie der Kreuztragung[2]) lassen fühlen, welcher Kampf sich zwischen den alten Verbindlichkeiten und dem Wunsch, den großstädtischen, uniformen Konformismus zu attackieren, ständig abspielte. Die Texte sind spät entstanden, zu einer Zeit, in der das Experimentieren mit dem Selbst zur Veränderung und Auflösung der Person geführt hat. Vielleicht ist aber aus den fast lapidaren Feststellungen etwas für die Region Typisches ablesbar: Nicht inhaltlich, sondern in der Art der Formulierung, der Art, in der die einzelnen Denkschritte vorgetragen werden und sich einer von außen aufgesetzten Logik widersetzen.

Anmerkungen:

[1]) *H. Prem, Ohne Malverbot, in: Zeitschrift SPUR, Heft 4, Januar 1961*

[2]) *Galerie van de Loo, München, Gruppe SPUR 1958--1965. Eine Dokumentation, S. 80: Prem, Kreuztragung, 1960, 120x120 cm, Abb. sw.*

Weitere Kataloge und Literatur:

Edizioni del Centro Internationale delle Arti e del Costume, „Momenti"-3, Palazzo Grassi, Venedig 1967

Hans Kiessling, Begegnung mit Malern. Münchener Kunstszene 1955--1980, St. Ottilien, 1980, S. 364

COBRA - SPUR - WIR - GEFLECHT - KOLLEKTIV HERZOGSTRASSE, Ausstellungskatalog der Galerie im Ganserhaus, Wasserburg a. I. 1983

Juliane Roh, Die Gruppe SPUR, S. 130 ff

Hans M. Bachmayer, Die SPUR -- zur Kunst, Gaudi und Politik, S. 134 ff in: Klaus Schenk (Hrsg), Upheavals / Aufbrüche, Positionen in der bildenden Kunst zu Beginn der 60er Jahre in Berlin, Düsseldorf und München, Köln 1984

RUPERT SCHÜTZBACH

Alfred Kubin

Wie gut er
die Leute verstand, die ihn
nicht verstanden.

Die kräftige Phantasie
hat seiner zarten Gesundheit
nicht geschadet.

Tagträume. Nachtmahre.
Post aus dem Unbewußten,
Absender Angst.

Die Zeit ist ein Zimmer,
von Dämonen bewohnt.

Ob es Lebendigeres gibt
als einen Totentanz?

Vom ersten Gesicht
zum Zweiten Gesicht;
zum Jüngsten Gericht!

Joseph Berlinger

Mohikaner und Komantschen

Über Johann Humbs, Herbert Achternbusch und die Patriotische Alternative im Kino

Vom zweiten haben schon viele etwas gehört, wenn auch lange noch nicht genug.

Den ersten muß man vorstellen. Johann Humbs ist „Wanderspieler", wie er sich selber nennt. So wie in meiner Kindheit, in den fünfziger Jahren, die Kracherl-, Bürsten- und Cowboyhosenhändler im Bayerischen Wald von Dorf zu Dorf gefahren sind, so tut es heute noch Johann Humbs mit seinen Kinofilmen. Er tut es seit 25 Jahren jeden Abend und sagt mir halb stolz, halb mitleidheischend, daß er in dieser ganzen Zeit noch keinen Urlaub gehabt hat.

Damals, als die Arbeitsmöglichkeiten auf dem Land noch schlechter waren als heute, ist er auf die Idee gekommen, herumzufahren und Kinofilme vorzuführen. Sein Revier liegt im Dreieck Cham—Straubing—Regensburg. Freilich kommen nur solche Bayerwalddörfer in Betracht, die kein Kino haben oder denen es weggestorben ist. Aber davon gibt es ja viel, und es werden immer mehr.

Wenn ihn dann ein Wirt in den Saal läßt, was nicht immer der Fall ist, dann baut er seine Vorführgeräte auf und spielt den jungen Leuten den Film vor, den er seit ein paar Tagen mit einem Plakat vor der Wirtshaustür angekündigt hat. Weil der Eintritt billiger ist als in den meisten stationären Kinos der Umgebung und weil bei der Vorführung auch ausgeschenkt wird, kommen auch solche, die mit dem Moped oder dem Auto genausogut in die nächste Kleinstadt fahren könnten, wo die Filme zudem um Wochen eher zu sehen wären. Johann Humbs kriegt die Filme, die ihm ein Geschäft bringen würden, entweder überhaupt nicht oder erst sehr spät. Für die Verleihfirmen ist sein Wanderkino uninteressant, seine Einspielergebnisse sind denen viel zu gering. Für ihn ist es ein Teufelskreis, aus dem er nicht herauskommt. Ohne publikumsträchtige Filme keine steigenden Einspielergebnisse, ohne steigende Einspielergebnisse keine publikumsträchtigen Filme. So kommt er sich bei der Gestaltung des Programms und bei der Bestellung der Filme wie der letzte Depp vor, wie der letzte Mohikaner, sagt er. Wenn er dann einmal einen gewünschten Film kriegt, ist der schon als Videokassette auf dem Markt. Das Video drückt ihm noch einmal die Gurgel zu, fürchtet er. „Jetzt ist es schlecht mit den Filmen, weil alles Video hat. Und die spielen sich Filme vor, die ich gar nicht zeigen kann. Die 12- bis 13jährigen schaun sich die Filme ab 18 an. Weil da ist keine Kontrolle da. Wenn da heut ein Film läuft ab 18, und es kommen Kerle mit 16, die lachen ja bloß, die sagen, was willst denn mit dem Schmarrn, den haben wir auf Video schon lang gsehn. Ein 14jähriger neulich hat sich die Lederhosenfilme alle schon auf Video angschaut ghabt. Wenns so weitergeht mit Video, wer geht da noch ins Kino. Braucht bloß das Kabelfernsehen noch kommen, das gibt uns dann den Rest. Da brauchen wir dann schon noch mehr Arbeitslose, daß die Programme alle angeschaut werden können. Weil die 2 Millionen langen da nicht für alle Programme. Das gibt uns den Rest. 63 bis 68/70 war es auch schlecht. Bloß sind dann die Leute fernsehmüde gworden."

Durch die totale Verbreitung des Fernsehens sind zwar viele Kinos eingegangen, gerade natürlich auf dem Land, wo die Zuschauer spärlicher sind, aber der Tod des Kinos war es noch nicht.

7085 ortsfeste Filmtheater gab es in der Bundesrepublik im Jahre 1959 — das war der absolute Höchststand. Von da an gings bergab. Heute haben wir bloß mehr halb so viel. Die Konzentration und die Videoindustrie werden dafür sorgen, daß die Zahl weiter sinkt. In den größeren, zumal den Universitätsstädten, wird sich das Kino nicht so leicht verdrängen lassen, aber auf dem Land, in der Provinz ist Schlimmes zu befürchten.
Statistiken zeigen, daß das Video hauptsächlich auf dem Sektor der Action-, Crime- und Sexfilme dem Kino schadet. Daraus nun den Sieg des anderen, des Autoren- und jungen deutschen Films ableiten zu wollen, wäre voreilig und falsch. Dessen Geldhahnabdreher haben die Macht. Einige der betroffenen Regisseure und Schriftsteller haben dafür zwar die Phantasie, aber die müssen sie immer mehr darauf verwenden, wie sie ihre Projekte realisieren können. Herbert Achternbusch hat jüngst Objekte seiner bildenden Kunst verkauft. In seiner Bilderkunst, den Kinofilmen, zeigt er, wie auch nebenher in seinen Büchern, was Bayern ist und was es sein könnte. Daß ihn die Kritikerpäpste der angesehensten Feuilletons aus Hamburg, Frankfurt und München verehren, tut ihm gut. Genausogut, wenn nicht noch besser täte es ihm, wenn sie ihn auch dort annehmen würden, wo er herkommt und wo er immer wieder hinmuß, sei es in seinen Filmen und Büchern oder leibhaftig: in Deggendorf, in Cham, in Frauenau, in Lohberg ... im Bayerischen Wald halt. Aber da verehrt ihn überall bloß eine kleine, wenn auch sich wie die Hasen vermehrende Liebhabergemeinde. Die breite Masse hält sich lieber an Hänschen Rosenthal und zeigt Berlin und der Welt, daß man im Bayerischen Wald auch Spitze sagen und dabei einen Meter in die Luft hüpfen kann. Von Heimatfilmen wie ‚Herz aus Glas', zu dem Achternbusch das Drehbuch geschrieben hat (Regie: Werner Herzog), oder den eigenen von Achternbusch: ‚Das Andechser Gefühl', ‚Die Atlantikschwimmer', ‚Bierkampf', ‚Servus Bayern', ‚Der junge Mönch', ‚Der Komantsche', ‚Der Neger Erwin', ‚Das letzte Loch', ‚Der Depp', ‚Die Olympiasiegerin', ‚Das Gespenst', ‚Wanderkrebs', ‚Rita Ritter' ... von all diesen Heimatfilmen kriegt die Heimat des Filmers nichts mit. Wenn sich einmal einer ins Fernsehen verirrt, dann so spät, daß die Bayerwaldler schon im Bett sind. In den Landkinos kommen sie auch nicht, weil dort die jungen Leute was anderes sehen wollen, sagt Johann Humbs. Die jungen Leute vom Land wollen landläufige Filme sehen und keine von so einem Regisseur vom Land, sie wollen Actionfilme aus Hollywood, und wenn schon bundesdeutsche Witzigkeit, dann die der Supernasen. Dabei hätte ein Komantsche, wie der Herbert Achternbusch einer ist, auch eine Supernase. Dem Valentin ist es zu Lebzeiten ähnlich gegangen. Der hat auch zuschauen müssen, wie die einfachen Leute dem Weiß Ferdl nachgelaufen sind, der wiederum den jeweiligen Machthabern nachgelaufen ist.
Der Weiß Ferdl, der Joe Stöckl, das waren noch Komiker, sagt Johann Humbs und kommt ins Schwärmen. „Früher, da ist anschließend an den Film in der Gastwirtschaft noch darüber geredet und gelacht worden, stundenlang haben sie sich unterhalten und amüsiert. Das gibt es heute nicht mehr. Die Jugend ist so übersättigt mit lauter Fernsehen und Video und Vergnügen und Action", sagt Johann Humbs, „die haben überhaupt kein Interesse mehr, an nichts mehr".

Johann Humbs wirbt für seinen Film.

Da beklagt Johann Humbs also, an was er verdient, wovon er lebt. Die stumpfsinnigen, immer stumpfsinniger machenden Filme sind genau die, die er vorführt, die er vorführen muß, wenn er den Saal einigermaßen vollkriegen will, wenn er das Geld verdienen will für seine Wohnung, sein Auto, seine Lebenshaltungskosten. Wenn er sich an der Dummacherei nicht beteiligen wollte, müßte er andre Filme woanders vorführen, wo es Programmkinos gibt zum Beispiel. Aber da, wo nur „gute" Filme gezeigt werden, ist er nicht daheim und könnte er wohl auch nicht mehr heimisch werden nach seinen fünfzig Jahren, die ihn so und nicht anders gemacht haben. Und da, wo er daheim ist, ist es noch weit hin, bis ein Filmvorführer mit diesen „guten" Filmen sein Ein- und Auskommen hat, bis die Mehrheit (unter anderem durch das eigenständige und eigenwillige Kino) das eigenständige und eigenwillige Denken und Leben lernt, anstatt die Grimassen, Gesten und Gedanken der Werbefernsehmenschen zu übernehmen. Da ist es wahrlich noch weit hin.

Am Rande des Reviers von Johann Humbs, in Kötzting im Bayerischen Wald, arbeitet die Laienfilmgruppe ‚Patriotisch-prophetische Alternative', die mit ihren 8-mm-Streifen die Bayerwald-Mythen persifliert: das Religiöse und Übersinnliche, das Urtümliche und Archaische, all dies konfrontiert mit dem Modernen, Fremden und Großstädtischen, das auf den Waldler hereinbricht wie die Ströme von Touristen. Handwerklich-technisch und dramaturgisch ist die Gruppe zwar noch am Anfang und im Pubertier- und Probierstadium, vom filmischen Konzept her aber schon recht weit: sie imitiert nicht die gängigen, international üblichen und erfolgreichen Genres, sondern arbeitet in der, für und über die Provinz.

‚Und ewig brüllen die Wälder' heißt einer ihrer 45-Minuten-Filme, mit dem sie das für Kötzting getan hat, was sich der vom Wald nach Oberbayern ausgewanderte Achternbusch für seine neuen Nachbarorte erhofft: „Ich wünsche mir einen in Pasing, der sich selber denkt wie ich und Filme macht für die Pasinger, und wenn das den Pasingern nicht gefällt, dann fühlt sich vielleicht einer von Starnberg ermuntert und macht für die Starnberger einen Film und scheißt auf die Welt, weil er schon einen von Weilheim kennt, der fragt: Meinst, daß das in Weilheim auch geht? Und der Starnberger sagt: In Weilheim geht das auch, und scheiß auf die Welt. So könnte man doch Wirklichkeit erzeugen, Pasinger, Weilheimer, Herrschinger Wirklichkeit, der jeweils herrschenden Allerweltswirklichkeit zum Trotz. Auch unsere kleine künstlerische Wirklichkeit muß anerkannt werden wie alle Wirklichkeit, weil es sonst nichts gibt. Aber das braucht Geduld. Aber wenn ein paar Tage vergangen sind und die Autos verrostet sind und die Wege wieder krumm sind, dann laufen wieder ein paar Menschen rum, die ganz nüchtern sind und nicht dieses von Angst besoffene Allerweltmenschenungeheuer." So sagt es Herbert Achternbusch in seinem Buch ‚Die Olympiasiegerin'. Vielleicht spielt Johann Humbs, vielleicht spielen die Allerweltskinobesitzer im Bayerischen Wald auch einmal einen Film vom Achternbusch oder von der ‚Patriotisch-prophetischen Alternative'.

Die Patriotische Alternative wirbt für ihren Film.

Cleo bei der Kommunion.

Cleo Kretschmer

Ich bin eine Hinterwäldlerin

Im Frühling 1951 wurde ich in Wegscheid bei Passau an der österreichischen Grenze geboren.
Als ich von meinem Heimatort ungefragt nach München verpflanzt wurde, war ich erst elf Jahre alt, und danach gab es 15 Jahre für mich keine Gelegenheit, den Heimatort zu besuchen, so daß die Erinnerung an all die Namen der Dorfbewohner allmählich verblaßt ist. Ich weiß genau, daß die Leute beleidigt wären oder glauben würden, daß ich arrogant geworden bin, würde ich sie nicht alle beim Namen kennen, und deshalb wage ich bei der Fahrt in den Heimatort nicht auszusteigen, obwohl mein Herz blutet.
Früher, als ich noch klein war, habe ich mich immer geschämt, daß ich vom Dorf war. Heute verkünde ich jedem voller Stolz, daß ich eine Hinterwäldlerin bin, und zwar eine echte. Wir sind eine starke Rasse, stolz und unbeugsam, doch voller Menschenliebe, wenn auch manchmal ein bisserl stur, und es spricht für die Intelligenz der Wäldler, daß die Autobahn kurz vor Passau einfach aufhört.
Egal wo ich auch hinfahre, nirgends nährt sich meine Seele so nachhaltig, als wenn ich heimfahre in den Wald. Schon kurz vor Passau fängt mein Herz wie wild zu schlagen an, und die Augen werden verdächtig feucht. Obwohl ich durch Wegscheid immer nur durchfahre, weil ich keine Unruhe ins Dorf bringen will.
Alles, was vom Land her in mir aufgesammelt war, ist meine Substanz. Das kann ich jederzeit in mir abrufen. Übrigens habe ich das erste Drehbuch für ‚Idole' damals selber geschrieben. Der Film ist sehr gut angekommen, weil viele Leute sich darin wiedererkannt haben. Und der Klaus Lemke, mein Freund und der Regisseur des Films, hat dann auch das Landleben lieben gelernt und wollte dann nur noch bayerische Filme machen. Das wollte ich aber nicht, denn ich hatte mir vom Film immer etwas Hollywoodmäßiges erwartet, mit riesigen Kostümen und Dekorationen, und am liebsten gleich mit

Cleo beim Film.

Robert de Niro spielen. Aber das hat lang, lang, lang gedauert, fast zehn Filme, bis ich den ersten Partner aus Hollywood gekriegt habe, in Marianne Rosenbaums ‚Peppermint Frieden'. Aber das war für mich eigentlich eine Enttäuschung, muß ich ehrlich zugeben. Ich hatte mir gedacht, von so einem riesigen Hollywoodstar würde ich die ganzen Tricks lernen. Ich weiß zwar nicht, ob die alle so sind, aber der war recht eisig. Jetzt bin ich schon gespannt auf den Gregory Peck. Die Marianne Rosenbaum macht nämlich einen Science-Fiction-Film. Da spielt Gregory Peck die Hauptrolle, und ich darf mit ihm zusammen den Heldentod sterben.

Der Glasmaler Rudolf Schmid aus Rauhbühl bei Viechtach.

Carl-Ludwig Reichert/Wolfgang Johannes Bekh

Wer's überlebt, muß einen eisernen Schädel haben

Ein Gespräch zwischen dem Publizisten Carl-Ludwig Reichert und dem Schriftsteller Wolfgang Johannes Bekh

Reichert: Warum stellen Sie in Ihren Büchern einen Zusammenhang zwischen ökologischen Problemen, unserer Umweltzerstörung überhaupt, und dem Inhalt von Prophezeiungen her?
Bekh: Weil ich finde, daß der Raubbau an unserer Umwelt, die Zerstörung unserer Lebensgrundlagen in einem engen Zusammenhang mit künftigen Katastrophen stehen. Man fragt sich, was schlimmer ist, die Katastrophen, die wir uns friedlich bereiten oder diejenigen, die unter Umständen kriegerisch auf uns zukommen.
Reichert: Was ist die Ursache dafür, daß es soviele Berührungspunkte zwischen den Aussagen der verschiedenen Hellseher gibt? Warum sagen sie letztlich alle dasselbe?
Bekh: Vielleicht, weil das, was kommt, ein und dasselbe ist.
Reichert: Wie stehen Sie zum Wahrheitsgehalt dieser Geschichte?
Bekh: Zu vieles Vorausgesagte ist eingetroffen, zu oft ist der Wahrheitsgehalt nachprüfbar gewesen, als daß man grundsätzlich zweifeln dürfte. Sicher ist nicht Hellseher gleich Hellseher. Da gibt es Scharlatane und Geschäftemacher. Schon Lichtenberg spottete: „Mit dem Wahrsagen kann man Geld verdienen, nicht mit dem Wahrheitsagen!" Aber daß es die Gabe der Präkognition, der Schau in die Zukunft gibt, unterliegt keinem Zweifel.
Reichert: Besteht die Gefahr, eigene Ansichten in die Aussagen der Hellseher hineinzuprojizieren?
Bekh: Ich glaube nicht, weil man ja gern Hoffnungsvolleres erführe, als man tatsächlich erfährt. Und warum sollte ich, wenn mir ein Paragnost die Zerstörung New Yorks beschreibt, noch eigene Gedanken einflechten? Ich habe keine Gedanken dazu.
Reichert: Die dreifache Weltzerstörung: Atlantis, Sintflut und die kommende Katastrophe. Wie stehen Sie zur Theorie, daß es da Parallelen gibt?
Bekh: Ich glaube, daß es große Katastrophen gegeben hat und daß die nächste immer größer war als die vorangegangene. Von der Warte des Weltschöpfers aus gesehen lag ihnen allen ein Gedanke zugrunde, den Goethe einmal treffend Eckermann gegenüber aussprach. „Klüger und einsichtiger wird die Menschheit werden", sagte Goethe, „aber besser, glücklicher und tatkräftiger nicht."
Reichert: Wie lauten die Voraussagen des sogenannten Waldpropheten?
Bekh: Während der Stormberger seine Geschichten und Gesichte im inneren Wald ansiedelte, erzählte der Mühlhiasl vulgo Mathias Lang aus Apoig, Klostermüller von Windberg, Erlebtes und Geschautes von der Donau und vom Vorwald. Der Mühlhiasl ist zwar aktenmäßig belegbar, dagegen weiß man nicht, wann und wo er gestorben ist. Der Stormberger dagegen soll auf dem alten Friedhof in Zwiesel beerdigt worden sein, dort, wo heute das Kriegerdenkmal steht. Außer in der Rabensteiner Glashütte ist er urkundlich nicht belegt. Aus der bemerkenswerten Tatsache, daß vom einen die Lebens-

umstände gesichert sind, aber nicht der Tod, vom andern der Tod, aber so gut wie nichts von den Lebensdaten, ist geschlossen worden, daß es sich um ein und dieselbe Person handelt.
Verblüffend genau sagte der Mühlhiasl, den man auch den Waldpropheten genannt hat, Dinge voraus, von denen man zu seiner Zeit, zwischen 1790 und 1840, keine Ahnung haben konnte: Es gab kein Telephon, kein Fahrrad, kein Auto, keine Dampfmaschine, keine Elektrizität, keine Eisenbahn, kein Flugzeug, keine Atombombe. „Wenn der silberne Fisch über den Wald kommt, stehts nimmer lang an...", ist so eine Voraussage. Gemeint ist wohl der Zeppelin, der im Frühjahr 1914 den Bayerischen Wald überflog. „Die Donau herauf werden eiserne Hunde bellen." Diese frappante Voraussage betraf die eisernen Schleppkähne auf der Donau, die mit Dampf betrieben wurden. „An dem Tag, an dem zum ersten Mal der eiserne Wolf auf dem eisernen Weg durch den Vorwald bellen wird, an dem Tag wird der große Krieg anheben." Am 1. August 1914 fuhr zum ersten Mal die Eisenbahn von Kaltenegg nach Deggendorf, mitten durch den Vorwald. „Der Kleine fängt den Krieg an, der Große überm Wasser macht ihn aus." Serbien! Amerika! „Geld wird gemacht, so viel, daß mans nimmer kennen kann. Wenn's gleich lauter Papierflanken sind, kriegen die Leute noch nicht genug daran. Auf einmal gibts keins mehr." Die Inflation! „Dann wird ein strenger Herr kommen und ihnen die Haut abziehen. Die Kleinen werden groß und die Großen klein. Wenn aber der Bettelmann aufs Roß kommt, kann ihn der Teufel nimmer derreiten." Hitler. „Wenn sie in Straubing über die Donau die große Brücke bauen, so wird sie fertig, aber nimmer ganz; dann gehts los." Die Donaubrücke in Straubing war im September 1939 fertig bis auf die Betondecke. Dann aber weisen die Mühlhiasl-Prophezeiungen über die Vergangenheit hinaus: „Nach dem Krieg meint man, Ruh ists, ist aber keine. Gesetze werden gemacht, die niemand mehr achtet, und das Recht wird nimmer Recht sein. Zuerst kommen die vielen Jubiläen, überall wird über den Glauben predigt, überall sind Missionen, aber kein Mensch schert sich mehr darum, die Leute werden recht schlecht. Über den katholischen Glauben wird am meisten gespottet von den eigenen Christen." Über die Bauwut sagt der Mühlhiasl: „Dann werden Häuser gebaut, nichts wie Häuser, Schulhäuser wie Paläste, aber zuerst für die Soldaten. In den Städten bauen sie hohe Häuser, und davor kloane Häusl wie Impenstöcke oder Pilze, eins am andern, schneeweiße Häuser mit glänzenden Dächern. Nix wie baut wird, überall wird gebaut, ganze Reihen wern baut. Der Gäuboden prangt mit schneeweiße Häuser. Die Leut richten sich ein, wie wenn sie nimmer fort wollten. Aber dann wird abgeräumt." Der Mühlhiasl nennt noch andere merkwürdige Vorzeichen: „Die Bauernleute werden sich gewanden wie die Städtischen und die Städtischen wie die Narren. — Alle Grenzraine werden umgeackert und die Hecken ausgehaut." Als Vorzeichen des Dritten Weltkrieges beschrieb der Waldprophet den Straßenbau von Straubing nach Pilgramsberg. Als der Hiasl diese Voraussage machte, wurde er ausgelacht, denn die Gegend war damals noch unwirtlich. Die Straße Straubing-Stallwang-Cham wurde inzwischen gebaut. „Auf der Straße von Cham über Stallwang nach Straubing kommen sie einmal heraus, die Rotjankerl. Wenn sie kommen, muß man davonlaufen, was man kann, und als Mundvorrat Brot mitnehmen. Wer drei Laib Brot dabei hat, und beim Laufen einen verliert, darf sich nicht bücken darum, so eilig ist es. Und wenn man den zweiten verliert, muß man ihn auch hinten lassen, denn man kanns auch mit einem Laib aushalten, weil es nicht lange dauern wird. Die Berge werden ganz schwarz von Leuten. In einem Wirtshaus an einer Brücke werden viele Menschen beieinander sein, und draußen werden die Soldaten vorbeireiten. So viel Feuer und so viel Eisen hat noch kein Mensch gesehen. Wer's überlebt, muß einen eisernen Schädel haben. Zuletzt kommt der Bankabräumer (Af d'letzt kimt da Bänko'ramer), eine alles dahinraffende Krankheit. Die Leute werden krank, und kein Mensch kann ihnen helfen. Es wird erst vorbei sein, wenn kein Totenvogel mehr fliegt. Dann schaut den Wald an! Er wird Löcher haben wie des Bettelmanns Rock. Wenn dann einer den andern trifft, sagt er: ‚Grüß dich Gott, Bruder, grüß dich Gott, Schwester! Wo hast dich denn du versteckt?' Auf d'Nacht schaut einer vom Berg über den Wald

In die Glaswand gemalt: die Legende vom Mühl-Hiasl.

hin und sieht kein einziges Licht mehr. Wenn einer in der Dämmerung eine Kranawittstaudn sieht, geht er darauf zu, um zu sehen, ob's nicht ein Mensch ist, so wenig sind noch da." Erstaunlich an diesen Voraussagen ist, daß man sie nachweislich schon 1895 kannte, daß die Tradition also vermutlich lückenlos ist. Und bis um 1975 wußte kein Mensch, warum der Wald eines Tages „wie des Bettelmanns Rock" aussehen soll.

Reichert: Wie würden Sie die Zukunft schildern, wenn Sie ein Hellseher wären?

Bekh: Ich bin kein Hellseher! Ich kann also nicht prophezeien, sondern nur vermuten. Meine Vermutungen können Irrtum sein. Ich vermute, daß gegen die Katastrophe, die kommt, alle Schneekatastrophen, Dammbrüche und Schiffsuntergänge ein Kinderspiel waren. Ich vermute, daß Pumpbrunnen, Kachelofen, Sonnenenergie und Windrad zu Ehren kommen. Ich vermute, daß Nostalgie auf eine sehr harte Weise Wirklichkeit wird. Ich vermute, daß wir durch dies alles hindurchmüssen. Aber: Dum spiro spero — solang ich atme, hoffe ich.

Hubert Weinzierl

Waldheimat — Hüterin kultureller Werte

Grenzsituationen sind in aller Regel auch Kampfsituationen, es tun sich Minderheitenprobleme auf, aber auch Freiheitsspielräume und vor allem eine tiefe Heimatliebe und Naturverbundenheit, aus der dann auch die Kultur zu ihrer Vollblüte erwachsen kann. Daher wehre ich mich vorweg gleich ganz entschieden gegen die Diffamierung, unsere Waldheimat sei ein „unterentwickeltes, von Natur benachteiligtes Gebiet", wie kleinkarierte Kirchturmpolitik diesen gewaltigen Lebensraum deutscher Kultur in den letzten Jahrzehnten allzu oft bezeichnet hat. „Wer immer nur vom Elendsgebiet, Armenhaus und Notstandsregion daherredet, der treibt schließlich die Leute mit der Keule aus ihrer Heimat", hat kürzlich der bayerische Ministerpräsident mit Recht bemerkt! Und ich wehre mich gleichermaßen gegen die dümmliche Verkürzung unserer Gegenwartsprobleme auf die Formel, „daß wir uns Natur und Kultur erst leisten können, wenn genügend Arbeitsplätze gesichert sind" oder daß jeder nicht gebaute Straßenkilometer einen Rückfall in mittelalterliche Armut bedeute, während Straßenbaufestspiele der wohlstandverheißende Fortschritt schlechthin seien.
Und ich wehre mich auch noch gegen die Gleichmacherthese von den Chancen, die man uns großmütig genauso zubilligt wie den Ruhrgebietsbewohnern beispielsweise und allen übrigen Europäern, sofern wir auch zur Übernahme der mitgelieferten Wohlstandsrisiken und Lasten wie Emissionen, Atomlager, Flugplätze, Waffendepots oder Talsperren bereit sind. Unsere Chance liegt eben nicht in dieser gleichmäßigen Verteilung von Zivilisationsplunder, sondern gerade das Grenzland trägt heute die hohe Verantwortung, den jetzigen Lebensformen der Unkultur entgegenzusteuern und deren Absinken auf eine ebenso primitive wie anfällige Konsumzivilisation zu verhindern.
Lassen Sie mich dazu einen schwarzen Politiker zitieren, den Staatspräsidenten von Zaire, Mobutu Sese Seko, der in seiner berühmt gewordenen Rede bei der Verleihung des Bayerischen Naturschutzpreises gemeint hat, „die Natur ist unsere Kultur", und ausführte:
„Das Unterentwickeltsein hat Vorteile. Wir können uns besonders freuen, nicht einige Fehler begangen zu haben, welche die ‚entwickelten' Nationen bitter bereuen. Wir haben keine Minderwertigkeitsgefühle, weil wir unseren Besuchern keine Kathedralen und keine anderen alten Baudenkmäler zeigen können. Denn das Erbe, das unsere Vorfahren uns hinterlassen haben, ist die natürliche Schönheit unseres Landes. Es sind unsere Ströme, unsere Flüsse, unsere Wälder, unsere Berge, unsere Tiere, unsere Seen, unsere Vulkane und unsere Ebenen. Mit einem Wort: Die Natur ist der untrennbare und wirkliche Bestandteil unseres besonderen Wesens.
Deshalb weigern wir uns, blind dem Weg der ‚entwickelten' Länder zu folgen, welche die Produktion um jeden Preis wollen. Die Rohproduktion macht oft wirklich roh im geistigen Sinne. Wir glauben, unsere Hauptaufgabe besteht darin, die Bürgerinnen und Bürger Zaires so zu lenken, daß sie in Frieden und glücklich leben. Wir glauben nicht, daß der Friede und das Glück abhängen von der Zahl der Autos in

der Garage, den Fernsehantennen auf dem Dach oder vom Lärmvolumen in den Ohren, welches spitzfindige Techniker ‚noch erträglich' nennen... Was nützt es, unzählige Fabriken zu besitzen, wenn deren Schornsteine Tag und Nacht Gift über uns ausschütten? So wären wir zwar reich, liefen aber mit einer Gasmaske vor dem Gesicht herum und würden von der Last unseres eigenen Reichtums erdrückt. Wir möchten keine Industrien besitzen, die durch ihre Abfälle die Fische unserer Flüsse töten und den Menschen der Freude an der Fischerei berauben oder auch einfach des Vergnügens an trinkbarem Wasser.
Warum sollen wir nicht von vorneherein die Wohltaten des natürlichen Lebens vorziehen, wenn wir erfahren, daß die Denker der industriellen Gesellschaften selbst ins Auge fassen, das Streben nach dem höchstmöglichen Bruttosozialprodukt aufzugeben, und zwar zugunsten des wirklichen nationalen Wohles."
Drängt sich bei solchen Worten nicht zwingend die Frage auf, ob ein Land, ob unser Grenzland, das Kultur- und Naturwerte in dem denkbar höchsten Maße besitzt, nicht um so höhere Verantwortung trägt, beides, die Natur und die Kultur, zu hüten?
Nun höre ich schon den beschwichtigenden Hinweis, daß hier bei uns die Natur ohnedies noch in Ordnung sei und daß schließlich eine rasant ansteigende Zahl von Touristen schon wisse, warum sie in den Bayerischen Wald reise!
Ich bezweifle jedoch, daß unsere Gäste wegen eines an Krebswucherungen erinnernden Siedlungsbreies mit „Hochhausdominante" zu uns kommen, der die Umgebung von Regensburg etwa genauso auszeichnet wie Vororte von Frankfurt oder Wuppertal.
Wenn ich 5,7 Millionen Mark übrig hätte, würde ich sie in den Bayerischen Wald, in die Rettung der letzten Uhus, Waldwasserläufer oder Rauhfußkäuze, in den Türkenbund und in den Sonnentau, in die letzten Auerhähne, den Waldgeißbart, in Laubfrösche, Fettkräuter und Wasseramseln investieren —, weil das großartige „Hildesheimer Tafelsilber" aus der Rokkokozeit nämlich nicht gefährdet ist! Die Erhaltung des geheimnisvollen Waldstorches aber und der ebenfalls vom Aussterben bedrohten weißen Störche, dies wird die Nachwelt als die großen kulturellen Leistungen am Ende des zweiten Jahrtausends erkennen! Müssen wir hier nicht das Besitzdenken gegen ein Wertedenken austauschen?
Wäre nicht der Abschluß der über hundert seit Jahrzehnten anstehenden Inschutznahmeverfahren in Bayern (darunter dreißig aus dem Bayerischen Wald), wäre dies nicht eine gleichwertige Kulturleistung wie die Wiedereröffnung der Neuen Pinakothek in München?
Würde nicht die gesamte kulturelle Welt aufheulen, wenn das Prunkstück der „Alten Pinakothek", die „Donaulandschaft mit Schloß Wörth" vernichtet würde, die der Hauptmeister der Donauschule, der Oberpfälzer Albrecht Altdorfer, vor einem halben Jahrtausend geschaffen hat? Welch eine Prachtlandschaft doch auf diesem Holztäfelchen, die Lerchenhaube bei Kruckenberg, der Scheuchenberg und welch großartige Baumpersönlichkeiten darauf abgebildet sind!
Und wandern Sie jetzt, 1982, an denselben Standort, wo Albrecht Altdorfer sein Kunstwerk schuf: ein Torso aus Starkstromleitungen, Umgehungsstraßen, Autobahnzubringern, eine gigantische Autobahnbrücke, ein Wasserkraftwerk — und der Rhein-Main-Donau-Kanal: und keiner nimmt Anstoß an jenen Irren, welche ohne ökonomische Zwänge (im Falle des RMD-Kanals sogar entgegen jeder wirtschaftlichen Vernunft) die Grundlagen unseres Lebens, unserer Seele und unserer Kultur mit Beton überziehen! Man stellt sie vielmehr in die Walhalla, damit sie von dort eines Tages auf das zerstörte Altwasser und die überflüssige Brücke von Donaustauf, auf ihre Unheilbauwerke hinabblicken können.
Keiner leugnet das Kulturgut unserer Kinderlieder, wer aber fühlt sich verantwortlich für jenen „Kuckuck", der da aus dem Wald ruft, für das „Männlein", das im Walde steht, oder für das Bächlein, das wir so gerne „aus dem Felsenquell rauschen" lassen... Soll doch der Kuckuck die Heckenrosen holen, für das Bächlein sorgt die Flurbereinigung...
Muß denn wirklich die Hälfte aller noch in diesem Jahr blühenden Blumen, müssen zwei Drittel der Schmetterlinge, Vögel, Fische schon in der näch-

sten Generation Geschichte sein? Gehört es nicht zum Hüten kultureller Werte, daß wir auch im Jahr 2000 noch einen Storch in Ostbayern sehen? 10 000 Brutpaare gab es noch um die Jahrhundertwende in Deutschland, vielleicht 2000 Paare davon in Bayern; etwa hundert Paare weißer Störche leben heuer noch in Bayern, davon über die Hälfte im Grenzland: Sollen zwei Millionen Ostbayern es sich nicht leisten können, fünfzig Storchenfamilien mitzuernähren und sie der Nachwelt zu erhalten?
Beängstigend und nicht ohne makabre Ironie erscheinen die Zusammenhänge, ja die geradezu identisch verlaufenden Kurven der Bevölkerungsstagnation in der Bundesrepublik Deutschland mit dem Aussterben der Störche.
Sollte sich vielleicht das Leben in Zukunft tatsächlich nicht mehr rentieren?
Es gäbe von vielen ähnlich grausamen Parallelen zu berichten, etwa vom Verschwinden der Mehlschwalben und Fledermäuse seit dem Beginn der „BayWa-Kultur" in unseren Dörfern, dem Fernbleiben von Dohle und Schleiereule seit der autogerechten Stadtvernichtung Anfang der sechziger Jahre oder dem Verschwinden von Wildtieren seit der Machtübernahme durch Flurbereinigung, Wasserwirtschaft und Maisdiktatur: Findet sich nicht endlich — so wie die künischen Freibauern seinerzeit ihre Heimat schützten — jemand bereit, dieses Grenzland heute gegen die Unvernunft des Zeitgeistes zu verteidigen? Wo ist der Kreuzzugprediger für die geschundenen Mitgeschöpfe, der da wie Berthold von Regensburg ausruft: „ihr Mörder, ihr mordet jetzo niemand, ihr sitzet jetzo mit guter Zucht hie. Dasselbe tun die Trinker, die Schelter, die Flucher . . ." Und wo sind die Gläubigen, die Bittgänge abhalten und Flurkreuze zum Schutze unseres Lebensraumes errichten?
Zu den Wesensmerkmalen menschlicher Kultur zählen Freiheit und Toleranz: Lassen wir sie doch auch unseren Mitgeschöpfen zugute kommen; da-

zu bedarf es der Freiheit des Lebensraumes, den wir in christlichem Selbstverständnis nicht weiter so maßlos uns „bebauend untertan machen“ dürfen, sondern den wir bekanntlich auch zu „bewahren“ haben. Und was gibt es in Ostbayern noch an Baumgestalten, Dorflinden, Hecken und Flurgehölzen, Bacherlen und Vogelbeeralleen zu bewahren: Dies ist die Kulturförderung unserer Tage, den Freiraum für Leben und Zukunft zu hüten! 1975 war der Heimattag in Dillingen, auf dem der Bund Naturschutz über den beängstigenden Landschwund klagte, und in Abensberg (1977) und in Würzburg (1979) haben wir unsere Sorgen bekräftigt. Seither aber wurden — in sieben Jahren bis 1982 — über 80 000 Hektar Heimatnatur verbraucht, überbaut, versiegelt, zu Tode geschunden! Eine Fläche, zehnmal so groß wie der Chiemsee! Wir leben bekanntlich in der Zeit von „Modellen“ und „Zentren“.
So ist leider auch — zum Beispiel — der großartige Lebensraum um Cham ein „Modell für die Zerstörung eines Modells“ geworden —, ich meine die „Biotopkartierung“, mit der das Bayerische Umweltministerium 1975 einen Markstein schuf und 13 000 schützenswerte Biotope in Bayern von Fachleuten registrieren ließ. Im Landkreis Cham ist man mit über zweihundert wertvollen Biotopen bei dieser Schatzsuche fündig geworden: Schon nach fünf Jahren aber waren etwa 40 % dieser Lebensräume Geschichte — Teichbau und Mülldeponie, Intensivlandwirtschaft, Straßenbau und Tourismus haben sich des Problems angenommen!
Und ebendort sind auch unsere Freunde, die Denkmalschützer, fündig geworden: Sie hatten schon 1973 fast vierhundert Waldlerhäuser aufgelistet und in den Entwurf einer Denkmalliste geschrieben. 1980 aber hat die Hälfte von ihnen das Denkmalschutzgesetz überholt; so erledigen sich Probleme. Mit einem Unterschied allerdings; denn irgendwo in der Lebenskette aussterbender Tiere

und Pflanzen steht bekanntlich auch der Mensch ...
Ist nicht die zeitliche, räumliche und quantitative Parallele zwischen dem Bauernhaussterben und dem Lebensraumsterben bezeichnend, sind nicht die Natur und die Kultur zwei untrennbare Schwestern?
Aber wer nur noch sieben Tiere und fünf Pflanzen kennt, der reißt eben auch Getreidespeicher und Bauernhäuser ab.
Er nimmt nicht Maß am Längerlebigen, obwohl jede Dorflinde ein paar Dutzend Regierungen überlebt hat.
Es steht mir nur am Rande zu, mich über Baustile zu äußern; aber ich bewundere die Harmonie, in welcher die Dörfer, die Kirchen, die Klöster und die Burgen aus dieser beglückenden Waldlandschaft des Grenzlandes herausgewachsen sind und wie sie demütig und nur selten die uns Menschen noch gemäße Dimension von Baumhöhen verlassen haben, sich aber immer sogleich in grüne Gewänder hüllten und mit Garten und Bäumen umgaben. Die Schlösser, Burgen, Städte oder alle die alten Dörfer und Weiler — wie nackt würden sie plötzlich dastehen in einer geradlinigen und einfältigen Landschaft! Haben gar die Großstrukturen unsere Herzen schon so sehr gleichgeschaltet, daß so wie das Maisfeld und der Einheitsrasen auch alle Wohnhäuser und alle Einkaufszentren, alle Schulpaläste und alle Agrarfabriken, alle Rathäuser, alle Fensterstöcke und alle Blumenkästen, alle Dachstühle und alle Ziergärten, die Eternitverschalung und der Schwan aus alten Autoreifen Chancengleichheit beanspruchen können? Und welche Chance haben Birnbäume, Efeu und Zitronenfalter, Gartenrotschwanz und Zauneidechse? Ist nicht die weitverbreitete Krankheit der Baumfeindlichkeit letztlich eine Kulturfeindlichkeit — Ausdruck von Intoleranz und Unzufriedenheit, und geht sie nicht Hand in Hand mit dem Größerwerden unserer

Maschinen und mit dem Verlust an Kreatürlichkeit und Ehrfurcht? Wer Bäume schindet und Hecken tötet, verachtet auch den Menschen. Und dabei bietet gerade der Lebensraum in unseren Städten und Hausgärten eine großartige Möglichkeit, die Natur bis vor unsere Haustüre zurückzuholen. Dort, in den Baumgärten mit ihren oftmals bedrohten typischen Kulturpflanzen und in den Hausgärten, wo wir unter keinerlei Produktionszwang stehen, kann auf Gift, Maschine und Gewinn verzichtet werden, damit die Hummeln, der Distelkäfer und der Schwalbenschwanz, das Rotkehlchen und die Mönchsgrasmücke zurückkehren können. Auch Hinterhöfe, Speicher, Scheunen und das alte Gartenhäuschen können wieder Lebensraum werden: für den Siebenschläfer, die Hornissen, den Steinmarder, die Schleiereule — und den Menschen. Wo noch im letzten Jahr gekauftes Einheitsgrün protzte, kann schon in diesem Jahr der Zitronenfalter gaukeln und der Ligusterschwärmer, können Dohlen, Sperber und Turmfalke in die Stadt zurückkehren —, wenn wir ihnen nur ein wenig Freiheiten auftun. Wo früher Brennessel und Distel zu Tode gespritzt wurden, können wieder Pfauenauge, Admiral und Distelfalter fliegen: wenn nur die Stadtväter und Gemeinderäte mitspielen und schleunigst die im Sauberkeitsfimmel entstandenen „Pflegepflichtverordnungen“ revidieren.

Ist es nicht hohe Zeit, die Wildnis wieder anzuerkennen und der Diffamierung des Vielfältigen und des Normalen Widerstand zu leisten? Noch so schöne und wertvolle Museen allein können dies nicht leisten, nicht Volksliederabende allein und erst recht nicht ein Zug von Trachtlern, die sich auf den 120-PS-Schlepper setzen.

In der land- und forstwirtschaftlichen Bodennutzung liegen die für unsere Gesellschaft und für unsere Heimat wertvollsten Arbeitsplätze, die wir im Sinne qualitativer Zukunftsinvestitionen för-

Ein weiterer Ausschnitt
aus der ‚Gläsernen Scheune',
dem Lebenswerk des Malers Rudolf Schmid.

dern müssen. Nicht die Chemie-, Maschinen- und Tierfabriken, sondern die Familienbetriebe müssen leben; wo aber Familienbetriebe mit ihrer überschaubaren Vielfalt an Wiesen, Äckern und tiergerechten Aufzuchtformen leben können, dort ist auch Platz für Rebhühner und Heckenrosen, und dort sind Hirtentäschel und Stiefmütterchen, Kamille und Margerite, Taubnessel oder Zottelwicke längst nicht die Feindbilder der Chemieprospekte, sondern liebenswürdige Mitgeschöpfe, die im Konkurrenzkampf ums Getreide nicht mit totalitären Methoden, sondern nach der Devise „Leben und leben lassen" in vernünftigen Grenzen gehalten werden. Denn wenn erst wieder der Wert gesunder Nahrungsmittel erkannt wird, werden diese auch ihren Preis haben: Und im guten Kartoffelpreis sind Feldlerche, Ehrenpreis und Vogelmiere, sind Ackerhohlzahn, Wachtel, Hase und Fasan inbegriffen! Die Sorge der Naturschützer gilt im besonderen den „von Natur bevorzugten Gebieten" der Mittelgebirge, denen man ihre materiellen Nachteile durch besondere Hilfen und Honorare vergüten muß: Wenn wir uns dafür einsetzen, daß ein paar Überschwemmungsbereiche und damit der Lebens- und Nahrungsraum von Kiebitz, Knabenkraut, Weißstorch, Wiesenschaumkraut und Braunkehlchen erhalten bleibt, bedarf es dafür der Flächenbeihilfen und eines angemessen ausgestatteten Naturschutzfonds, aus dem jene Bauern ihren Anteil erhalten, welche Chemie und Energien zu minimieren, kleinere Maschinen und Handarbeit einzusetzen oder auf Intensivierung zu verzichten bereit sind. Ostbayern als Hüterin solcher „agricultura" im vergilschen Sinne hat auch das Anrecht, für solche Leistungen honoriert zu werden!

Zur bäuerlichen Kultur gehört auch der würdevolle Umgang mit unseren Nutztieren; wenn heute in Ostbayern beispielsweise 70 Millionen Küken und ein Viertel aller deutschen Hühner aus einer einzigen Fabrik kommen, so liegt der Verdacht nahe, daß man sich mit solchen Produktionsformen andernorts nicht mehr so leicht tut. Zur bäuerlichen Kultur gehört auch die Erhaltung selten gewordener Haustierrassen, von Pferden, Ziegen oder Gänsen, die ehedem jeden Dorfteich belebten, aber heute aus dem Osten importiert werden müssen.

Nicht zuletzt prägen die Quellen, die Bäche, Flüsse und vor allem die Vielzahl der auf zwölftausend Hektar verteilten Teiche unsere Heimat. Ihre einstige biologische Produktivität war schier unvorstellbar, und es überkommt uns geradezu Neid, wenn wir in den alten Aufzeichnugen von der Fülle an Edelkrebsen, Wallern, Huchen, Sumpfschildkröten, Bibern und Fischottern, Graureihern und Störchen, von Uhus und Wanderfalken lesen, welche allesamt Nahrung fordern, ohne daß die Menschen deshalb hungern mußten!

Noch leben an einigen unserer Bäche Perlmuscheln, es mögen noch fünf Prozent des Bestandes aus der Zeit des Ersten Weltkrieges sein. Jetzt in einem dritten, dem letzten großen Weltkrieg, den wir gegen die Natur führen, werden sie aussterben. Ein paar Forschungsaufträge, Nekrologe, Dissertationen gibt das Getier vielleicht noch her, mehr nicht: die Bäche sind ihm zu giftig geworden...

Zu den kulturellen Werten, die es im Grenzland zu hüten gibt, zähle ich auch den Erholungswert der Landschaft für deren Bewohner und für den Fremdenverkehr, der ja überall steigende ökonomische Funktionen erfährt. Anstatt jedoch auf diesen Trend im Jahre 1982 mit der Planung von nicht weniger als dreißig Feriensiedlungen im Grenzland zu reagieren, sollten wir die Seele unserer Heimat, das Waldwesen, bewahren. Wie erschütternd gleichgültig reagiert aber die Politik wie die Bevölkerung auf die Tatsache, daß in weiten Teilen unserer Heimat Tannen, Fichten und Kiefern in schleichendem Siechtum dahinsterben. Daß die Luftverseuchung die Kunstdenkmäler, die Wälder und unsere Lungen gleichermaßen ergriffen hat! Und wie brutal erschließen wir in diesen Tagen unsere Wälder mit Wirtschaftsstraßen in der Lastkraftwagendimension und in einer Perfektion, als gelte es, großstädtische Verkehrsflüsse zu bewältigen: damit wir endlich in den letzten Winkel unseres Gemüts fahren können!

In seinem „Hochwald“ läßt Adalbert Stifter den alten besorgten Waldler mahnen:

„Baue an dieser Stelle kein Haus, du tätest dem Walde in seinem Herzen damit wehe und tötest sein Leben ab... und zünde später auch das hölzerne Gebäude an, streue Kräutersamen auf die Stelle, damit sie wieder lieblich werde und der Wald über euer Dasein nicht seufzen müsse...“

1982 freilich hört sich das in einer Ministerverlautbarung so an: „Für Sportarten wie Jogging, Waldlauf und Trimm-Trab ist unser Wald genau der richtige Rahmen“ — Wie idyllisch muß es da erst bei den „Ferien auf dem Bauernhof“ zugehen? Wo übrigens kann man sie noch so ursprünglich erleben, wie sie in den Fremdenverkehrsprospekten angepriesen sind? Liegt nicht auch hier ein Schatz, der gehütet und bewahrt werden sollte?

In einem 1861 erschienenen Buch ist das Wesen des „Waldlers“ so beschrieben: „Seine Schweigsamkeit und träumerische In-sich-Versunkenheit für geistige Trägheit, sein zurückhaltendes Benehmen, seine Bedächtigkeit für Unbeholfenheit und Mangel von Tatkraft zu halten, würde dasselbe Unrecht begehen heißen, als von der Natur zu verlangen, überall dieselben Gebilde hervorzubringen...“ Wir sollten diese Eigenständigkeit und diesen Eigensinn auch dort bewahren, wo es um unseren Lebensraum geht! Um so größer wird die kulturelle Verpflichtung unseres Landstriches, aus dem noch „Heimat“ atmet, sich den absurden Denklinien des exponentiellen Wachsens zu widersetzen und die menschlichen Proportionen zu bewahren.

Lassen Sie mich mit diesem Blumenstrauß von Emotionen drei Ausschnitte aus Heimatgedichten zitieren:

Manfred Bosch (1980):

HEIMAT-GEFÜHLE

Die Bauernhöfe ziert das Bild des
pflügenden Bauern.
Hinter den Häusern die leeren Säcke
der BASF.
Die Sturheit bewegt sich mit Mercedes fort.
Unter Eternit schämen sich die Häuser.
Kultur: die Mischung aus Feuerwehrfest,
Sexfilm,
Leonhardiritt und Volkshochschule...

Hubert Weinzierl (1970):

DER WEISSTORCH

Wann war der letzte Storch im Ort?
So etwa vor sechs, sieben Jahr;
er stand am Wirtshausgiebel, dort,
wo damals noch ein Wirtshaus war.

Es wohnen im Apparthotel
viel fremde Leute jetzt am Ort,
die Straße führt durch ein Tunnel
und auch die Trollblumen sind fort.

Dafür hat uns die Autobahn
Touristenmärkte aufgetan;
sie kommen bis vom Ausland her:
den Distelfalter gibt's nicht mehr.

Nur Kohlweißlinge sind geblieben
und tausend Hektar Zuckerrüben.
Das Freibad heizen wir bei Schnee,
Forellen bringt ein Händler her,
denn in dem braungefärbten See
lebt längst kein flinkes Fischlein mehr.

Und unser Fluß dient als Abort;
wann war der letzte Storch im Ort?

Vor einem halben Jahrhundert konnte Georg Britting seine Heimat noch so besingen, wie sie uns heute nur mehr in kleinen Resten eine um so größere Verpflichtung sein sollte:

Georg Britting:

DER BÖHMISCHE WALD

Und die Quelle, die rinnt, wie einst so kalt,
und die Felstrümmer stehen in Bärengestalt,
mit Moos um die riesigen Hüften.

Oft geht ein Wind,
aus dem Böhmischen her,
und der Winter ist lang,
und der Sommer ist schwer
vom Grün und vom Gold,
das wipfelab rollt.

Wo das Wasser sich rührt
im grundigen Moor —
o, wie dort mit List
den Hasen aufspürt
der Rotfuchs, der es durchschnürt!
Seine Nase hat ihn geführt.

Es hat ihn, in seiner schwarzen Gewalt,
den böhmischen Wald
noch keiner gemalt,
wie er ist.

HARALD GRILL

Vier Epigramme

waldsterben

sagns:
mia brauchan
besserne baumsortn

moan i:
besserne politiker
taatns aa

baum der erkenntnis

de drei ster
de hamma scho lang
eighoazt

nachruf auf einen umweltminister

er war
sein eigener epigone

stets machte er
brav nach

was er sich vormachte

ollawal hintdro

zerscht hintdro
wal ma net gnua
autobahnen und schnellstraßn kriang

nachat hintdro
wal ma r ollawal no
schnellstraßn und autobahnen baun

HERBERT ACHTERNBUSCH

1938 in München geboren. Ab 1943 bei seiner Großmutter in Breitenbach bei Mietraching im Bayerischen Wald aufgewachsen. Der Bayerische Wald ist auch ein immer wiederkehrendes Thema und Motiv im Werk des Schriftstellers und Filmemachers H. A. Die bisherigen Bücher von Achternbusch sind erschienen im Frankfurter Suhrkamp Verlag, zuletzt auch bei Zweitausendeins, daneben auch Ausgaben in einigen Kleinverlagen (Wunderhorn/Heidelberg, Kirchheim/München).

JO BAIER

1949 in München geboren. Kindheit in Dietramszell. Arbeitet seit acht Jahren als freier Filmemacher für das Bayerische Fernsehen. Macht seit längerem zusammen mit Hubertus Meckel (Kamera) Filme über den Bayerischen Wald, über die Landschaft, die Menschen und ihre Geschichte(n). Zuletzt ‚Rauhnacht' (Drehbuch und Regie), ein Fernsehspiel mit Laiendarstellern. In Vorbereitung: die Verfilmung der Lebensgeschichte der Bayerwalddichterin Emerenz Meier, in Zusammenarbeit mit Joseph Berlinger.

MAX BAUER

1905 in Fürsetzing bei Passau geboren. Seine Kindheit, seine Arbeit als Knecht, im Steinbruch, beim Straßenbau und am eigenen Haus, sind als Lebenserinnerungen niedergeschrieben in dem Buch ‚Kopfsteinpflaster', das 1981 im Eichborn Verlag Frankfurt erschienen ist. Max Bauer wohnt in Jahrdorf bei Hauzenberg.

GÜNTHER JOSEF BAUERNFEIND

1959 geboren. Gymnasium und Abitur in Viechtach, Bundeswehr. Seit 1981 Studium der Fächer Volkskunde und Germanistik an der Universität Regensburg. Mitarbeit an Ausstellung und Begleitbuch ‚Reise-Fieber' des Lehrstuhls für Volkskunde der Universität Regensburg 1984.

WOLFGANG JOHANNES BEKH

1925 in Trudering geboren. Lebt heute in Rappoltskirchen und widmet sich neben seiner Tätigkeit für den Bayerischen Rundfunk vor allem der Schriftstellerei. Er veröffentlichte zahlreiche Bücher zu historischen, volkskundlichen und literarischen Themen sowie Romane. U. a.: ‚Bayerische Hellseher. Vom Mühlhiasl bis zum Irlmaier' sowie ‚Das dritte Weltgeschehen. Bayerische Hellseher schauen in die Zukunft' (W. Ludwig Verlag Pfaffenhofen).

JOSEPH BERLINGER

1952 in Lam geboren. Lebt heute abwechselnd in Lam und Regensburg. Arbeitet als freier Schriftsteller, veröffentlichte 1980 im Verlag Friedl Brehm München ein Buch über Emerenz Meier. Das Theaterstück, das daraus hervorging, wurde 1982 im Stadttheater Ingolstadt uraufgeführt. Parodien auf zeitgenössische deutschsprachige Schriftsteller enthält sein Buch ‚F. C. Delius gegen H. C. Artmann. Verbal(l)hornungen.' (Verlag Friedl Brehm München 1984). Ende 1985 wird sein Projekt ‚auto mobile' vom Regensburger Puppen- und Figurentheater (‚Bilderbühne') uraufgeführt.

CHRISTINE BLUMSCHEIN

1946 in Theuern geboren. Wohnt in Regensburg und arbeitet für verschiedene Rundfunkanstalten. Schwerpunkt ihrer Forschungsarbeiten und Publikationen ist die Rolle der Frau in Vergangenheit und Gegenwart.

MANFRED BÖCKL

1948 in Landau/Isar geboren. Wohnt heute in Regensburg und arbeitet als freier Schriftsteller. Er veröffentlichte u. a. ‚Die Swandorfer Fragmente', den historischen Roman ‚Der Meister von Amberg' (Verlag der Mittelbayerischen Zeitung Regensburg) sowie Gebrauchsliteratur und Jugendbücher (Pseudonym Jean de Laforet). Vorsitzender der Regionalgruppe Ostbayern des Verbands der deutschen Schriftsteller (VS).

GERHARD EISENSCHINK

1954 in Regensburg geboren. Geographie- und Englischstudium, Studienreferendar. Kurse in Photographie und Photojournalismus. Seit 1981 mehrere Ausstellungen, u. a. zum Thema ‚Bäume', zusammen mit Waleska Vogt, im Nationalpark Bayerischer Wald.

HARALD GRILL

1951 in Hengersberg geboren, lebt jetzt in Wald bei Cham. Arbeitet als pädagogischer Assistent und als Schriftsteller. Veröffentlichte mehrere Bände mit Heimat- und Mundartgedichten (zuletzt: ‚einfach leben', Ehrenwirth Verlag München) sowie Geschichten vom Land: ‚Gute Luft — auch wenn's stinkt' (rororo rotfuchs Hamburg). Herausgeber der Buchreihe ‚Brennessel-Presse' im Passavia Verlag Passau.

ANKA KIRCHNER

wohnt in München und arbeitet als Filmemacherin, hauptsächlich für das Bayerische Fernsehen. U. a. porträtierte sie auch den Bayerischen Wald; neben dem Porträt der Ida Maurer wurden kürzlich ihre filmischen Impressionen einer ‚Reise in den Lamer Winkel' ausgestrahlt.

KONRAD KÖSTLIN
1940 geboren. Professor für Volkskunde an der Universität Regensburg. Herausgeber der ‚Regensburger Schriften zur Volkskunde', deren Band 2 (‚Reise-Fieber') u. a. den Fremdenverkehr im Bayerischen Wald zum Thema hat.

CLEO KRETSCHMER
geboren im Bayerischen Wald nahe Passau, lebt heute in München. Sie wurde bekannt als Hauptdarstellerin in Filmen von Klaus Lemke, spielt zur Zeit vor allem unter Marianne Rosenbaum (u. a. ‚Peppermint Frieden') und ist neuerdings Buchautorin (‚Herzschmerz. Eine Wahnsinns-Love-Story'. Hestia Verlag Bayreuth).

HEINRICH LAUTENSACK
1881 in Vilshofen geboren, 1919 in der Heilanstalt Eberswalde bei Berlin gestorben. Verfaßte u. a. das in Hauzenberg im Bayerischen Wald angesiedelte Drama ‚Hahnenkampf'. Das hier abgedruckte ‚Lied der frommen Bäuerin am Herd' hatte Lautensack in seine Gedichtsammlung ‚Documente der Liebesraserei' (1910) aufgenommen.

HERMANN LENZ
1913 in Stuttgart geboren, lebt seit 1975 in München. Er erhielt 1978 den Georg-Büchner-Preis. Veröffentlichte bisher Lyrik und zahlreiche Romane (meist bei Insel und Suhrkamp in Frankfurt/M. erschienen). Lenz fährt immer wieder in den Bayerischen Wald. In seinem ‚Nachruf bei Lebzeiten' wünscht er sich eine Gedenktafel am Goldenen Steig bei Bischofsreuth.

THOMAS MUGGENTHALER
1956 geboren, aufgewachsen in Cham. Studium der Soziologie und Politologie in Regensburg. Magisterarbeit zum Thema ‚Cham in der NS-Zeit 1933—1936'. Freier Mitarbeiter beim Bayerischen Rundfunk.

SEPP PAUKNER
1957 in Neurandsberg, Landkreis Straubing—Bogen, geboren. Studiert in Regensburg Volkskunde und Geschichte.

HEIMRAD PREM
1934 in Roding geboren. 1952—1958/59 an der Akademie für bildende Künste in München bei Prof. Oberberger, 1958—1965 Mitglied der Gruppe SPUR, Studienaufenthalte in skandinavischen Ländern. Prem ist 1978 in München gestorben.

CARL-LUDWIG REICHERT
1946 in Ingolstadt geboren. Veröffentlichte zusammen mit Michael Fruth unter dem Pseudonym ‚benno höllteuffel' bayerische Mundarttexte (zuletzt: ‚ois midnand. Gedichte, Lieder, Hörspiel'. Friedl Brehm Verlag München), macht bayerische Rockmusik (LPs ‚Sparifankal-Bayernrock', ‚Huraxdax Drudnhax', ‚Dullijöh') und arbeitet v. a. als Musikjournalist und Moderator für den BR-Jugendfunk.

SEBASTIAN ROSER
1954 in Stuttgart geboren. Lebt in Cham und arbeitet als Bildhauer.

HERBERT SCHREG
1954 in Auerbach/Opf. geboren. Wohnt in Regensburg und arbeitet beim Bund Naturschutz in Wiesenfelden im Vorderen Bayerischen Wald. Fotopublikationen in verschiedenen Zeitschriften.

RUPERT SCHÜTZBACH
1933 in Passau-Hals geboren. Zollbeamter und Schriftsteller. Buchveröffentlichungen u. a.: ‚Nachschläge' (Delp'sche Verlagsbuchhandlung München), ‚Ich griff nach dem Wind' (Passavia Verlag Passau).

ALBERT SIGL
1953 in Landshut geboren. Arbeitete in verschiedenen Berufen und ist jetzt freier Schriftsteller. Veröffentlichte 1982 seinen ersten Prosaband ‚Kopfham' und 1985 den Roman ‚Die gute Haut' (beide im Friedl Brehm Verlag München).

ELFRIEDE STICKER
1931 in Matzelsdorf geboren. Sie ist Bäuerin in Leckern bei Kötzting. Veröffentlichte mundartliche Sprüche und kurze Geschichten in Zeitungen und Anthologien.

HERMANN UNTERSTÖGER
1943 in Kirchweidach geboren. Arbeitet als Redakteur bei der Süddeutschen Zeitung München und schreibt vor allem über bayerische Themen.

WALESKA VOGT
1953 in Bad Kissingen geboren. Diplom-Geographin in Regensburg. Seit mehreren Jahren Natur- und Landschaftsphotographie, freie Arbeiten für Presse und Verlage. 1982 eine Ausstellung zum Thema ‚Bäume', zusammen mit Gerhard Eisenschink, im Nationalpark Bayerischer Wald.

HUBERT WEINZIERL
1935 geboren, seit 1959 in Niederbayern. Diplom-Forstwirt in Wiesenfelden im Bayerischen Wald, Vorsitzender des Bundes für Umwelt und Naturschutz (BUND). Zahlreiche Buchveröffentlichungen, u. a. im Grafenauer Morsak Verlag und in der Natur und Umwelt Verlags-GmbH München. Soeben: ‚Passiert ist gar nichts. Eine deutsche Umweltbilanz'. Kösel Verlag München.

HERBERT WOLF
1926 in Brünn geboren. War bis 1984 Kunsterzieher in Cham und ist Gründer und Leiter des „Brauchtumsarchivs Bayerischer und Oberpfälzer Wald". Mitarbeit am Buch ‚Bayerischer Wald in alten Fotos' (Morsak Verlag Grafenau), Vorbereitung eines eigenen Bildbandes mit historischen Fotografien.

LUDWIG ZEHETNER
1939 in Freising geboren. Gymnasiallehrer in Regensburg und Lehrbeauftragter für Dialektologie des Bairischen an der Universität Regensburg. Veröffentlichte u. a. den Band ‚Bairisch. Dialekt/Hochsprache — kontrastiv' und soeben ‚Das bairische Dialektbuch' im Verlag C. H. Beck München.

SIEGFRIED ZIMMERSCHIED
1953 in Passau geboren. Kabarettist, Schauspieler und Schriftsteller. Tritt sowohl mit Soloprogrammen auf als auch mit dem ‚Passauer Volkstheater'. Veröffentlichte zuletzt die Bände ‚A ganz a miesa, dafeida, dreckada Dreck san Sie' sowie ‚Für Frieden und Freiheit' und soeben ‚Klassentreffen' (alle im Andreas-Haller-Verlag Passau).

Textnachweis:

Herbert Achternbusch	Aus: Das Haus am Nil. © Suhrkamp Verlag Frankfurt am Main 1981
Heinrich Lautensack	Aus: Das verstörte Fest. Gesammelte Werke. Hrsg. v. Wilhelm Lukas Kristl. München 1966
Hermann Lenz (Gedichte)	Aus: Zeitlebens. © by Franz Schneekluth Verlag München 1981
Emerenz Meier	Aus: Joseph Berlinger: Emerenz. © Friedl Brehm Verlag München 1980
Rupert Schützbach	Aus: Paula Mühleisen (Hrsg.): Land ohne Wein und Nachtigallen. © Verlag Passavia Passau 1982
Siegfried Zimmerschied	Aus: Kleinstadtbrevier. © Plakaterie Verlag Nürnberg o. J.
Deutschland-Berichte der Sozialdemokratischen Partei Deutschlands (Sopade)	© Verlag Petra Nettelbeck Postfach 1106, 2125 Salzhausen

Bei allen übrigen Beiträgen — die meisten sind Originalbeiträge, einige wurden für diesen Band neu bearbeitet — liegen die Rechte bei den Autorinnen und Autoren.
Ihnen sowie den oben genannten Autoren und Verlagen danken der Herausgeber und der Andreas-Haller-Verlag für die Mitarbeit bzw. Abdruckgenehmigung.

Bildnachweis

Max Bauer	Seite 123
Günther J. Bauernfeind:	Seite 71, 155
Joseph Berlinger:	Seite 70, 154
Brauchtumsarchiv Bayerischer und Oberpfälzer Wald (c/o Herbert Wolf, Cham):	Seite 17, 19, 22, 24, 26, 30, 40, 44, 51, 52—62, 67, 98, 102, 107, 130
Lina Breitschaft:	Seite 84
Detter's Illustrierter Führer, 1904:	Seite 45
Gerhard Eisenschink:	Seite 162
Siegfried Hofmeister, Pfarrer in Ascha:	Seite 83, 85
A. Kerschner, Wackersdorf:	Seite 49
Anka Kirchner:	Seite 110, 117
Konrad Köstlin:	Seite 68
Cleo Kretschmer:	Seite 156, 157
Landratsamt Schwandorf, Fremdenverkehrsamt:	Seite 66, 72
Monika Prem:	Seite 148
Herbert Schreg:	Titelfoto und Seite 14, 36, 165, 166, 168, 173, 174
Staatliche Bibliothek Passau:	Seite 37
Staatsarchiv Amberg, Bestand BA Cham, Nr. 2509:	Seite 91
Staatsarchiv Nürnberg, Bestand Sondergericht Nürnberg, Nr. Sg 3/1939	Seite 86, 87, 88
Stadt Cham:	Seite 150
Trampler 1934 (siehe Literaturhinweis Köstlin):	Seite 43, 46, 47
Waleska Vogt:	Seite 134, 140, 158, 161, 167, 169
Herbert Wolf:	Seite 118, 121

Herausgeber und Verlag bedanken sich bei allen genannten Personen und Institutionen für die Unterstützung.